Research on the Expansion of
Jurisdiction by
ICSID Arbitration Tribunals

ICSID仲裁
管辖权扩张研究

凌晔 著

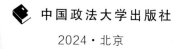

中国政法大学出版社

2024 · 北京

图书在版编目（ＣＩＰ）数据

ICSID仲裁管辖权扩张研究/凌晔著. —北京：中国政法大学出版社，2024.1
ISBN 978-7-5764-0963-5

Ⅰ.①Ⅰ…　Ⅱ.①凌…　Ⅲ.①对外投资－管辖权－研究－中国
Ⅳ.①D922.295.4

中国国家版本馆CIP数据核字(2023)第219246号

出　版　者　　中国政法大学出版社
地　　　址　　北京市海淀区西土城路 25 号
邮寄地址　　北京 100088 信箱 8034 分箱　　邮编 100088
网　　　址　　http://www.cuplpress.com (网络实名：中国政法大学出版社)
电　　　话　　010-58908289(编辑部) 58908334(邮购部)
承　　　印　　保定市中画美凯印刷有限公司
开　　　本　　880mm×1230mm　　1/32
印　　　张　　9.875
字　　　数　　235 千字
版　　　次　　2024 年 1 月第 1 版
印　　　次　　2024 年 1 月第 1 次印刷
定　　　价　　50.00 元

前言

Preface

本书通过对条约文本和案例的研究，对 ICSID 仲裁管辖权扩张的背景、方式和动因进行系统的整理和分析，对 ICSID 仲裁管辖权扩张现象做出全面和客观的评价，并分析其对国际投资实践的利弊影响以及各国对此做出的回应，最终提出我国应对这一现象的对策。其目的在于一方面从理论和实践的视角进一步完善国际投资条约仲裁制度的研究，另一方面能够为我国应对国际投资条约仲裁的改革与发展提供参考。

本书主体内容分为引言和六章。

引言部分介绍了该问题的研究背景和范围、研究意义、国内外研究现状和研究方法。

第一章解读了 ICSID 公约中的管辖权条款。ICSID 仲裁管辖权在实体要件上的基本依据是 ICSID 公约第二章（第 25、26、27 条），本章从对这些条义的分析出发，从其制定背景、目的和文本内容描述公约所确定的 ICSID 管辖权制度的基本内容出发，并以此为基础分析 ICSID 仲裁的结构性特点并对 ICSID 仲裁管辖权与其他国际仲裁体制中的管辖权制度进行比较分析。

第二章分析了通过对相关概念和规则的解释扩大 ICSID 仲裁庭在仲裁实践中管辖权的具体方式。从现实中看，ICSID 仲裁庭扩充自身管辖权主要是通过对"投资"和"投资者"定义的扩展，以及对"同意"和"争端"认定范围的扩大。这种扩展主要表现为 ICSID 仲裁庭从内容和方法上对相关概念、原则和规则的扩大解释，而国际投资形式的变化也为这种解释提供了客观基础。本章的基本体例是从个案评析入手，对 ICSID 的扩展解释进行梳理，探究形成其具体做法的原因，并对仲裁庭解释的合法性与合理性进行分析。

第三章探讨了 ICSID 仲裁管辖权扩张的背景和原因。从宏观角度考察，全球化和国际政治经济格局的变化以及由此引起的新自由主义思潮的兴起构成国际投资仲裁管辖权扩张的时代背景和思想基础。从中观层面考察，国际投资条约中的各类条款由于缔约技术和各方博弈而无法达到精确和开放的平衡，为 ICSID 管辖权的扩张提供了制度空间。在微观层面，仲裁庭的构成及其倾向也形成了扩张 ICSID 仲裁管辖权的重要力量。

第四章对 ICSID 仲裁管辖权扩张的影响进行多角度的分析。一方面，管辖权扩张会给国际投资争端解决机制造成消极影响：首先，管辖权方面出现的不一致的裁决引发了对 ICSID 仲裁合法性的质疑；其次，ICSID 仲裁管辖权的扩张会加大出现平行程序的可能性，造成其管辖权的冲突；再次，ICSID 仲裁管辖权的扩张侵蚀了主权国家的投资管制权；最后，ICSID 管辖权的扩展也会影响到投资者的投资意愿和利益，最终从宏观上影响国际投资格局。另一方面，也要看到管辖权扩张的积极作用，管辖权扩张在一定程度上顺应了国际投资发展的趋势，包括投资形式和投资范围的扩大、投资者利益保护的需求、东道国吸引外资的需要，同时管辖权扩张也能更好地实现 ICSID 仲裁制度设立之时所确定的为投资争端提供解决的平台，而防止国家间由此产生冲突的宗旨和目标。

第五章探索了限制仲裁管辖权扩张的途径。首先分析了 ICSID

仲裁裁决中对管辖权要素的限制做法，仲裁庭在部分案件的裁决中对管辖权的实体要素界限进行了限制，然而这种限制并不能形成对其他仲裁庭的约束，而且其本身也还存在模糊之处。在此基础上，约文的具体和明确有助于为仲裁庭提供明确的指引，而缔约方行使对条约的解释权更是发现约文真实意思的有效途径。然而仲裁庭裁判法理的一致性在很大程度上有赖于仲裁程序的设计，即建立有效的仲裁裁决上诉机制对仲裁裁决中的管辖权问题进行全面审查。

第六章提出了我国应对 ICSID 仲裁管辖权扩张的策略。作为双向投资大国，中国自 20 世纪 90 年代以来所签订的 BITs 多数包含将争端提交 ICSID 仲裁的 ISDS 条款，为引进外资提供了较好的制度环境，也为中国的海外投资提供了更充分的法律保障。在这一时期，ICSID 涉华案件也在增多，包括中国投资者作为申请方和以中国作为被申请方的仲裁案件在审理中均涉及了管辖权异议的审查，而仲裁庭在不同案件中的裁决并未体现出一致性。中国应当依据国际格局和国家利益的变化以及由此而引起的价值取向的转变，采取灵活、务实并循序渐进的策略。

本研究通过对以上内容的分析给出 ICSID 仲裁管辖权扩张问题的全景分析，通过实证分析、规范分析、历史考察等多种研究方法，探究其表现、成因、影响及其对策。在面临双重投资大国的身份、经济结构深度嵌入全球市场、国家治理与全球体制紧密结合的背景下，转型中的中国需要清楚认识并审慎对待 ICSID 管辖权扩张的现象，这一点显得尤为重要。

目 录
CONTENTS

前　言 ……………………………………………………… 001

引　言 ……………………………………………………… 001

第一章　ICSID 公约仲裁管辖权规则概述…………………… 026

　第一节　ICSID 公约管辖权规则的形成…………………… 026

　第二节　ICSID 公约中的仲裁管辖权规则………………… 034

　第三节　ICSID 仲裁管辖制度的特殊性…………………… 049

第二章　ICSID 仲裁管辖权扩张的表现……………………… 062

　第一节　主体方面的扩张 ………………………………… 063

　第二节　客体方面的扩张 ………………………………… 075

　第三节　主观方面的扩张 ………………………………… 082

　第四节　条约解释方法与 ICSID 仲裁管辖权的扩张………… 107

第三章　ICSID 仲裁管辖权扩张的动因……………………… 118

　第一节　时代背景：国际投资法律自由化 ……………… 119

　第二节　制度空间：国际投资法制的碎片化 …………… 135

　第三节　裁决偏好：仲裁员在个案中的权衡 …………… 155

第四章　ICSID 仲裁管辖权扩张的影响……………………… 168

　第一节　ICSID 仲裁管辖权扩张对国际投资仲裁机制的

　　　　　冲击和挑战 ……………………………………… 168

第二节　ICSID 仲裁管辖权扩张对国际投资仲裁机制的

　　　　促进与发展 ………………………………………… 180

第五章　ICSID 仲裁管辖权扩张的对策 ……………………… 185

第一节　设定 ICSID 仲裁管辖权的实践做法 ………………… 185

第二节　厘清 ICSID 仲裁管辖权的条约进路 ………………… 208

第三节　确定 ICSID 仲裁管辖权的程序路径 ………………… 222

第六章　中国与 ICSID 管辖权扩张 ………………………… 245

第一节　中国对 ICSID 仲裁管辖权的接受 …………………… 245

第二节　ICSID 涉华仲裁案件中的管辖权问题（一）：

　　　　裁决 …………………………………………………… 255

第三节　ICSID 涉华仲裁案件中的管辖权问题（二）：

　　　　评析 …………………………………………………… 267

第四节　中国应对 ICSID 仲裁管辖权扩张的对策 ………… 272

参考文献 ……………………………………………………… 291

致　谢 ………………………………………………………… 307

引 言

一、选题背景

二战结束以来，特别是在 20 世纪 90 年代冷战结束以后，在经济全球化的大趋势之下，国际投资呈现迅速增长的趋势。作为其副产品之一，国际投资争端也出现了大幅度的增长。国际投资争端既包括投资者之间的争端（investor-investor dispute，以下简称"IID"），也包括投资者与国家（主要是东道国）之间的争端（investor-state dispute，以下简称"ISD"），还包括投资者母国与东道国之间的争端（home state-host state dispute，以下简称"SSD"）。在这些争端中，IID 属于平等主体之间的民商事争端，既可以通过国内司法程序解决，也可以通过当事双方选择的国际商事仲裁等程序加以解决。SSD 属于国际法主体的争端，两者之间的地位仍然是平等的，通常以国家之间的谈判与协商、国际司法或者仲裁等国际程序加以解决。与这两种争端相比，ISD 有其特殊性，因此其争端解决方式也与 IID 和 SSD 不同。

ISD 的特殊性主要体现在争端当事方的法律地位并不平等：投资者包括自然人和法人两类，通常属于国内法和私法上的主体，而国家则一般属于国际法和公法上的主体。在专门的争端解决方式出现之前，投资者在与东道国发生争端时，首先应当采用东道国国内法提供的程序解决争端，即通过东道国行政程序和司法程序来寻求对其权利的救济。但投资者对于东道国国内程序能否给予其公正的裁决往往心存疑虑，特别是当东道国是一些法治状况欠佳的发展中国家时，投资者则更难以信任其能够在东道国国内程序中得到公正对待。在用尽当地救济的情况下，投资者还可以向其母国寻求外交保护，希望投资者母国能够针对 ISD 向东道国提出请求，从而使投资者权利获得救济。在这种情况下，投资者母国通过行使对投资者的外交保护权，使 ISD 转变为 SSD。但投资者母国是否为海外投资提供外交保护易受包括政治和经济考量在内的多种因素影响，在很多情况下由于其顾及与东道国的关系而拒绝提供此种保护。除上述两种方式之外，传统的国内法和国际法中均难以找到合适的程序解决 ISD，从而产生了设立专门的投资者—国家争端解决机制（investor-state disputes settlement，以下简称"ISDS"）的需求。

解决投资争端国际中心（International Center for Settlement of Investment Dispute，以下简称"ICSID"）是因应建立 ISDS 的需求而诞生的专门的国际机构。根据 1965 年在华盛顿签订的《关于解决国家和他国国民之间投资争端公约》（Convention on the Settlement of Investment Disputes between States and Nationals of Other States，以下简称"ICSID 公约"）建立的国际组织，它提供了投资者与东道国间解决争端的两种渠道：调解和仲裁。其中投资者使用最多的 ICSID 争端解决工具是仲裁程序，截至 2019 年底，ICSID 所受理的 765 起案件中，有 752 起是仲裁案件，仲裁案件占案件总数的 98.3%以上，其中依据 ICSID 公约提起的仲裁案件为 674 起，占案件总数的 88.1%以上。[1] ICSID

---

[1] 其中包括调解和仲裁案件，数据来源于 ICSID 网站案例库（Case Database），载 https://icsid.worldbank.org/en/Pages/cases/AdvancedSearch.aspx，最后访问日期：2019 年 12 月 31 日。

对仲裁案件的受理表现出一种逐年增长的趋势，这种增长在
1997 年以后表现得尤为明显。根据案件受理时间进行统计，
在 ICSID 成立（1965 年）后的最初 30 多年，案件受理数量极
少，直到 1997 年才达到 10 起，但此后，ICSID 每年受理的案
件数都在两位数，在 2003 年后，其每年受理案件数量不少于
20 起，2015—2018 年的四年中更是达到了年均受理案件 40 起
以上，其中 2018 年更是达到创纪录的 63 起（见图 0-1）。从受
理案件的类型来看，在 ICSID 成立的半个多世纪里，其受理的
调解案件总数仅有区区的 13 起，与仲裁相比，调解程序的利用
率是非常低的。[1]当事方较少选择调解程序也从另一角度说明
了仲裁程序在解决国际投资争端中的重要作用。与调解相比，
投资者青睐仲裁的原因可能在于，调解虽然是在第三方协调的
过程下进行的，但其仍然依赖于当事人双方的协商，而投资者
与东道国的实力悬殊，加之由于其在东道国的投资已经处于东
道国公权力管制之下，难以自行撤出，因此其谈判地位实际上
不对等，而在仲裁中，投资者与东道国则可以成为仲裁程序中
对等的当事方。

　　仲裁案件的增加一方面是受到国际投资发展所带来的争端
增长的影响，另一方面也是投资争端管辖权扩张（jurisdiction
expansion）的结果。仲裁管辖权是指仲裁机构或仲裁庭根据法
律的规定或者当事人的约定，受理某一争议并对其进行审理和
裁决的权利，这里所涉及的法律既包括国内法，也包括国际条

---

　　〔1〕　其中仲裁案件包括依照 ICSID 公约、《附加便利规则》受理的仲裁案件，
也包括临时仲裁，数据来源于 ICSID 网站案例库（Case Database），载 https://
icsid. worldbank. org/en/Pages/cases/AdvancedSearch. aspx，最后访问日期：2019 年 12
月 31 日。

约。而在 ICSID 仲裁方面，则首先是指国际条约，其中 ICSID 公约第 25 条关于中心管辖权的规定为其奠定了基础，本书所谓的管辖权的"扩张"也正是以此为基准进行判断。

包括 ICSID 在内的仲裁机构行使管辖权的依据是相关争议在法律上与该机构产生了某种联系，该种联系既可以是法律所确定的某种客观要素，如争端当事方的法律身份、争端本身的性质等，也可以是当事人的主观要素，即当事方的同意。因此，管辖权的扩张可以通过下列方式来完成：①缔约方修改有关条约中关于管辖权的约文，使得根据原约文不属于仲裁庭管辖的争端转变为根据修改后的约文属于仲裁庭管辖的争端；②当事方通过协议同意将争端提交仲裁庭管辖，即当事方主观上扩大了原来同意提交管辖的争端的范围；③约文没有发生变更，但仲裁庭对所适用的条约约文的解释发生了变化。前两种扩张方式属于缔约国和当事方协议的结果，是约文本身或其适用结果的变化，因此在实践中很少发生争议。本书讨论的是第三种管辖权扩张的方式，即在约文没有变更的情况下，仲裁管辖权所发生的扩张，在这种情况下，可能会引发对于仲裁庭解释权和解释方式的争议。

对于 ICSID 仲裁而言，由于其基本条约——ICSID 公约在生效后并没有经过修改，因此其管辖权的扩张通过以下三条路径实现：一是通过《附加便利规则》将中心管辖权扩大到非公约缔约国；二是仲裁庭通过适用国际投资条约（International Investment Agreement，以下简称"IIA"），包括多边投资条约（Multilateral Investment Treaty，以下简称"MIT"）或双边投资条约（Bilateral Investment Treaty，以下简称"BIT"）中的争端

解决条款援引 ICSID 仲裁程序；〔1〕三是仲裁员在管辖权问题的
裁定中对 ICSID 公约中表述管辖权要素的概念进行解释。这三
种方式所带来的扩张，我们可以将其分为两大类，一类是突破
了 ICSID 公约范畴的管辖权的扩大，即通过《附加便利规则》
扩大了 ICSID 仲裁的主体范围，《附加便利规则》的适用是以争
端当事方协议适用为前提的；另一类是未突破 ICSID 公约范畴
的管辖权的扩大，即仲裁庭在案件裁决中通过对管辖权条款的
解释并裁定将本不应属于 ICSID 仲裁裁决的案件纳入仲裁庭的
管辖范围。在这种情况下，仲裁庭会将所做的裁定解释为符合
ICSID 公约和 IIA 的规定。因此，从形式上看，后一种扩张是符
合 ICSID 公约和 IIA 的管辖权规范的。笔者在选题时，之所以使
用了"扩张"而非部分研究者所使用的"扩大"一词，也正是
因为"扩大"一词只能反映出管辖权突破 ICSID 公约第 25 条的
情况，而不能反映该条所使用表达管辖权诸要素的术语在解释
学上的内在张力和冲突。而在实践中，第二种扩张，显然更具
有研究的价值，因为与 ICSID 公约仲裁机制相比，《附加便利规
则》所提供的仲裁方式在实践中较少被利用，且《附加便利规
则》的仲裁管辖权对于当事方合意的要求更高，也更少产生争
议。所以，本书所论述的 ICSID 仲裁管辖权就是指作为仲裁机构
的 ICSID 及其仲裁庭根据 ICSID 公约对 ISD 案件具有的管辖权。

　　根据确定管辖权的对象，可以将 ICSID 仲裁管辖权分为两大
类，即"属人管辖权"（ratione personae）和"属物（事）管辖

---

　　〔1〕 本书中的 IIA 均包含两种条约，一是专题性的国际投资条约（IIA），二是包含
投资条款的各类国际条约（Treaties with Investment Provisions，以下简称"TIPs"），如
包括投资条款的自由贸易协定（Free Trade Agreement，以下简称"FTA"）。为了行文
的方便，文中统一称之为 IIA。

权"（ratione materiae）。"属人管辖权"的扩张表现为 ICSID 管辖的主体范围的延伸和扩展，"属物管辖权"的扩张则表现为管辖标的范围的延伸和扩展。所以"属人管辖权"的扩张表现在两个方面：一是通过当事方主观意愿的表达，即以条约或投资契约条款来表达当事方的同意，由于 ICSID 仲裁的申请方是投资者，因此在考察 ICSID 管辖权时，重点在于对作为被申请方的东道国意思的探究，即东道国是否在条约或投资契约中表达了接受以 ICSID 仲裁解决争端的意思。二是通过仲裁庭对"投资者"含义的解释，其不仅是对 ICSID 公约中对"投资者"规定的范围的解释，还包括对双边或多边投资条约中"投资者"一词含义的解释。而"属物管辖权"的扩张也体现在两个方面：一是裁决突破了 IIA 中对提交 ICSID 仲裁管辖的案件范围的规定，即仲裁庭在 IIA 中具体列明的"投资"范围和约定提交 ICSID 仲裁的"投资争端"的范围做了扩充的解释；二是仲裁庭对"投资""投资争端"等概念的外延进行扩充解释。

通过上述分析，可以给出一个"ICSID 仲裁管辖权扩张"现象的初步界定，即仲裁管辖权扩张是指 ICSID 仲裁庭通过对审理案件时所适用的 ICSID 公约和 IIA 中相关条款的扩张和扩大解释，将严格语义范围内不属于 ICSID 仲裁管辖的个案纳入仲裁庭管辖的现象。其中仲裁庭在案件审理和裁决中解释的对象是管辖权实体要件各要素，包括主体、客体和主观方面。

尽管学界已经关注到 ICSID 仲裁裁决中存在着管辖权扩张的现象，但是仲裁庭在其裁决中始终谨慎地将其对管辖权裁决严格地解释为符合 ICSID 公约和 IIA 的要求，但在这种表象之下却掩盖着其对 ICSID 公约和 IIA 约文的挑战和突破。在这种情况下，研究者很难断言某一裁决是否扩张了 ICSID 的仲裁管辖权，其原因正在于前文所论述的术语在解释学上的张力，其在实际上造成管辖权的边界并非如同国家之间通过条约划定的领土边界一般清晰明了。因此，这种扩张在大量情况下处于一个灰色地带，在条约用语的边界往复逡巡。在这种情况下，我们仍然能从大量既存的案例中，发现较为确定的突破 ICSID 语词和 IIA 所确定的管辖权边界的裁决。但与此同时，那些处于灰色地带的裁决也仍然具有意义，因为抵达这些领域的裁决往往反映了在缺乏统一立法者的情况下，仲裁实践对国际投资法制发展需求的回应，即仲裁庭在本质上仍然属于无政府状态的国际社会如何通过将争端事项纳入自己的管辖范围而扩充法律规范涵射范围的努力。在此意义上，扩大仅说明了 ICSID 仲裁管辖权在管辖事项等问题上延伸了其广度，而在实践中的发展还体现了 ICSID 作为规制国际投资关系的重要力量在介入投资者—国家关系方面的深度方面的拓展，因此，采用扩张一词来对这一现象进行定性更为合适。

ICSID 管辖权的扩张反映了国际投资发展和解决国际投资争端的实际需要，但也引起了相关国家的担心。因为 ICSID 对仲裁案件的管辖意味着国家管制投资的权力在一定程度上受到了限制，各国对于外国投资所采取的各类行为会在仲裁中受到审查，裁决结果可能会推翻东道国之前的行为，这构成了对国家行为原则的挑战。根据国家行为原则，国家对外资的管制行为属于主权行为，外国司法机构无权对其进行审查。国家行为原则虽然不是对司法或者仲裁机构管辖权的限定，但是却事关法院在受理案件后能否对国家的主权行为进行审查的问题，在 ISDS 程序中，一旦仲裁机构对争端具有管辖权，受理了案件，其裁决当然要对国家管制外资的行为进行审查。在各国政府竞相采用竞争性的引进外资政策的历史背景下，一个国家很难排斥 ICSID 的仲裁管辖权，因为各国是否以及在多大程度上接受 ICSID 管辖已经成为投资者据以做出投资决策的重要考量因素。同时，在经济全球化的时代，包括发展中国家在内的国家逐渐开始身兼资本输入国和资本输出国的双重身份，对通过 ICSID 的管辖保护本国海外投资者的需求也在不断增加之中，因此也倾向于在更大程度上接受 ICSID 的管辖。在此背景下，如果仲裁庭通过行使条约的解释权而扩张其管辖权，则国家对外资的管制权力会进一步受到制约，因此各国对仲裁庭扩张现象存有不满。

　　ICSID 仲裁管辖权和国家主权之间的关系是国际投资争端解决领域中需要平衡的主要关系[1]。由于两者间存在彼此消长的关系，ICSID 仲裁管辖权的扩张如果突破了国家承受的底线，会引起国家针对 ICSID 政策的反弹。实际上近些年来，由于对 ICSID 侵蚀国家主权的担心和不满，已经有一些成员国选择了退出 ICSID 公约[2]。而全球化发展带来的发达国家与发展中国家之间在国际投资中地位的变化也使得来自发展中国家的投资者在发达国家的投资日渐增多，这种局面，使各国在面对 ICSID 仲裁管辖时的态度发生了很大的变化。发达国家作为资本输入国也开始感受到 ICSID 仲裁对其的压力，而发展中国家则发现 ICSID 在保护自己海外投资方面所起到的积极作用。双重身份的同时存在带来了国家对 ICSID 的矛盾心态，各国一方面希望能

　　[1]　在 ICSID 调解程序中，则不存在同样的问题，因为即便国家接受 ICSID 的调解程序，由于调解过程和结果的自愿性，国家在程序进行中仍然具有完全的主动性，而在 ICSID 仲裁机制中，国家对于仲裁裁决结果是被动地接受。
　　[2]　2009 年，玻利维亚、厄瓜多尔退出了 ICSID 公约；2012 年，委内瑞拉退出了 ICSID 公约。

·008·

够通过 ICSID 机制为本国的海外投资提供保障，另一方面又希望自己能够规避 ICSID 裁决对本国所带来的负面影响。因此，各国立场的变化给 ICSID 的未来带来了不确定性：既使 ICSID 面临着危机，又使国际社会不得不做出反思，从而采取行动试图重构一个更加公正有效的国际投资争端解决机制[1]。在这种局面下，ICSID 明智地选择了主动应对的策略，提出了修订《解决投资争端国际中心仲裁程序规则》（以下简称《仲裁程序规则》）的议程。然而，仅对《仲裁程序规则》进行修订是否足以应对 ICSID 面对的危机是一个需要进一步讨论的问题。

作为发展中国家中经济发展的佼佼者，近年来中国的海外投资有了长足的增长。根据商务部发布的数据，自 2014 年以来，我国对外投资额已经超过了利用外资额，出现了资本的净输出。2016 年我国对外投资流量为 1961.5 亿美元，居全球第二位，截至 2016 年底，我国对外投资存量 13 573.9 亿美元，居全球第六位。而根据经济合作与发展组织（Organization for Economic Co-operation and Development，以下简称"经合组织/OECD"）提供的数据，2016 年中国的资本输出额超过资本输入额达到 466 亿美元。[2]而在 2017 年和 2018 年，我国对外直接投资流量

〔1〕 2017 年 11 月，美国退出后的跨太平洋伙伴关系协定（Trans-Pacific Partnership Agreement，以下简称"TPP"）11 个缔约国在越南岘港发布了部长声明，在 TPP 的基础上缔结《全面与进步跨太平洋伙伴关系协定》（Comprehensive and Progressive Agreement for Ttrans-Pacific Parnership，以下简称"CPTPP"），在其附件二列出的拟暂停条款中，包括了"投资协议""投资授权"条款以及与之相关的投资仲裁条款，由于 11 国中既有发达国家，也有发展中国家，既有资本输出国，也有资本输入国，具有国家类型上广泛的代表性，因此其态度值得关注。
〔2〕《商务部等部门联合发布〈2016 年度中国对外直接投资统计公报〉》，载中华人民共和国商务部网站：http://www.mofcom.gov.cn/article/tongjiziliao/dgzz/201709/20170902653729.shtml，最后访问日期：2017 年 9 月 30 日。

分别为 1582.88 亿美元和 1430.4 亿美元。[1]尽管这两年的投资流量出现微量下调，但截至 2018 年底，我国对外投资存量达到 1.98 万亿美元，赢得全球第二大对外投资国的地位。与此同时，中国仍然保持着全球第二大外资输入国的地位，截至 2018 年，中国实际利用外资存量达到 1.39 万亿。[2]从单纯的资本输入国到兼具资本输出和资本输入大国的双重身份，中国也面临着如何保护海外投资的时代课题。在双重身份或曰结构转型的背景下，中国既需要充分利用 ICSID 来为自己的海外投资保驾护航，同时又要避免由于仲裁管辖权的过度扩张对国家主权的侵蚀。

本书的选题正是在投资自由化深度发展、ICSID 改革和中国长期保持双向投资大国预期的背景下，通过对 ICSID 管辖权扩张产生的机理和路径的分析，研究其所产生的利弊，包括对国际投资规则体系、国际投资关系主体的影响，最终针对 ICSID 体系改革的前景及中国在这一问题上的立场和应对策略提出建议。

二、选题意义

作为第一个和最重要的专门解决国际投资争端的全球性机构，ICSID 的活动吸引着学者、外交家和投资者们的关注，这是由国际投资对国家利益的重要作用以及国际投资法的结构特点决定的。ICSID 公约将重点放在程序授权（procedural empowerment）而不是实体保护（substantive protection）上，这是基于程

---

〔1〕《商务部等部门联合发布〈2018 年度中国对外直接投资统计公报〉》，载中华人民共和国商务部网站：http://hzs.mofcom.gov.cn/article/date/201909/20190902899156.shtml，最后访问日期：2019 年 11 月 4 日。

〔2〕 UNCTAD：World Investment Report 2019, p.4, https://unctad.org/en/pages/PublicationWebflyer.aspx? publicationid=2460，最后访问日期：2019 年 11 月 4 日。

序设置决定实体保护的思想。[1]而在近几年，国际投资仲裁改革的启动和推进也与仲裁庭的管辖权问题有着密切的关系，对管辖权扩张的研究能够从不同层次和维度推进国际投资法的理论和实践的发展。

（一）研究 ICSID 仲裁管辖权扩张是完善国际投资法理论体系的需要

根据规则内容的不同，国际投资法分为实体法和程序法两类。国际投资实体法的内容包括投资准入与退出、投资待遇和投资管理等问题；而国际投资程序法的内容则涉及国际投资争端解决的各个阶段，包括争端解决方式的选择和机构的设置、管辖权、案件审理流程、裁判及其承认与执行。

管辖权问题是国际投资争端解决程序的核心问题。在国际贸易领域，WTO 规则体系负责解决国家间的贸易争端，并对国家贸易管制权进行约束。在国际投资法的领域缺乏像在国际贸易领域中 WTO 那样统一的多边国际条约体系，呈现出碎片化的特征。因此，国家对国际投资的管制权力的界定主要来自包括 BIT 和 MIT 的规则，同时一些贸易协定中的投资规则也会涉及这一方面内容。而且，通常国际投资仲裁规则具有较高的抽象性，赋予了仲裁庭较大的解释空间。在这种情况下，仲裁庭的裁量权不仅决定个案结果，也会深刻影响国际投资仲裁规则的演化

〔1〕　Giacinto della Cananea, "Minimum Standards of Procedural Justice in Administrative Adjudication", in Stephan W. Schill ed., *International Investment Law and Comparative Public Law*, Oxford, Oxford University Press, 2010, pp. 39-57; Jan Wouters and Nicolas Hachez, "The Institutionalization of Investment Arbitration and Sustainable Development", in Marie-Claire Cordonier Segger et al. eds., *Sustainable Development in World Investment Law*, Rijn, Kluwer Law Inational, 2011, pp. 615-618; Maria Nicole Cleis, *The Independence and Impartiality of ICSID Arbitrators*, Leiden, Brill Nijhoff Press, 2017, p. 4.

方向，而仲裁庭裁决的前提是仲裁庭对案件具有管辖权。管辖权扩张问题的提出以及对此问题的不同认识反映了国际投资法的理论和实务对仲裁庭管辖权的边界有不同的认识，而对管辖权的厘清需要对管辖权的基础、界定管辖权的各要素、条约解释理论进行梳理。从管辖权扩张的现象介入这些问题，能够对国际投资法律关系进行系统性分析，同时也有助于我们进一步完善国际投资法的理论体系。

（二）研究 ICSID 仲裁管辖权扩张是应对中国成为双向投资大国和"一带一路"建设的需要

在确立双向投资大国地位身份的同时，我国的国家利益也发生了变化。资本输入国对于争端解决机制的接受主要是出于建立一个友好的投资环境、吸引外资的需要，但其对 ICSID 解决争端的职能往往抱有疑忌的态度。当管辖权扩张侵害了国家的主权利益的时候，资本输入国可以采用较为简单的拒绝甚至退出的措施，当然，从整体国家利益出发，大多数国家并不会因为对仲裁庭对个案处理的不满而直接采取排斥 ICSID 的态度。与单纯的资本输入国不同，对处于双向投资大国地位的中国而言，一方面需要在吸引外资的同时防止 ICSID 仲裁管辖权的过度扩张，从而弱化政府管制外资的权力，另一方面又要能够充分发挥 ICSID 仲裁机制的作用来为海外投资提供保障机制。

"一带一路"建设是中国海外投资的重点领域。在"一带一路"倡议不断深入实施的过程中，沿线大量的基础设施项目相继开工，从采矿、路桥、建筑到通信、电力等一系列大型项目都有中国投资者的身影，这些投资项目投资数额大、周期长、政治风险高。在项目投资者与东道国发生争端时，如果能够充分利用 ICSID 等 ISDS 机制，则一方面可以为投资者增加一重保障，另一方面也可以避免投资争端法律化而影响我国与东道国之间的关系，从而在整体上为我国海外投资创造良好的投资环境。

在身份重叠的背景下，如何解读管辖权扩张的现象并做出适宜的应对措施是对中国国家战略的考验。因为在这种情势下，我们既应当考量随着国家在国际投资中地位的变化而产生的利益变换，也需要展现大国在造就公平和自由的国际投资贸易规则方面的责任担当。

（三）研究 ICSID 仲裁管辖权扩张是完善国际投资争端解决机制的需要

在国际投资仲裁实践中引发的各类矛盾和暴露的问题使得国际社会开始考虑国际投资仲裁改革的问题。当下，现有的国际投资仲裁无法满足各国对制度的需求，尤其是国际投资仲裁管辖权扩张对国家管辖权造成了极大的冲击，其裁决也严重制约了各国管理外资的权力，而且在新兴工业化国家对外投资迅速增长的背景下，那些习惯利用国际投资争端解决机制来保护本国投资者利益的发达国家也开始感受到来自国际投资仲裁的压力。有些国家选择退出 ICSID，另一些国家则试图在新缔结的 BITs 或者在区域性条约中限制 ICSID 仲裁的使用。在这种背景下，包括 ICSID 在内的国际仲裁机制开始面临新的危机，并且国际投资争端解决制度需要应时而变，从而适应国际经济政治形势的迅速变化。

调整国际投资关系的普遍性条约更多地着眼于程序性规则，提供投资争端当事方解决争端的场域，而实体性问题多由双边、区域性经贸条约或者国际习惯确定。因此，改革国际投资争端解决方式首先要解决的是程序性问题，而管辖权问题是程序规则的基础。在 ICSID 仲裁案件的受理和审理的全过程中，当事方都可以对管辖权提出异议。裁决做出后，当事方仍然可以

"仲裁庭显然超越其权力"向秘书长书面申请，要求取消裁决。因此，ICSID 仲裁管辖权贯穿于整个仲裁过程，要完善以 ICSID 为核心的国际投资争端解决体制，就不可忽视 ICSID 管辖权问题。

（四）研究 ICSID 仲裁管辖权扩张是完善国际治理体系的需要

习近平同志在党的十九大报告中明确提出"推动建构人类命运共同体"的构想，这一思想的核心是在谋求中国发展的过程中促进世界各国的共同发展。国际法制的完善是建立人类命运共同体的重要环节。在国际社会出现贸易保守主义回潮的趋势和逆全球化势力抬头的背景下，我们有必要维护已经确立的全球化规则，并在此基础上推动其不断完善。自 2008 年全球金融危机以来，特别是在 2016 年特朗普当选美国总统后，以美国为首的全球化开始转向单边主义的思维，使得国际经济全球化和投资自由化遇到了一定的阻碍。在今后的一段时间内，单边主义和多边主义的道路之争将在国际社会中长期存在，但人类经济发展迈向全球化的整体趋势不会变化。

经济全球化意味着全球的分工与合作，也意味着在多边框架之下解决存在的争端。ICSID 机制是国际社会推动投资发展与合作的重要成果，它作为构建"人类命运共同体"这一宏大工程链条中的其中一环，我们有必要对其各项制度进行分析，分析其存在的不足，并探讨这一机制在建设和谐的国际关系方面存在的各种可能性。对 ICSID 管辖权扩张问题的分析包含了两个方面：一是国际投资争端解决机构的管辖权随着国际投资发展而演进的规律，二是作为多边争端解决机构的 ICSID 权力界限及其与国家管辖权的平衡问题。这两个方面是对参与国际治理的多边国际组织授权与制衡的问题，也是在国际投资领域建立良好的国际治理体系的关键所在。

三、国内外研究现状

拥有管辖权是仲裁庭对案件进行审理裁决的前提和基础，因此构成了国际投资仲裁的核心问题。Christoph H. Schreuer 对 ICSID 公约中的管辖权条款做了系统的梳理，其对 ICSID 管辖权规则的逐条评注是研究 ICSID 公约的基础。其中，包括规定管辖权要件的第 25 条、管辖权与用尽当地救济关系的第 26 条和管辖权与外交保护和国际司法的第 27 条，在这些条文中明确了判断管辖权的实体标准，同时还分析了裁决管辖权的机构和程序的第 36、41、46、52 条。该项研究是以逐项述评的方式对 ICSID 公约的内容以及依据条约做出的裁决和学说进行介绍和评论，从而为本论题的深入开展提供了理论和实证基础。

在我国，陈安教授是较早关注 ICSID 的学者。他一方面从国际投资法学科体系的角度对包括 ICSID 管辖权在内的国际投资争端仲裁有关问题进行了梳理；[1]另一方面又从实务角度对谢业深诉秘鲁案中存在的管辖权扩大的问题进行了解读，并向该案仲裁庭出具了专家意见。[2]他的研究引起了国内学界对国际投资法相关问题的广泛关注，构成本论题研究的一个重要起点。

关于 ICSID 管辖权问题的研究近年来逐渐成为一个热点问题，学者们从不同的层次切入，提出了管辖权扩张的问题。

---

〔1〕　陈安主编：《国际投资争端仲裁——"解决投资争端国际中心"机制研究》，复旦大学出版社 2001 年版。

〔2〕　陈安：《对香港居民谢业深诉秘鲁政府案 ICSID 管辖权裁定的四项质疑——〈中国—秘鲁 BIT〉适用于"一国两制"下的中国香港特别行政区吗》，载《国际经济法学刊》2010 年第 1 期。陈安：《〈中国—秘鲁 1994 年双边投资协定〉可否适用于"一国两制"下的中国香港特别行政区——香港居民谢业深 v. 秘鲁政府征收投资案件的法理剖析》，载陈安：《陈安论国际经济法学》（第 3 卷），复旦大学出版社 2008 年版，第 1147 页。

第一，在宏观的视角上，一些学者是在对 ISDS 机制进行综合性研究的框架中对其中涉及管辖权扩张的问题进行审视，在对国际投资法律制度或对 ISDS 机制进行系统分析的背景下讨论管辖权扩张问题，并且通常是在研究过程中将管辖权扩张作为更广泛的国际投资争端解决机制的子课题进行分析。Jonathan Bonnitcha 等在对国际投资法律体制的政治经济学机理进行研究的过程中对涉及管辖权的冲突进行分析，此种分析从国际投资仲裁产生的经济基础和条约框架切入，并对投资仲裁的结构和体制进行分析，从而发现投资仲裁管辖权扩张的体制性症结。[1]从国际投资及其法律保护的发展历程来看，国际投资的形式和内容始终处于不断丰富的过程中，对国际投资保护的需求也在不断变化。作为国际投资法律机制中的一个重要制度，ICSID 管辖权必然会因应这种现实而发生改变。M. Sornarajah 将 20 世纪 90 年代以来"新自由主义"的兴起解释为国际投资法新发展的社会思想基础，认为管辖权扩张是由于这一时期新自由主义为仲裁员所接受并对仲裁裁决产生影响的结果。[2]这种解释能够为管辖权扩张问题提供了一个更宏阔的视角，当然直接将仲裁裁决中出现的某一现象归结为某种思潮可能过于简单化，从一种思想到具体落实到条约中并影响仲裁实践，其中的作用机理需要经过细致的分析，才能找出一个更符合事实的解释和更适宜的应对方案。我国学者也从宏观角度对包括国际投资法在内的国际经济法问题展开了研究，刘志云系统地梳理了国际投资法理

[1] Jonathan Bonnitcha et al., *The Political Economy of the Investment Treaty Regime*, Oxford, Oxford University Press, 2017.

[2] M. Sornarajah, *Resistance and Change in the International Law on Foreign Investment*, Cambridge, Cambridge University Press, 2015.

自由化的进程及其原理，指出 20 世纪 80 年代以来，特别是在冷战结束后，发展中国家以及一些转型国家对发达国家在包括投资者与东道国的争端解决等问题方面做出了相当大程度的妥协与让步，但并不能由此得出国家经济主权弱化或消亡的结论，各国在面对新的政治经济格局中需要坚持经济主权，并采取各种措施促进和发展经济主权。[1]王彦志具体地剖析了新自由主义的国际投资法律机制的兴起原因、整体结构和变化过程，并指出程序法上公私错位造成投资者和东道国利益失衡的局面。[2]刘志云在对 2008 年金融危机后的国际投资治理和立法变迁的研究中指出，国际投资机制正在由新自由主义转向内嵌自由主义，推动了国际投资全球治理的变迁进程，国际投资条约及投资者与国家间投资争端的变迁是其在国际法层面的具体体现。[3]

　　第二，在中观的层面上，有些研究者针对 ISDS 机制存在的问题进行分析，旨在提出解决方案。以 ICSID 仲裁为主的国际投资仲裁机制在经过多年发展后，既为国际投资争端的解决提供了有效的机制和场所，但同时又积累了一系列问题，如管辖权扩张的现象，而管辖权扩张或者是问题的诱因，或者是制度内在缺陷的结果。Susan D. Frank 在其提出投资条约仲裁的合法性危机的代表作中，将相近情况下其管辖权裁决结果截然相反的两个 SGS 案（即 SGS 诉菲律宾案和 SGS 诉巴基斯坦案）的不一致现象作为例证，认为不同的仲裁庭对管辖权范围的认识不同，

〔1〕　刘志云：《国际经济法律自由化原理研究》（增订版），法律出版社 2015 年版，第 221、235 页。
〔2〕　王彦志：《新自由主义国际投资法律机制：兴起、构造和变迁》，法律出版社 2016 年版，第 231 页。
〔3〕　刘志云等：《后危机时代的全球治理与国际经济法的转型》，法律出版社 2015 年版，第 7 页。

部分裁决扩张了管辖权，这种不一致是投资条约仲裁的不一致性的重要表现，其诱发了国际投资争端解决机制的正当性危机。[1]

第三，在微观的层次上，专门针对管辖权扩张问题的研究通常是通过实证的视角分析裁判中存在的管辖权扩张现象，探寻其表象、扩张路径、成因以及对策。国际投资仲裁管辖权及其扩张的现象吸引了诸多学者的目光，并形成了较丰富的研究成果。

（1）对 ICSID 管辖权扩张的现象的研究。徐树较全面分析了管辖权扩张现象，在对仲裁庭的路径和成因分析的基础上提出了应对之策，该文主要是对管辖权扩张在规范层面的分析。[2]在可受理的投资争端的范围问题，学者们注意到了仲裁员对条约中具有不确定性的"投资"和"投资者"定义进行了扩大解释，这种不确定性是来自"投资"定义本身的张力[3]，以及条约约文的缺漏。[4]朱明新分析了最惠国待遇条款在扩大基础条约的属事管辖权、属时管辖权以及规避等待期条款方面的作用。[5]封筮提出了两个 SGS 案反映出仲裁庭对保护伞条款在确认管辖权时并无统一标准。[6]邓瑞平、董威颉则认为保护伞条款涵摄的义务和主体

---

〔1〕 Susan D. Franck, "The Legitimacy Crisis in Investment Treaty Arbitration: Privatizing Publlic International Law through Inconsistent Decisions", *Fordham Law Review* 73, 2005, p. 1521.

〔2〕 徐树：《国际投资仲裁庭管辖权扩张的路径、成因及应对》，载《清华法学》2017 年第 3 期。

〔3〕 赵骏：《国际投资仲裁中"投资"定义的张力和影响》，载《现代法学》2014 年第 3 期。

〔4〕 于文婕：《论"投资"定义缺失对 ICSID 仲裁管辖的影响——〈解决国家与他国国民间投资争端的公约〉第 25 条的正当解读》，载《学海》2013 年第 5 期。

〔5〕 朱明新：《最惠国待遇条款适用投资争端解决程序的表象与实质——基于条约解释的视角》，载《法商研究》2015 年第 3 期。

〔6〕 封筮：《"保护伞条款"与国际投资争端管辖权的确定》，载《暨南学报》（哲学社会科学版）》2011 年第 1 期。

范围存有争议，主张"将保护伞条款涵摄义务范围限定于国家作为主权者行使国家权力时应承担的义务"。[1] Mary E. Footer 也注意到了保护伞条款在现实中造成管辖权裁决的不一致现象。[2]

谢业深诉秘鲁案仲裁庭裁决有关 BIT 及其争端解决条款在港澳地区的适用，由此引起了国内学者对该案中可能存在的管辖权扩张问题的关注，陈淑萍[3]、黄月明[4]等以谢业深诉秘鲁案（亦称"谢业深案"）为切入点，对 ICSID 管辖权扩张现象做出解读与分析，并在此基础上提出对策。

（2）管辖权扩张带来的影响。Gus Van Harten[5]，David Schneiderman[6]等人对 ICSID 仲裁侵蚀国家和公共利益的现象提出了批判。毛婵婵认为，管辖权是仲裁庭"对东道国公共利益施加影响的第一步"，管辖权扩张挤压了东道国管理经济的空间，损害了东道国的主权尊严，并且加重了东道国的经济社会压力。[7]与管辖权扩张伴生的现象对 ICSID 仲裁机制本身也会产生冲击，Jorun Baumgartner 对条约选购（treaty shopping）进行

---

〔1〕　邓瑞平、董威颉：《论中国双边投资条约中的保护伞条款》，载《河北法学》2018 年第 2 期。

〔2〕　See Mary E. Footer, "Umbrella Clauses and Widely - Formulated Arbitration Clauses: Discerning the Limits of ICSID Jurisdiction", *The Law and Practice of International Courts and Tribunals* 16, 2017, pp. 87~107.

〔3〕　陈辉萍：《ICSID 仲裁庭扩大管辖权之实践剖析——兼评"谢业深"案》，载《国际经济法学刊》2010 年第 3 期。

〔4〕　黄月明：《ICSID 仲裁庭扩大管辖权的途径及其应对——从"谢业深案"切入》，载《华东政法大学学报》2013 年第 5 期，第 64~75 页。

〔5〕　Gus Van Harten, *Investment Treaty Arbitration and Public Law*, Oxford, Oxford University Press, 2008.

〔6〕　David Schneiderman, *Constitutionalizing Economic Globalization: Investment Rules and Democracy's Promise*, Cambridge, Cambridge University Press, 2008.

〔7〕　毛婵婵：《国际投资条约仲裁中公共利益保护问题研究——以 ICSID 仲裁为视角》，武汉大学 2013 年博士学位论文，第 39 页。

了研究[1]，Yuval Shany 注意到国内法院和国际法院（其聚焦于 ICSID）的管辖权竞争现象[2]，这类研究均与管辖权扩张有一定的关联。而 ICSID 管辖权扩张带来的一个间接影响是国家对 ICSID 仲裁的反感或排斥，特别是有些学者关注到"卡尔沃主义"的复兴，单文华认为卡尔沃主义在拉丁美洲内外的多个区域都出现了复苏的迹象。[3]韩秀丽则进一步认为，卡尔沃主义更多是在程序意义上使用，其复兴主要表现为各国在 IIA 中限制或者放弃 ISDS 条款。[4]

（3）管辖权扩张的成因。虽然对于管辖权扩张的现象，有不少学者从多重角度对其进行了分析，其中 M. Sornarajah 将新自由主义思潮的发展作为管辖权扩张的成因。然而对于管辖权扩张的成因，特别在仲裁员的裁决是否存在偏好的问题上，各项研究结论存在较大分歧。Gus Van Harten 通过实证研究得出结论，认为不对称的仲裁结构是产生仲裁员系统性偏袒（systemic bias）的原因。[5]Catharine Titi 认为管辖权扩张是仲裁能动主义

〔1〕 Jorun Baumgartner, *Treaty Shopping in International Investment Law*, Oxford, Oxford University Press, 2016.

〔2〕 Yuval Shany, "Jurisdictional Competition between National and International Courts: Could International Jurisdiction-Regulating Rules Apply?", the International Law Forum of the Hebrew University of Jerusalem Law Faculty, May 17, 2006, available at http://www.ssrn.com/abstract=902928.

〔3〕 单文华、张生：《从"南北矛盾"到"公私冲突"：卡尔沃主义的复苏与国际投资法的新视野》，载《西安交通大学学报（社会科学版）》2008 年第 4 期。

〔4〕 韩秀丽：《再论卡尔沃主义的复活——投资者—国家争端解决视角》，载《现代法学》2014 年第 1 期。

〔5〕 See Gus Van Harten, "Arbitrator Behaviour in Asymmetrical Adjudication: An Empirical Study of Investment Treaty Arbitration", *Osgoode Hall Law Journal* 50, 2012, pp. 211-268. Gus Van Harten, "Arbitrator Behaviour in Asymmetrical Adjudication (Part Two): An Examination of Hypotheses of Bias in Investment Treaty Arbitration", *Osgoode Hall Law Journal* 53, 2016, pp. 540-586.

的体现，仲裁员承担了立法者的角色，为了填补条约空白或赋予模糊的条款以"清晰、通常的含义"，在管辖权和实体条款上通过解释而实现法律创制（interpretative lawmaking）过程，在部分案件中扩张了管辖权。[1]但 Andrea K. Bjorklund 表示，仲裁员并非仲裁能动主义者，他们的行为是由 IIAs 或仲裁协议授权的，无论是在仲裁适用标准模糊还是国际条约缺乏相关规定的情况下，仲裁庭都没有超越其权限。[2]同样是实证研究，Rodrigo Polanco Lazo 通过对仲裁员的 ISDS 任职经历和包括年龄、性别、语言、法学研究经历和职业背景等个人身份的实证分析得出结论：除了少数例外，仲裁员的背景并没有明显地表现出对 ISA 的裁决结果会有决定性的影响。[3]

（4）对管辖权扩张的控制。由于诸多研究将管辖权扩张归结为仲裁庭解释问题，几乎所有研究者都会关注《维也纳条约法公约》（Vienna Convention on the Law of Treaty，以下简称"VCLT"）在规范仲裁庭解释权方面的作用，并致力于分析直接要求严格按照 VCLT 的解释是否可以防止解释法理的不一致，换言之，VCLT 在现实中是否能够对仲裁庭产生足够的拘束力，并影响其对 ICSID 公约和 IIAs 的解释？对于这一问题，张乃根认为，多数 ICSID 裁决中采用了 VCLT 的解释规则，但也有仲裁庭不适用 VCLT 的解释规则，[4]在采用 VCLT 解释规则的案例中，其判理

---

〔1〕　See Catharine Titi, "The Arbitrator as a Lawmaker: Jurisgenerative Processes in Investment Arbitration", *The Journal of World Investment & Trade* 14, 2013, pp. 829–851.

〔2〕　See Andrea K. Bjorklund, "Are Arbitrators (Judicial) Activists?", *The Law and Practice of International Courts and Tribunals* 17, 2018, pp. 49–60.

〔3〕　See Rodrigo Polanco Lazo, "Does an Arbitrator's Background Influence the Outcome of an Investor-State Arbitration?", *The Law and Practice of International Courts and Tribunal* 17, 2018, pp. 18–48.

〔4〕　张乃根：《条约解释的国际法》（上），上海人民出版社 2019 年版，第 39 页。

整体上较为一致。[1]而张生也得出了相似的结论,即"晚近的一些投资仲裁裁决已经体现出 VCLT 在双边投资条约中受到越来越多的重视",但国际投资仲裁同时追求公正、灵活和效率等多重价值,因此 VCLT 的解释规则是否会得到仲裁庭的采用以及适用的效果还需要根据个案来判断。[2]很多学者关注国际投资仲裁程序的改革。

(5) 在已经确立双向投资大国地位的背景下,我国在面对 ICSID 仲裁管辖权扩张现象时,需要保持何种态度?这一问题已经成为国内学术界近年来重点讨论的议题之一。目前这一方面的成果主要集中于在"一带一路"背景下如何建立 ISDS 机制的问题,王贵国指出投资仲裁在诸多投资争端解决机制中备受诟病,其原因在于其具有极大的"不一致性、不确定性和不可预见性",应当为"一带一路"量身定制一套争端解决机制。[3]张晓君、陈喆提出了建立"一带一路"投资争端解决中心的建议,其中在管辖权问题上认为应当通过例外条款规定不适用于投资保护的具体事项。[4]

从微观角度在该主题上开展的专题研究为笔者提供了重要的思路,但同时这些研究通常以期刊论文的形式发表,由于篇幅的局限,主要围绕管辖权扩张现象本身进行分析,并未在相

〔1〕 张乃根:《条约解释的国际法》(下),上海人民出版社 2019 年版,第 877 页。

〔2〕 张生:《国际投资仲裁中的条约解释研究》,法律出版社 2016 年版,第 198 页。

〔3〕 王贵国:《"一带一路"争端解决制度研究》,载《中国法学》2017 年第 6 期。

〔4〕 张晓君、陈喆:《"一带一路"区域投资争端解决机制的构建》,载《学术论坛》2017 年第 3 期。

对多元的视角上展开论述，较少涉及 ICSID 管辖权扩张的时代和思想背景以及仲裁庭在裁决中展示出的解释方法对管辖权的影响，同时也未能从积极方面评价 ICSID 管辖权扩张对国际投资法律制度完善的作用。

总体而言，既有的研究成果反映了管辖权问题在国际投资争端解决机制中的重要性。不同的学者立足不同的视角深化了对这一问题的研究，而争端解决程序的完善则是当下国际投资法制建设的核心内容。管辖权扩张问题几乎与所有的重大程序性问题相关联，可以预见，在国际投资条约改革的大背景下，对 ICSID 管辖权问题的研究会始终构成国际投资法领域的热点问题，这方面的研究成果也会不断涌现。

四、主要研究方法

ICSID 仲裁管辖权作为 ICSID 的核心制度构建之一，从理论和实践上看都是一个宏大的体系，而其扩张现象则需要结合个案来进行研究。因此，本研究必须采用多种研究方法，从多角度进行，方能得出较为科学的结论。具体而言，本书将采取以下方法：

第一，实证分析和理论解读相结合。本课题的研究需要在微观的层面通过案例、条约以及各国应对措施的梳理来分析 ICSID 管辖权扩张的趋势、原因和影响，这需要从实证角度进行量化的考察，同时本课题也需要将相关的分析在既有的国际投资和国际投资法理论下进行考量做出定性的结果。

第二，规范分析和历史考察相结合。规范分析主要是对相关文本及其实践应用的解读，其更多地体现为条约规则的静态研究和个案中仲裁理由的即时研究。同时，这种研究也必须放在 ICSID 管辖权的产生、发展和未来趋势的历史考量中方能得出结论，因而动态的历史分析也是必不可少的。

第三，定性分析和定量分析相结合。"质"与"量"是考量事物的基本维度，"量"的积累是"质"的变化的前提。因此，只有在对本研究所涉子课题的各个领域做出定量的考察的基础上，才能得出准确的定性的结果，也才能为作为文章结论的对策研究奠定坚实的基础。定量分析的方法主要体现为对影响裁决的各类要素的统计与分析。定性分析则是在定量基础上对问题的本质和动因的考察。

第四，比较研究法。本课题研究需要对各类不同的双边和多边投资文本、已有多样化的国际争端解决方式，特别是其中的国际投资仲裁体制以及各国应对 ICSID 仲裁管辖权扩张趋势的做法进行比较，用以确定 ICSID 仲裁管辖权合理的边界、界定这种边界的合适的条约模式以及探索我国应对 ICSID 管辖权发展趋势的有效策略。

总之，在研究方法上，本研究将采取开放的视角，采用多种研究方式相结合，而在具体的子课题上，则将根据解决问题的需要，仔细甄别，采用合适的方法展开研究。

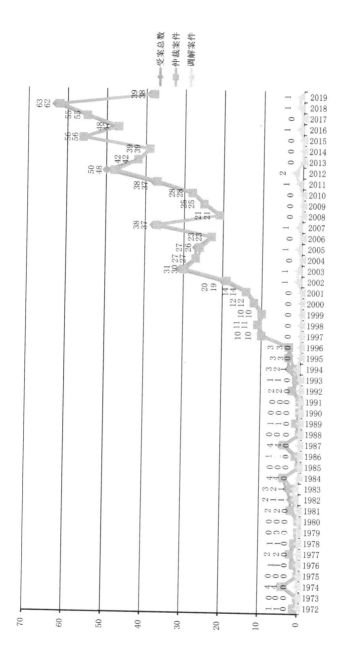

图0-1 ICSID历年受理案件数量及结构示意图（1972—2019年）

第一章

ICSID 公约仲裁管辖权规则概述

截至 2019 年底，ICSID 已经受理了 765 起案件，其中已决案件（concluded cases）495 起，待决案件（pending cases）215 起。而在这 765 起案件中，仲裁案件 752 起，调解案件仅 13 起。仲裁案件中包括根据 ICSID 公约提起的案件 674 起，也包括根据 ICSID《附加便利规则》以及联合国国际贸易法委员会（United Nations Commission on International Trade Law，以下简称 "UNCI-TRAL"）仲裁规则等提起的案件 77 起。在这些案件中，ICSID 仲裁案件占了案件总数的 88.1%，居于主体地位。ICSID 仲裁案件数量的增长既有 1990 年代以来经济全球化加速带来的纠纷增多的影响，同时也不可忽视 ICSID 规则，特别是管辖权规则自身的因素。在 ICSID 仲裁的几乎所有案件中，都首先涉及关于管辖权裁决这一先决程序。多数被申请方都会首先谋求在仲裁的最初阶段推翻仲裁庭的管辖权，避免案件进入实体问题的审理程序。ICSID 公约中的管辖权条款是确定仲裁庭管辖权的基本依据，也是据以判断仲裁庭扩张管辖权的核心标准。

第一节　ICSID 公约管辖权规则的形成

一、ICSID 公约之前的方案

在 ICSID 公约生效之前，国际社会已经出现了关于投资者—

国家争端仲裁解决的多个方案，其中影响最大的是促进与保护外国私人投资协会在 1959 年发布的《阿布斯-肖克洛斯海外投资保护公约草案》（Abs-Shawcross Draft Convention on Investments Abroad，以下简称"阿布斯-肖克洛斯草案"）。该草案附件为缔约国之间的争端设计了仲裁解决程序。关于管辖权，草案区分了当事国之间的争端和缔约国国民与缔约国之间的争端，并分别做出了规定。对于缔约国间因条约的解释和适用而产生的争端，仲裁程序的发动需要争端当事国事先以"以特定的协议或者单方面宣布的方式"同意，在当事方之间缺乏此种同意或者其他协议的情况下，任何一方可以将争端提交给国际法院。对于缔约国国民认为缔约国违约造成损害而提起的请求，需要当事国做出概括性接受的宣布（general declaration）。[1]

　　之后不久，OECD 在 1962 年公布的《外国财产保护公约草案》（Draft Convention on the Protection of Foreign Property，以下简称"OECD 草案"）中也对仲裁问题做出了规定，其中借鉴了阿布斯-肖克洛斯草案的做法。OECD 草案第 7 条（a）款规定了仲裁庭对国家间仲裁的管辖权，缔约国因公约的解释或者适用而产生的争端可根据双方协议提交依公约附件设立的仲裁庭或任何其他国际仲裁庭。但在该公约中，当事国的同意并非仲裁庭获得管辖权的必要条件，如果当事国不能在一方发出准备提交书面仲裁的通知之日起 6 日内达成协议，则根据公约附件组成的仲裁庭仍然有管辖权，即仲裁庭拥有强制性管辖权（compulsory jurisdiction）。只是在这种情况下，缔约国不能将争端提交其他仲裁机构。其第 7 条（b）款则规定了缔约国国民

---

　　〔1〕　Georg Schwarzenberger, "The Abs-Shawcross Draft Convention on Investment A-board: A Critical Commentary", *Current Legal Problems* 14, 1961, pp. 213-246.

（投资者）和另一缔约国间争端的仲裁，缔约国的国民因另一缔约国的违约行为遭受损害时，可以要求根据公约附件组织仲裁庭，但该仲裁庭取得对案件的管辖权需满足以下条件：①作为被申请方的缔约国做出接受管辖的声明，缔约方可以在任何时间做出或撤销该声明，但只要投资者据以提出仲裁申请或者与之相关的权利是在声明有效期内获得的，则在此项声明被撤销的五年内，该声明依然可以适用，仲裁庭仍然可以据此获得对案件的管辖权；②申请人的国籍国在申请人请求其提起仲裁申请的 6 个月内没有提起申请。也就是说，在该公约的制度安排下，国家间仲裁（state-state arbitration，以下简称"SSA"）相对于投资者—国家仲裁（investor-state arbitration，以下简称"ISA"）具有优先性，一旦仲裁庭接受了国家提起的仲裁申请，则不得再接受该国公民就同一争端提起的仲裁申请。如果在 6 个月后，申请人的国籍国根据第 7 条（a）款提起了仲裁程序，仲裁庭也仍然要中止投资者与缔约国之间的仲裁程序。

这两份公约草案以及同时期的其他缔约努力和各类建议都对各类程序中关于争端解决的规定，包括 ICSID 提供了范例。虽然这些条约都没有正式缔结，但其反映了国际社会对投资者—国家投资争端解决的需求和努力，并提供了最初的路径蓝图，我们可以从 ICSID 公约的缔结过程及其最终约文看到它们的影响。

二、ICSID 公约的缔约动因

20 世纪 50 年代各类公约草案的发布以及在起草这些文件过程中所得以发展的各类思潮为 ICSID 公约的起草奠定了坚实的实践和理论基础。而缺乏解决投资者与东道国之间投资争端的机制所造成的现实困扰也对 ICSID 公约的缔结提出现实的要求。[1]

国际复兴开发银行（International Bank of Reconstruction and Development，以下简称"IBRD"）一直对建立一个解决其成员国与外国投资者之间的争端的机制抱有兴趣，为公约的缔结提供了现实的动力。其原因在于：

一方面，建立一个有效的投资争端解决机制有助于实现 IBRD 的创设目标。《国际复兴开发银行协定》为 IBRD 确立的宗旨包括"促进外国私人投资"和"协助会员国提高生产力、生活水平和改善劳动条件"，而如果不能有效解决投资争端则会妨碍投资在成员国之间流动，使银行难以实现协定规定的组织宗旨。

另一方面，建立一个有效的投资争端解决机制能够保障 IBRD 的资金安全。IBRD 主要的资金来源是来自资本市场的借款，其业务主要是向成员国提供担保和贷款。如果 IBRD 不能解决解决借款国不履行还贷违约或征收争端的问题，则其市场信誉会受损。此外，作为 IBRD 的优惠贷款机构，国际开发协会（International Development Association，以下简称"IDA"）的资金则更有赖于资本输出国的自愿捐款，而向 IDA 寻求借款的国家在解决其与捐款国的国民在违约和征收争端方面的纪录可能

---

〔1〕 在 ICSID 正式成立之前，国际社会没有可以为 ISDS 提供适当模式的仲裁机构，很多国家不接受私立仲裁机构，如国际商会（International Chamber of Commerce，以下简称"ICC"）仲裁院，裁决投资者和国家之间的争端，而当时唯一的公法上的国际仲裁机构，国际常设仲裁法院则不接受私人提出的仲裁申请。See para. 3（d），M 61-192（August 28, 1961），Note by A. Broches，"Settlement of Disputes between Governments and Private Parties"，*The History of the ICSID Convention*，Volume II, Part 1, p. 2.

会影响到捐款国的捐款意愿。[1]

IBRD 不仅具有建立国际投资争端解决机构的内在动力,也拥有建立这一机构所需要的各种条件。作为多边性的国际金融组织,IBRD 拥有联结资本输出国和资本输入国的地位,这有助于树立人们对其在投资者和东道国之间保持中立的信心。同时,IBRD 长期在对项目进行管理过程中获得的专业技术及所拥有的人才储备,这也使其具备了解决争端的专业优势。实践中,IBRD 利用其自身的地位在处理 20 世纪 50 年代至 60 年代初发生的英伊石油公司国有化、苏伊士运河事件以及东京债券等一系列纠纷时通过派出官员、居中调停等方式为争端解决做出了努力。[2]

然而 IBRD 所做的这些努力都是非正式的,缺乏有效的制度支撑,而且专门机构的缺乏也使 IBRD 难以承担起争端解决的重负。进入 20 世纪 60 年代,时任 IBRD 总法律顾问的布罗切斯建议银行建立一个正式的投资争端解决机制。他向 IBRD 的执行董事会详细地论证了设立这样一个机制的理由,其核心宗旨是保护私人投资者的利益。布罗切斯认为,在设立一个正式的争端解决机制之前,投资者利益保护完全取决于东道国国内法的规定。当然投资者也可以寻求其国籍国(母国)的外交保护,但有些国家在投资者进入时就要求他们放弃寻求其母国提供外交

---

〔1〕 Antonio R. Parra, *The History of ICSID*, Oxford, Oxford University Press, 2012, p. 22.

〔2〕 Antonio R. Parra, *The History of ICSID*, Oxford, Oxford University Press, 2012, p. 24. 1961 年 9 月 19 日,时任 IBRD 行长的尤金·R. 布莱克(Eugene R. Black)在维也纳举行的 IBRD 理事会年会上的致辞中也表达了同样的思想。"Excerpt from address by President Eugene R. Black to the Annual Meeting of the Board of Governors", *The History of the ICSID Convention*, Volume II, Part 1, p. 3.

保护的权利, 同时投资者母国出于各种原因也未必愿意提供此
种保护。[1]实际上, 即使国家愿意向投资者提供保护, 与专门
的投资争端解决机构相比, 国家对投资者提供外交保护仍会为
其政治因素所困扰: 一方面外交保护权的权利主体是国家, 一
旦投资者母国接受投资者的请求, 向其提供外交保护, 就使原
先投资者与东道国的争端上升为投资者母国与东道国的争端。
另一方面在协商不成的情况下, 国家往往是通过国际法院来行
使其对投资者的外交保护权, 然而国际法院的判决只有通过联
合国安理会的决议来加以强制执行。[2]这两方面都使原本经济
领域的争端染上了浓重的政治色彩, 难以达到最佳的解决效果,
甚至会加深原有的利益冲突, 并给投资者在东道国的利益带来
负面影响。出于这样的考虑, 建立一个专门用于解决投资者与
东道国之间的投资争端的国际机构以保护投资者的利益成为一
种必要的选择, 而去政治化则是新设投资争端解决机构的重要
原因。

三、ICSID 公约的缔约过程

缔约工作从 1962 年开始延续至 1966 年机构成立, 大致经历

---

[1] Sec M 61-192 (August 28, 1961), Note by A. Broches, "Settlement of Disputes between Governments and Private Parties", *The History of the ICSID Convention*, Volume II, Part 1, p. 1. 布罗切斯认为, 投资者国籍国不愿意提供外交保护, 甚至不愿意对投资者的诉求提供支持的原因在于, 他们认为这种行为可能被认为具有政治意味, 被东道国视为一种不友好的行为。

[2] Kenneth J. Vandevelde, "United States Investment Treaties: Policy and Practice", *International & Comparative Law Quarterly* 43, 1992, p. 227. 曾任 ICSID 秘书长的希哈塔也在 *ICSID Review* 的创刊号开篇文章中即将去政治化作为标题并详加说明, 从一个侧面佐证了去政治化是建立 ICSID 的重要目标。Ibrahim F. I. Shihata, "Towards a Greater Depoliticization of Investment Disputes: The Roles of ICSID and MIGA", *ICSID Review—Foreign Investment Law Journal* 1, 1986, pp. 1-25.

了以下几个阶段：

（一）发起阶段

在时任行长尤金·R. 布莱克和布罗切斯的推动下，1962 年初，IBRD 执行董事会在开会时非正式地讨论了这一问题。1962年 6 月，布罗切斯向执行董事会提交了一份《起草国家与他国国民间争端解决公约草案的工作文件》（Working Paper in the Form of a Draft Convention for the Resolution of Disputes between States and Nationals of Other States，以下简称《工作文件》），并在该文件中拟定了将要缔结的公约草案。执行董事会从 1962 年 12 月到 1963 年 6 月召开了关于投资争端解决的全体特别会议，对《工作文件》提出了大量意见。在此基础上，IBRD 于 1963 年 8 月 9日提交了《关于解决国家和他国国民之间投资争端公约第一份初步草案》（First Preliminary Draft of a Convention on the Settlement of Investment Disputes between States and Nationals of Other States，以下简称《第一初步草案》）。当年 9 月，执行董事会对该草案进行了简短的讨论，之后行长宣布将由区域性的法律专家会议对该草案展开进一步的斟酌。

（二）讨论阶段

自 1963 年 12 月到 1964 年 5 月，世界银行分别在亚德斯亚贝巴、圣地亚哥、日内瓦和曼谷召开了区域性法律专家咨询会议（Consultative Meetings of Legal Experts），每一次会议均在简短的一般辩论后，对《第一初步草案》逐条进行讨论，由此形成了四份记录，与作为历次会议主席的总法律顾问所做的关于集体结论的详细记录一并被提交给执行董事会，其中包括对《第一初步草案》进行了细微修改并附加了评注的初步草案（Preliminary Draft Convention，以下简称《初步草案》）。执行董事会在 1964 年 7 月和 8 月召开的三次全体特别会议上讨论了这些报告，主要聚焦于之后的缔约程序问题，并着手准备提交理事会的报告。他们采纳了行长的建议，决定由执行董事会完成公约的制定，但在这之前，IBRD 召开由各国指派的代表组成的委员会会议，以向执行董事会提出法律建议。1964 年 9 月，理事会在东京召开的年会上审议了执行董事会的报告，IBRD 之后根据理事会和区域性法律专家咨询会议的意见发布了包含《第一草案》（First Draft）的工作文件。

（三）完成阶段

1964 年 11 月 23 日，有 61 个国家的代表参加在华盛顿召开的关于投资争端解决的法律委员会会议，到 1964 年 12 月 11 日一共举行了 22 次会议，对《第一草案》逐条讨论并提出建议。会议结束时，法律委员会发布了《修正草案》（Revised Draft）。1965 年，执行董事会在接收到总法律顾问所提交的报告后，又在 2 月 16 日至 3 月 4 日间召开了一系列会议，对条文进行修改，并于 3 月 18 日正式作出决定，批准公约文本并提交行长。行长在 3 月 23 日将公约副本和相关报告转交给各成员国的理事和副理事，以便各国决定是否批准该公约。公约最终于 1966 年 10 月 14 日正式生效。

在整个缔约过程中，形成了一系列相关文件，其中包括《工作文件》《第一初步草案》《初步草案》《第一草案》《修正草案》等经系统起草的文本，在体例和内容上对正式缔结的 ICSID 公约的约文文本的形成，包括管辖权的相关规定，起着重要的作用。在《工作文件》最初提出的公约草案中，中心（即 ICSID）只对当事方已经同意提交的案件具有管辖权。国家可以事先以一般宣言或者与特定投资者达成协议的方式做出同意，一旦国家同意将特定争端提交给中心，此种同意就成为对国家有约束力的国际义务。文件还规定只要中心有管辖权，私人当事方就可以直接与东道国在中心解决争端，而无需其母国同意。而公约草案没有对国际投资的实体规则做出规定，这是因为 IBRD 认为实体内容对缔约国的利益具有直接的影响，各国在该问题上容易产生分歧，同时实体问题牵涉面广且更为复杂，难以在协定中做出这么广泛的规定，因而现实的做法是避开矛盾，仅就程序性问题做出规定。在整个缔约过程中，这一做法没有发生改变，最终的 ICSID 公约也采纳了草案的做法，将其内容严格限定在程序性问题上。

第二节　ICSID 公约中的仲裁管辖权规则

1965 年 ICSID 公约以专章的形式规定了 ICSID 的管辖权，其第二章标题为"中心的管辖权"，包括第 25、26、27 条。其中，第 25 条集中正面规定了中心的管辖权，即直接规定在何种情况下，中心对争端具有管辖权，该条并未对仲裁和调解的管辖权进行区别对待，而是做了统一规定，但从本书论题角度，我们主要从仲裁程序对其进行分析。第 26 条规定了仲裁的排他性和用尽当地救济原则的关系，第 27 条规定了仲裁与外交保护的关系，这两条实际上构成了对第 25 条的补充。第 25 条从三个维度对中心管辖权做出规定，即主体、客体和主观三个方面。在主体（ratione personae）方面，公约规定中心受理的争端当事人一方应是缔约国或者缔约国向中心指定的任何组成部分或机构，另一方则是另一缔约国的国民。在客体（ratione mater）方面，公约规定，中心受理直接因投资而产生的法律争端。在主观方面，公约规定中心的管辖适用于双方书面同意提交中心的争端。在该条第 1 款对中心管辖权用简短的表述进行概述后，又在接下来的三款对此中做出了进一步的规定。

同时，ICSID 公约在有关章节中还分别规定了如何确定中心管辖权的程序问题，其解决的是哪个机构在什么阶段有审查确定中心管辖权的权力。其中第 36 条赋予秘书长审查请求和拒绝登记的权力，第 41 条确定了仲裁庭的自裁管辖权，第 46 条规定了仲裁庭对附带要求或反要求的管辖权，第 52 条将仲裁庭越权作为取消裁决的理由。为了实施这些规定，中心在《仲裁程序规则》中提出了更加具体的要求。

一、主体方面

在 ICSID 仲裁受理的争端主体一方为缔约国或缔约国向中心指定的任何组成部分或机构，另一方则为另一缔约国的国民。

（一）"缔约国"与"缔约国向中心指定的任何组成部分或机构"

ICSID 公约第 25 条并未对"缔约国"（Contracting State）和"缔约国向中心指定的任何组成部分或机构"（any constituent sub-division or agency of a Contracting State designated to the Centre by that State）的概念做出说明。但在 ICSID 公约第十章"最后条款"第 67~72 条对国家缔结、加入和退出条约的程序做出了规定。这些条款实际上确定了第 25 条中的"缔约国"的含义。根据 ICSID 公约第 68 条和第 69 条的规定，缔约国即为在公约上签字，并依其国内宪法程序予以批准、接受或核准的国家。需要注意的是，ICSID 公约与 VCLT 的"缔约国"定义是有所不同的。根据 VCLT 对"缔约国"的定义，"缔约国"指无论条约生

效与否，同意受条约拘束的国家。而出于公约目的考虑，ICSID
公约中的"缔约国"不仅是同意承受条约拘束，而且完成条约
的签字、批准、接受或核准等程序，还应当是条约对其发生效
力的国家。根据 ICSID 公约第 68 条规定，公约生效后每一个交
存批准、接受或核准书的国家，公约在其交存后 30 天开始生
效。ICSID 公约第十章第 71 条规定了退出程序，任何缔约国都
可以通过书面通知公约保管人（即 IBRD）的方式退出公约，其
退出时间为保管人收到退出通知 6 个月后，且不影响该国先前
对中心管辖权做出的同意的效果。因此，作为当事方的缔约国
和国民的国籍国应当是在 ICSID 公约上签字，并完成了批准、
接受或核准程序使公约对其生效期间的国家。还应当注意的是，
ICSID 公约对缔约国的规定是半开放的，它对条约签字国的资格
提出了条件，根据第 67 条，一国要成为公约的缔约国，需要满
足以下条件之一：①它是 IBRD 成员国；②它是参加国际法院规
约的国家；③如果该国既不是 IBRD 成员国，也没有参加国际法
院规约，则该国只有在 ICSID 行政理事会根据其成员的 2/3 多数
票邀请时才可以成为条约的签字国。

　　ICSID 公约第 25 条同样未对何为"缔约国向中心指定的任
何组成部分或机构"做出规定。之所以将"缔约国向中心指定
的任何组成部分或机构"作为争端主体是考虑到各个不同国家
宪法对其投资管制权力的分配造成的，"在许多国家，不是由政
府而是由法定的执行公共职能的公司订立投资协议，他们在法
律上明显有别于国家"。[1]因此，这些公司就可以经缔约国指定
而成为争端的当事方。同时，不同国家的国家结构形式不同，

---

[1]　Chrisroph H. Schreuer et al.，*The ICSID Convention：A Commentary*，Cambridge，Cambridge University Press，2009，p. 1490.

其订立投资协定的权力可能属于地方政府或其他组成部分所拥有，如联邦制国家的州或者某些单一制国家的省。"组成部分或机构"虽然在主体身份上独立于缔约国，但在中心管辖权问题上仍然附于缔约国，即他们不能独立做出同意中心管辖权的意思表示，除非缔约国明确表示排除，其对中心管辖权的同意必须经过缔约国的批准。

（二）"另一缔约国的国民"

关于"另一缔约国的国民"这一概念，公约第 25 条第 2 款对自然人以国籍作为认定标准，对法人则以国籍或控制人作为认定标准，其认定的时间标准则有所不同。就自然人而言，另一缔约国的国民系指在双方同意将争端交付调解或仲裁之日或者登记请求之日，具有争端一方国家以外的某一缔约国国籍的自然人。公约考虑到了自然人可能存在双重或多重国籍问题，规定如果该自然人也具有作为争端一方的缔约国国籍则不包括在"另一缔约国的国民"范围内。

公约对法人作为"另一缔约国的国民"的认定采用了两种标准：一种是"公司国籍标准"，即在争端双方同意将争端交付调解或仲裁之日或登记请求之日，具有作为争端一方国家以外的某一缔约国国籍的法人，然而公约在这里并没有对确立公司国籍的标准进一步加以说明。另一种则是"实际控制加协议"，即针对在双方同意将争端提交 ICSID 调解或仲裁之日具有作为争端一方缔约国国籍的法人，如该法人为外国所控制，双方同意为了公约目的，应看作是另一缔约国的国民。公约作此规定，一方面是因为很多国家在引进外资时，要求投资者根据国内法采取公司的形式进行投资，这些公司形式上属于东道国法人，东道国可以借此将由此项投资引起的争端限制使用国内程序和国内法解决；另一方面投资者为了规避风险，在东道国的投资往往是以并购既有法人、单独或者合资设立法人的形式进行，其投资的载体多为具有东道国国籍的法人，以保障投资者对在东道国的投资仅承担有限责任。公约在起草时考虑到了这种情况，所以对法人国籍采用了两种标准，即"公司国籍"和"控制人国籍"。在缔约时为了平息主要是来自发展中国家的反对，主持起草公约的布罗切斯折中了"协议标准"和"控制标准"，在当事方同意的前提下，可以将由另一缔约国国民控制的具有争端当事国国籍的法人视为另一缔约国国民。

在以"实际控制加协议"的方式将具有东道国国籍的法人认定为"另一缔约国的国民"，需要双方同意，而对于这种同意是需要采用明示的方式还是可以采用默示的方式，在假日酒店公司（Holiday Inns）诉摩洛哥一案中，仲裁庭认为："这样一个协议意图获得的结果构成了公约所建立的一般规则的例外，并期待当事方应当就此种背离进行清晰明确的表达。因此这种协议通常是明示的。默示的协议仅仅在特定环境可以排除当事方有其他意图的解释的情况下被接受，本案不属于这种情况。"[1]

在该案中，关于当事人主体资格的争论还涉及"关键时间"问题。作为仲裁申请人的瑞士格拉鲁斯州的 Holiday Inns 在投资协议（基础协议）签订时并没有正式登记成立，同时在投资协议生效时该公司的母国瑞士和东道国摩洛哥均不是 ICSID 公约的当事国。[2]摩洛哥以此主张，酒店的申请不符合

---

〔1〕 Pierre Lalive, "The First 'World Bank' Arbitration (Holiday Inns v. Morocco) - Some Legal Problems, Decision of 1 July 1973", *British Year Book of International Law* 51, 1980, pp. 123–162.

〔2〕 基础协议签订于 1966 年 12 月 5 日，瑞士在 1968 年 6 月 14 日成为 ICSID 公约当事国，摩洛哥则是在 1967 年 6 月 10 日成为该公约当事国。

公约管辖权的规定。仲裁庭驳回了摩洛哥的主张，认为公约允许当事方将仲裁条款生效时间放在后来特定条件被满足时。因此，基础协议签署时条件不满足，并不影响仲裁庭的管辖权。

二、客体方面

所谓仲裁的客体是指仲裁所要解决的争端。根据公约规定，中心管辖权适用于"直接因投资而产生的法律争端"。在这里对中心受理的案件的标准集中于两个方面，一是对其性质的要求，即提交中心的争端应为法律争端，二是对其内容的要求，应是直接因投资而产生的争端。

国际法院将争端界定为"当事方之间在法律或事实上的不同意见以及法律观点和利益的冲突"。[1]根据其客体的不同，可以将国际争端区分为法律争端、事实争端和政治争端。由于国家与投资者之间地位上的不平等，两者之间不可能发生纯粹意

---

〔1〕　国际法院对于"争端"的界定是基于常设国际法院在马弗罗马蒂斯巴蒂斯坦租借权（Mavrommatis Palestine Concession）案中的判决。Mavrommatis Palestine Concession, Judgment No. 2, 1924, P. C. I. J. , Series A, No. 2, p. 13, available at http://www. icj-cij. org/files/permanent-court-of-international-justice/serie_ A/A_ 02/06_Mavrommatis_en_ Palestine_ Arret. pdf. 国际法院的判决和咨询意见中多次引用了该案对于国际争端的这一表述，如保加利亚、匈牙利和罗马尼亚和平条约的解释案（Interpretation of Peace Treaties With Bulgaria, Hungary and Romania）的咨询意见、西南非洲案（South West Africa）的判决, South West Africa, Preliminary Objections, Judgment, I. C. J. Reports 1962, p. 328; Northern Cameroons, Judgment, I. C. J. Reports 1963, p. 27, available at http://www. icj-cij. org/files/case-related/47/047-19621221-JUD-01-00-EN. pdf. Interpretation of the Peace Treaties with Bulgaria, Hungary and Romania（first phase）, I. C. J. Reports 1950, pp. 65, 74, available at http://www. icj-cij. org/files/case-related/8/008-19500330-ADV-01-00-EN. pdf.

义上的政治争端〔1〕。国家和另一缔约国的国民间因国际投资而引发的争端既可能是法律争端，也可能是事实争端，两者之间既有区别，又相互联系。法律争端涉及当事方之间权利的行使和义务的履行，而事实争端则是对事实认识不同引发的争端。事实争端有两种：法律争端内含的事实争端和纯粹的事实争端。对于前者而言，解决法律争端是以事实认定为前提的，因此法律争端中往往包含着事实争端。对于后者而言，当事方之间也可能存在着纯粹的事实争端，即其争端只涉及对事实认识的不同，而不涉及权利和义务的认定问题。ICSID 公约只规定了中心对"法律争端"的管辖权，而并未将"事实争端"列入中心管辖范围。

关于对争端内容的要求包括两个方面：一是其争端是由"投资"引起的，关于何为"投资"，传统的国际投资法学说认为是"国际直接投资"，即能够产生或转移经营权和控制权的投资，但投资的表现形式多种多样，并且随着时代的发展而不断出现新的形式，依赖通常对"投资"的观念并不能给中心管辖权的判定提供一个明确的标准，而公约没有给出"投资"一个抽象的定义，更没有以列举的方法列明"投资"所包含的外延。二是争端是"直接"由投资引起的，即要求争端具备与投资的直接相关性，在争端与投资的公约的直接关联性方面也没有设

---

〔1〕 法律争端与政治争端的区分并非如人们理想中那样被清楚区分，传统上，区分两类争端的标准有两种：一种标准是"可裁判性"，具有可裁判性的是法律争端，不具有可裁判性的是政治争端；另一种标准是"国家意图"，即一项争端是政治争端还是法律争端，不取决于争端本身的性质，而取决于国家的主观意图。但一方面，所有的国际争端都有政治利益的成分；另一方面，无论是依照可裁判性还是"国家意图"，都很难将法律争端与政治争端截然两分。参见禾木：《国际裁判中的法律争端与政治争端》，载《中外法学》2013 年第 6 期。

定具体的标准，而在争端与"投资"联系的直接性上，也并未给出明确的判断标准。

各缔约方在缔约时曾经就"投资"和"与投资直接联系"的确定做出过努力。《第一草案》中规定了"投资"和"法律争端"的定义，其第 30 条中规定：

"（i）'投资'是指在一个不确定的期间或者在不少于五年的确定期间内的任何货币出资或其他具有经济价值的财产。

（ii）'法律争端'是指任何关于法律权利或义务或与法律权利或义务的裁决有关的事实的争端。"

法律委员会第四工作组在其关于中心管辖权范围的报告中对《第一草案》中有关中心管辖权的第 26 条和第 29 条提出了修改建议。在第 26 条的修改意见中，其对直接由投资引起的法律争端限定于以下几种：一是国家与外国投资者所签订的合同义务的遵守问题；二是国家给予特定投资的担保义务的遵守问题；三是国家行为对他国国民合法权利的侵害赔偿的确定问题，除非该行为是由于对进行投资时在东道国领土内有效的法律的正确适用或在此之后并未明显造成投资者利益被剥夺或削减的效果的法律的正确适用。

这些对"法律争端"和"投资"等概念下定义或加以限定的约文均未出现在公约的最终文本中，因此这些问题都需要留待具体案件中由仲裁庭加以判断。

三、主观方面

中心对案件取得管辖权的前提是当事方的同意，这一点与其他仲裁形式类似，体现了投资者—国家仲裁的自愿性。根据公约的规定，对争端提交中心管辖的同意应当由双方以书面形式做出，而仅仅批准、核准或者接受 ICSID 公约的事实不能被认为是缔约国就特定争端接受中心仲裁的同意。与商业仲裁一样，ICSID 仲裁的基础也是当事方自愿，执行董事会报告认为"同意"是"中心管辖权的基础"。在公约的起草阶段，布罗切斯就反复强调了中心程序的自愿性以消除某些发展中国家的担心。因此，ICSID 公约在第二章的每一条中都涉及了对"同意"的规定。

（一）"同意"的主体

根据 ICSID 公约，做出"同意"的主体是争端当事方，而缔约国的下属单位或机构，虽然也是争端的主体，但其在是否同意将争端提交中心问题上并不具有独立地位，其同意须经缔约国批准，除非该缔约国通知中心不需要予以批准。

（二）"同意"的内容

ICSID 公约针对缔约国对公约的"同意"和对将特定争端提交给"中心"管辖的"同意"做了区分。公约规定："任何缔约国可以在批准、接受或认可本公约时，或在此后任何时候，把它考虑或不考虑交给'中心'管辖的一类或几类争端通知'中心'，秘书长应立即将此项通知转交给所有缔约国。此项通知不构成第 1 款所要求的同意。"

根据这一规定，缔约国的"同意"可以分为三类：第一类是对公约文的同意，即对公约的批准、接受或者认可；第二类是对可提交"中心"管辖的争端类型的"同意"；第三类才是对特定争端由"中心"管辖的"同意"。从字面解释，"中心"只有获得第三类"同意"的情况下才能取得对案件的管辖权，但中心可以在第二类同意中将"中心"管辖的争端类型限制在特定范围内。

（三）"同意"的形式

《初步草案》没有直接对同意的形式提出要求，但其对如何认定当事方的同意做出了具体规定：

"争端任何一方对中心管辖权的同意可由下列事项证明：

（i）任何当事方就有权根据公约条款提出调解或仲裁请求的预先的书面承诺；

（ii）任何一方将特定争端提交中心；或者

（iii）任何一方接受中心对另一方所提交争端的管辖权。"[1]

但在《初步草案》之前的《工作文件》和之后的《第一草案》《修正草案》以及正式约文中，这一规定都没有出现，而代之以要求采用书面形式，这成为公约对同意的唯一正式要求。然而，公约并没有对何为书面形式做出具体的规定。实践中，此种同意可能采取的方式包括：

一是东道国在其国内法中做出规定，同意投资者将投资争端提交"中心"管辖，而投资者则是在争端发生后以书面向 ICSID 提起仲裁的方式表现对其管辖权的同意，即双方分别以不同的方式做出的单方法律行为共同构成了对"中心"管辖的同意。

二是通过投资者与东道国订立的投资仲裁协议表示同意，这包括双方在所订立的投资协议中约定将来因该协议而产生的争端提交"中心"管辖和在特定投资争端发生后双方当事人达成仲裁协议同意将争端提交"中心"管辖。

三是东道国在与投资者母国达成的 BITs 中做出对 ICSID 仲裁管辖权的同意，陈安教授认为，这种 BITs 中涉及"中心"管

---

〔1〕　Article II, Section1‐2, ICSID Preliminary Draft, *The History of the ICSID Convention*, Part 1, Volume I, p. 112.

辖的条款有四种类型："①有约束力的全盘约许型，即规定缔约方同意将其与另一方国民之间将来发生的投资争端提交'中心'管辖；②协议同意型，即规定缔约方与另一缔约方国民达成的协议中应包括同意'中心'管辖权的条款；③意向同意型，即规定缔约各方对于对方国民要求将有关争端提交'中心'管辖的申请给予同情的考虑；④选择同意型，即规定了多种解决投资争端的方法，而提交'中心'管辖只是其中可选择的一种。"[1]

其中，有约束力的全盘约许型条款符合 ICSID 公约规定，直接构成第 25 条第 1 款意义上的"同意"，而协议同意型、意向同意型和选择同意型条款则不直接构成该种"同意"，因为协议同意型条款需要借助东道国与投资者双方订立的仲裁协议落实，意向同意型条款则是在投资者向 ICSID 提起仲裁后，由东道国书面表示同意，选择同意型条款是否构成对 ICSID 仲裁管辖权的同意也依赖于当事方事后的选择。因此，后三种条款都没有完成合意的达成，不能被直接视为对"中心"管辖的同意。但除意向同意型条款未能明确缔约国意图外，在协议同意型的 BIT 条款项下，投资者与缔约国可以通过与东道国订立包括同意 ICSID 管辖条款的协议或者单独订立同意将争端提交 ICSID 管辖的协议取得仲裁请求权。同时，争议发生后，如果投资者一方选择将案件提交 ICSID，则完成了选择同意型的条件，从而可以被视为符合第 25 条的条件。

四是通过多边条约的方式表示对"中心"管辖的同意。这种方式又包括两种类型：①在区域性多边协定的争端解决方式

----

〔1〕 陈安主编：《国际投资争端仲裁——"解决投资争端国际中心"机制研究》，复旦大学出版社 2001 年版，第 112 页。

条款中表示对"中心"管辖的同意。如《北美自由贸易协定》（North America Free Trade Agreement，以下简称"NAFTA"）第 1120.1 条规定争端的投资者一方可以在争端当事国和投资者所属国都是 ICSID 公约缔约国的情况下，根据 ICSID 公约提起仲裁申请，也可以在争端当事国或者投资者所属国之一为公约缔约国的情况下，根据 ICSID《附加便利规则》提起申请。②在全球性多边投资协定的争端解决条款中对"中心"管辖的同意。如《能源宪章条约》（Energy Charter Treaty，以下简称"ECT"）第 26 条"投资方与缔约方的争端解决"中做出了与 NAFTA 大致相同的规定，即如果投资者的缔约方和争议方的缔约方都是 ICSID 公约的成员，投资者可以选择根据 ICSID 公约将争议提交到"中心"，或者在投资者的缔约方或争议方的缔约方其中一方是 ICSID 公约的成员的情况下，根据《附加便利规则》将争端提交到"中心"。NAFTA 和 ECT 的缔约方接受了上述的争端解决条款，也就意味着其对投资方将争端提交"中心"管辖表示了同意。

（四）"同意"的效力

"同意"的效力是指"同意"对双方当事人所产生的拘束力，ICSID 公约在第 25 条、26 条和 27 条中从两个方面对"同意"的效力做出规定。

（1）同意是不可撤销的，根据 ICSID 公约第 25 条第 1 款的规定，双方表示同意后，不得单方面撤销其同意。在"同意"是通过东道国和投资者通过订立争端解决条款的方式进行时，这一规定不存歧义。如果双方当事人是分别做出同意的意思表示的，则存在着一方表示同意后，是否可以撤回的问题。特别是，当缔约国在双边或多边条约中对将投资争端提交 ICSID 仲裁后，是否可以在与投资者签订的投资契约中排除该条款的适用，并未做出规定。

（2）同意具有排除其他补救方法的效果。ICSID 公约第 26 条规定："除非另有规定，双方同意根据本公约交付仲裁，应视为同意排除任何其他补救办法而交付上述仲裁。缔约国可以要求用尽当地各种行政或司法补救办法，作为其同意根据本公约交付仲裁的一个条件。"根据该条，双方的同意可以产生排除整顿当事方寻求其他救济措施的效果。但第 26 条规定了两种例外情况：一种是争端主体双方可以另行规定在做出"同意"的同时保留提交其他补救方法的权利；另一种是缔约国将用尽当地救济作为同意根据公约交付仲裁的前提条件。"同意"的排他性不仅约束做出同意的争端双方当事人，而且也对作为投资争端第三方的投资者母国具有约束力，即 ICSID 公约第 27 条的规定，缔约国对于其国民和另一缔约国同意交付或已交付仲裁的争端，不得提供外交保护或提出国际要求。但如果另一缔约国未能遵守和履行对此项争端所做出的裁决，则缔约国不受该条限制。

第 25、26、27 条构成了 ICSID 公约对管辖权的规定，需要注意的是，第 25 条与后两条针对的范围有差别，前者规定的是"中心"的管辖权，包括调解和仲裁，而后两条则只针对仲裁的管辖权。

四、程序规定

ICSID 公约对确定"管辖权"的机构做出了规定，秘书长、仲裁庭以及专门委员会分别在不同阶段有权对管辖权问题做出决定。

（一）秘书长对"中心"管辖权的审查

ICSID 公约第 36 条赋予了秘书长在当事人提出仲裁请求时

对争端是否超出"中心"管辖权进行审查确认的权力。秘书长的这种审查是主动进行的，其目的是对争端进行初步审查，防止对"中心"的争端解决程序的滥用。

公约的规定包括以下几个方面：①秘书长行使该种权力的时间是在收到当事人提起调解或仲裁的书面请求之后进行登记之前；②秘书长据以确定"中心"对该请求是否具有管辖权的依据只能是申请人在请求中所提供的材料；③审查的标准是该项争端是否"显然"在"中心"管辖权之外，即要达到较高的可排除性；④审查的结果为是否对请求进行登记，如果秘书长不能排除"中心"的管辖权，则应对请求进行登记，但无论其结果如何，秘书长都应立即将登记或拒绝登记之事通知双方。

（二）仲裁庭对"中心"管辖权的审查

在争端解决程序启动后，仲裁庭也可以对争端是否属于其管辖范围进行审查，做出决定，即它们"是其本身权限的决定人"。

根据 ICSID 公约规定，仲裁庭的审查具有下列特点：①审查是根据争端当事人一方当事人提出的异议而进行的；②审查内容为该争端是否属于"中心"的管辖范围，或者是否因其他原因不属于仲裁庭的权限范围；③仲裁庭应当决定是否将其作为先决问题处理，或与该争端的是非曲直一并处理。

"中心"《仲裁程序规则》第 41 条对仲裁庭仲裁过程中的管辖权异议程序提出了更加具体的要求。

（1）规则要求当事者尽早提出异议："当事者应当在确定提交纪要答辩书期限届满之前向秘书长提出异议，或者此种异议涉及附带请求，应在提交第二答辩书期限届满前提出——除非异议所基于的事实在此时为当事者所不知。"

（2）仲裁庭在整个仲裁期间均有权主动审议向其提交的争端或附带请求是否属于"中心"管辖范围和其本身职权范围。

（3）争端异议正式提出后，实质事项的程序应当立即中止，仲裁庭庭长在与其他仲裁员协商后，应确定当事者对此项异议提出意见之期限。

（4）仲裁庭应当决定是否需要对此项异议进行口头辩论。同时，如果仲裁庭做出驳回异议的裁定，或将其并入实质事项一并审理，则它应当确定续行程序的期限。

（5）如果仲裁庭认为争端不属于"中心"管辖范围或者不属于仲裁庭职权范围，则它应当就此做出裁决。

仲裁庭对管辖权的裁决并不是终局性的，因为当事任何一方在仲裁庭对该争端的终局裁决做出后，如果对仲裁庭的管辖权存有异议，还可以通过专门委员会的审查撤销该裁决。

（三）专门委员会对"中心"管辖权的审查

作为救济措施，在仲裁庭做出裁决后，任何一方可以向秘书长提出书面申请，要求撤销裁决，ICSID 主席在接到要求时，应当立即从仲裁员小组中任命一个由 3 人组成的专门委员会，该委员会有权撤销裁决或裁决的任何部分，当事方提出异议的理由包括"仲裁庭显然超越其权力"，将争端超出"中心"管辖权的范围囊括在内。ICSID 公约第 52 条对这一审查程序做了详细的规定：

（1）提出申请的期限要求：申请应在做出裁决之日后 120 天内提出。

（2）专门委员会的组成：专门委员会由 3 人组成，其成员应当由主席从仲裁员小组中任命，同时为保证委员会的公正与中立，委员会成员不得为做出裁决的仲裁庭成员，不得具有相同的国籍，也不得为争端一方国家的国民或其国民是争端一方国家的国民，不得为上述任一国指派参加仲裁小组的成员，也不得在同一争端中担任调解员。

（3）裁决的停止执行。委员会如认为情况需要，可以在做出决定前，停止执行裁决。如果申请人在申请书中要求停止执行裁决，则应暂停执行，直到委员会对该要求做出决定为止。

（4）审查的结果。委员会在审查中如果发现争端显然超出"中心"管辖范围，并不能直接做出新的裁决，而只能撤销裁决，并将争端提交给依照公约组织的新仲裁庭。

第三节　ICSID 仲裁管辖制度的特殊性

ICSID 仲裁产生的基础是国际社会对解决投资者与东道国投资争端的需求。因此，对 ISDS 的性质分析是考察 ICSID 管辖权的前提。

在各类程序中，ICSID 与国际商事仲裁的关系是最紧密的。现代仲裁制度起源于商事领域，是从古老的商人法中的"行商法院"制度发展而来。国际投资仲裁制度则脱胎于国际商事仲裁，因此其在诞生之时就带有国际商事仲裁制度的很多共性与特点。ICSID 仲裁也是在借鉴国际商事仲裁的基础上建立起来的，其各项制度在很大程度上是移植丁国际商事仲裁的各项制度。从其发展历程和制度模式上看，ICSID 条约在缔约过程中充分借鉴了商事仲裁制度来进行规则设计，包括对当事方同意的要求、仲裁员的任命、投资者直接提起仲裁以及仲裁过程的秘密性等制度。

虽然 ICSID 仲裁脱胎于国际商事仲裁。但 ICSID 仲裁的对象与国际商事仲裁却具有截然不同的属性，这导致这两套近似的规则模式在两种不同的仲裁体制中运行会产生不同的效果。ICSID 仲裁管辖制度从根本上奠定了以 ICSID 为主体的国际投资仲裁制度与其他国际投资争端解决制度，以及作为其母本的国际商事仲裁制度和传统的国家间仲裁制度的不同。

一、仲裁管辖对象的混合性

ICSID 仲裁具有混合属性，这主要体现在作为仲裁对象的投资法律争端的特殊性上。传统的仲裁主要用于解决商事争端，属于私法领域。传统的商事仲裁的当事人是平等的商事法律关系主体，解决的争端多属财产性的合同争端，即传统的商事仲裁解决的是平等的私法主体之间产生的争端。然而作为 ICSID 仲裁的 ISDS 是投资者与东道国之间因投资而引发的争端，ICSID 仲裁的一方主体为投资者，另一方主体为国家。投资者在大多数仲裁申请中针对的是东道国的投资管制行为，这些行为从性质上属于公法行为，主要是立法、司法或者行政行为，此类行为在性质上属于国家作为主权者所作出的国家行为。[1]

ISDS 争端在涉及利益上体现出了双重性，即投资者的私人利益和东道国公共利益之间的冲突，这是 ICSID 仲裁混合性的基础。在其体现私人利益的方面，投资的基础是投资协议，在很多情形下，这种投资协议是在投资者和代表国家的政府机构之间达成的。

一方面，国家天然的作为公共利益的代表者，其对投资者

---

[1] 关于仲裁争议事项属于国家行为，有学者对此进行了详细的论证，参见石慧：《投资条约仲裁机制的批判与重构》，法律出版社 2008 年版，第 29 页。

的管制行为基本上都是以公共利益为基础或者至少是以公共利益为名义做出的。尽管存在着反对意见，如 Jan Paulsson 认为："并非每一起投资条约仲裁都涉及作为整体的社会利益问题。而有许多前 1988 仲裁也是如此。"[1]但 Jan Paulsson 所谓的 "前 1988 仲裁" 实际上包含了国家间（inter-states）仲裁，仅就与商事仲裁的比较而言，ICSID 仲裁的公益性仍是两者之间区别的重要特征。

　　另一方面，主权者做出的国家行为通常在外国法院是不可诉的，投资者对此类行为的异议只能选择通过东道国内的行政或者司法程序解决，并在用尽当地救济之时再寻求投资者母国提供外交保护。但是，在某些情况下，由于代表国家的机关做出投资管制行为的抽象性，东道国并未对投资者提供救济，即并非所有国家法律都赋予投资者对国家机关的抽象行为提出复议或起诉请求的权利。同时投资者母国是否会因投资者所遭受的境遇向东道国提出请求，在很大程度上取决于对政治因素的考量。ICSID 仲裁为投资者提供了向东道国直接提出救济请求的途径，使仲裁对于东道国来说具有了强制性。同时，也意味着国家管制外国投资的权力受到了限制。事实上，控制国家管制投资的权力，本身就是国际投资法的题中应有之意。因此国际投资法构成了发展中的全球行政法的一个新的组成部分。[2]

　　利益的混合性导致了仲裁制度价值取向的多元化。一方面，建立 ICSID 仲裁制度的起因在于投资者利益保护的困境，因此

---

[1]　Jan Paulsson, "The Public Interest In International Arbitration, The Emerging System of International Arbitration Proceedings", *American Journal of International Law* 106, 2012, p. 301.

[2]　Alex Mills, The Public-Private Dualities of International Investment Law and Arbitration, in Chester Brown and Kate Miles, eds., *Evolution in Investment Treaty Law and Arbitration*, Cambridge, Cambridge University Press, 2011, p. 99.

仲裁制度必须将外资保护作为其基本的职能；另一方面，投资仲裁制度又必须在运行中充分注意公共利益的存在。这两重价值取向体现在仲裁制度的设计上，具体到管辖权问题上，与商事仲裁不同的是，将争端提交 ICSID 仲裁不仅要求取得双方当事人的同意，还要满足 ICSID 对争端设定的客观标准，包括前述"投资者"和"投资"是否符合 ICSID 及 IIA 的要求。如 ICSID 规定其受理"由投资直接引起的法律争端"，其中对"投资"的定义以及如何判断争端的性质及其是否由投资直接引起就成为确定 ICSID 是否具有管辖权的关键。

二、仲裁法律渊源的多元性

国际投资争端的性质决定了国际投资仲裁法律渊源具有多元性。国际投资关系的参与者包括投资者母国和投资东道国以及投资者三方。萨拉库斯（Jeswald W. Salacuse）将复杂的投资法律体系总结为组成投资法律规则体系的三类不同的法律框架（frameworks）：①东道国和投资者母国的国内法；②投资者和东道国或者投资者之间的合同；③由各国创设的条约、习惯和一般法律原则组成的国际法。[1]萨拉库斯认为"法"是"伴有对不遵守规则者潜在制裁的人类行为的权威规则"，从而将合同作为国际投资法的渊源之一。[2]他借用了诺斯（Douglass C. North）的"法律机制"观点，认为法律、条约和合同都是正式的法律机

---

〔1〕 Jeswald W. Salacuse, *The Three Laws of International Investment National, Contractual, and International Frameworks for Foreign Capital*, Oxford, Oxford University Press, 2013, p. 35.

〔2〕 Jeswald W. Salacuse, *The Three Laws of International Investment National, Contractual, and International Frameworks for Foreign Capital*, Oxford, Oxford University Press, 2013, p. 24.

制。笔者认为，从合同调整国际投资法律关系的角度来看，将合同认作国际投资仲裁的法律渊源之一是可以接受的。

简单地分析，国家之间的关系可以通过 IIAs 确定，投资者母国则对投资者拥有属人管辖权从而其国内法也对投资者具有效力，而投资者与东道国之间的关系一方面可以依据双方之间签订的投资合同来确定，另一方面由于东道国对在其境内的外国投资和外国投资者拥有属地管辖权，从而可以根据其国内法对外资和外国投资者进行管制。但在国际投资法律关系中，由于利益和法律关系的复合性，因此其争端解决的法律依据也体现出了复合性的特征。

就 ICSID 仲裁管辖权而言，虽然 ISDS 争端发生在投资者与东道国之间，但双方的投资合同并不能单独赋予投资者在 ICSID 提起仲裁的请求权。投资者是否拥有 ICSID 仲裁请求权是由多个层次的法律决定的。首先，在条约层面，要求投资者母国和投资东道国均为 ICSID 公约的缔约国，并且两国之间在 BIT 或其他 IIAs 中订立了 ISDS 条款，并同意投资者与另一缔约国的投资争端可以提交 ICSID 仲裁解决。其次，在国内法层面，投资者应当具有投资者母国的国籍，无论是采用成立地、住所地还是控制标准作为投资者国籍的判断依据，显然都需要援引国内法，而自然人作为投资者时，其国籍的判断更是离不开国内法。[1]最后，投资行为需要通过投资者与东道国订立的投资合同来完成，"所有的国际投资交易都是通过合同形成的"[2]，而此种

---

〔1〕　Jarrod Hepburnd, *Domestic Law in International Investment Arbitration*, Oxford, Oxford University Press, 2017, p. 2.

〔2〕　Jeswald W. Salacuse, *The Three Laws of International Investment National*, *Contractual*, *and International Frameworks for Foreign Capital*, Oxford, Oxford University Press, 2013, p. 159.

行为是否符合 ICSID 仲裁对投资形式和内容的要求，需要根据合同来判断，此即"双钥匙孔"（double keyhole）的要求。[1]

在复合性的要求之下，投资者在 ICSID 的仲裁请求权的依据不再单一，投资者并不仅仅因为其作为投资合同主体直接取得仲裁请求权，而是通过国家在 ICSID 公约和 IIAs 中的约定赋予其相应的权利。换言之，这些条约不仅规定缔约国之间的权利和义务关系，还直接赋予了投资者仲裁请求权，形成了如下图的仲裁结构关系：

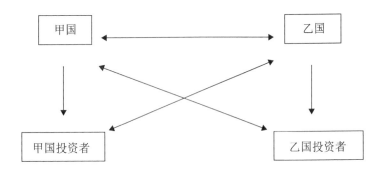

图 1-1　ICSID 仲裁的对角线结构[2]

这种结构被 Brierley 形象地称为对角线结构，而规定此种结构的条款则被称为对角线条款，即在由 BIT 的两个缔约国以及分别来自这两国的投资者之间所构成的四边形中，争端发生在

---

　　〔1〕　双钥匙孔要求是指 ICSID 受理的投资要同时符合 ICSID 和 IIAs 的投资定义。

　　〔2〕　这一结构的提出者是 Brierley 教授，参见［英］艾伦·雷德芬等：《国际商事仲裁法律与实践》（第 4 版），林一飞、宋连斌译，北京大学出版社 2005 年版，第 510 页。图 1-1 的结构，参见石慧：《投资条约仲裁机制的批判与重构》，法律出版社 2008 年版，第 24 页。

位于对角线的两个定点上的投资者和东道国之间，而参与 ICSID 仲裁的即为对角线上的这两方当事人。在这种结构之下，导致了东道国和投资者并不是同时做出接受 ICSID 仲裁的意思表示。

三、仲裁意思表示的非同时性

与商事仲裁一样，ICSID 公约在管辖权方面同样采用的是意思自治原则，即当事方的同意构成了 ICSID 仲裁的基本条件。然而 ICSID 仲裁管辖权与商事仲裁相比，其合意形成的方式也有所不同，商事仲裁的仲裁合意体现于当事人在商事合同中订立的仲裁条款或者单独订立的仲裁协议。但在国际投资领域，国家将争端提交 ICSID 的同意可以体现在其与投资者就特定项目所签订的投资合同、国内投资法或者东道国与母国所缔结的投资条约中。

东道国通过其缔结的 IIAs，特别是 BITs，来表达其同意将投资争端提交 ICSID 的意思，而仲裁的提交需要当事双方的合意，投资者与东道国可以在双方签订的投资合同中约定将具体争端提交 ICSID 仲裁。但投资合同并非进行投资的必要文件，在很多情况下，是将东道国在 IIAs 中表达的意思作为要约，而将投资者向 ICSID 提起仲裁申请的行为作为承诺，以此种方式形成投资者和东道国之间的合意，因此国际投资仲裁的当事方对仲裁的同意并非同时做出。这种无合同仲裁或者所谓无默契仲裁的形式在 ICSID 仲裁领域中广泛存在。[1]无论投资者与东道国是否在投资合同中达成了将争端提交仲裁的协议，都需要

---

〔1〕　关于无默契仲裁的概念最早是由法国学者 Jan Paulsson 提出。Jan Paulsson，"Arbitration Without Privity"，*ICSID Review—Foreign Investment Law Journal* 10，1995，pp. 232-257.

以 IIAs 中国家的同意为前提，而无默契仲裁的存在则更进一步说明，即使没有投资者与东道国单方达成的协议，而依据东道国在 IIAs 中订立的 ISDS 条款中对 ICSID 仲裁的同意，投资者也可以向 ICSID 提出仲裁申请。

与传统的仲裁方式相比，无默契仲裁的存在意味着仲裁当事人双方之间对仲裁并没有直接的协议或意思表示，其仲裁协议是通过间接方式形成的，即国家的意思表示体现在 IIAs 中，而投资者的意思表示体现在向 ICSID 申请仲裁的行为之中。就其本质而言，无默契仲裁的当事方之间并非没有合意，只是合意的表现形式发生了变化。[1]无默契仲裁对于仲裁最大的影响在于申请仲裁的投资者身份的不确定性[2]，导致仲裁的提起对东道国具有更大的突然性。

无默契仲裁展现了 ICSID 仲裁不对称的特质，即只有投资者拥有 ICSID 仲裁的请求权，而东道国在面对 ICSID 仲裁时只能被动应对。这造成东道国在缔结载有 ICSID 仲裁条款的 IIAs 后会面临仲裁请求人不特定的情况，即所有在其境内的外国投资者都有可能作为仲裁申请人对其所实施的投资管理行为提出仲裁请求。在 ICSID 公约谈判过程中，曾经有过在公约中规定缔约国可以通过概括性声明接受 ICSID 仲裁管辖的建议及相应的草案，由于绝大多数发展中国家从资本输入国的角度出发，担心在缺乏投资者同等同意的情况下使自己陷入此种强制性的管辖权，会侵害国家主权，因此提出了强烈反对，导致公约最终

---

〔1〕 张建：《对无默契仲裁管辖权正当性的反思——以中国参与国际投资争议解决的实践为视角》，载《西部法学评论》2017 年第 5 期。

〔2〕 彭思彬：《"无默契仲裁"管辖权问题研究——以 ICSID 为切入点的考察》，载《国际商务研究》2015 年第 5 期。

删除了草案中的相关条款。但世界银行在公约开放签字时发布的执行董事会报告中指出，各缔约国可以在争端发生前签订的投资协议中做出同意将之后可能发生的争端提交 ICSID 仲裁的意思表示，也可以在争端发生后的投资协议中作此表示，还可以采用在国内投资法中发出 ICSID 仲裁的要约，并由投资者在之后单方面做出书面承诺，接受该要约，从而完成协议。[1] IBRD 执行董事会的报告构成了 VCLT 第 31（2）条的条约上下文的组成部分，因此，报告对无默契仲裁相关内容的规定对缔约国是有拘束力的[2]，这份报告构成了 ICSID 无默契仲裁的法律依据，而各国也在实践中接受了无默契仲裁的做法。而在 ICSID 公约的正式文本中，对仲裁合意的形成只要求采用书面形式，而并没有要求采用仲裁协议或仲裁条款，也即仲裁双方当事人可以在无协议和无条款的情况下达成合意，无默契仲裁由此直接获得了法律上的依据。

Southern Pacific Properties Ltd. 诉埃及案是 ICSID 仲裁中首例适用无默契仲裁确定仲裁庭管辖权的案件。[3]无默契仲裁的存在体现出了国际投资仲裁执行方式私人化的特色，同时也体现了其基于保护外国投资的价值取向。如果由投资者单独与东道国进行谈判协商 ISDS 条款，一方面谈判双方实力差距较大，投

〔1〕 SM 65-6 (March 30, 1965), Excerpt from the Minutes of the Meeting of the Executive Directors, March 18, 1965. Approval of Resolution No. 65-14 approving the text of the Convention and of the Report of the ExcutiveDirector, *History of ICSID Convention*, Vol II-2, p. 1039.

〔2〕 Barton Legum and William Kirtley, "The Status of the Report of the Executive Directors on the ICSID Convention", *ICSID Review - Foreign Investment Law Journal* 27, 2012, pp. 159-171.

〔3〕 [英] 艾伦·雷德芬等:《国际商事仲裁法律与实践》(第 4 版)，林一飞、宋连斌译，北京大学出版社 2005 年版，第 510 页。

资者难以争取到 ISDS 条款；另一方面更为重要的是，如果 ISDS 条款仅规定在投资合同中，则 ICSID 仲裁仅具有私法上的效力，而一旦东道国拒绝参与仲裁，由于国家的主权者身份，投资者无法寻求对东道国的其他救济，而通过投资者母国和东道国之间都参与的 IIAs，则接受 ICSID 仲裁由原来的合同义务上升为条约义务，如果东道国违背该义务，则需要承担国际不法行为的责任。大多数无默契仲裁的确定是通过 BITs 中的 ISDS 条款确定 ICSID 的管辖权的，ICSID 仲裁由此从以合同为基础的仲裁转变为主要以条约为基础的仲裁。

ICSID 条约缔约的背景和目的决定了 ICSID 机制的内容及其面向投资保护和公共利益的双向价值取向，并在此基础上形成了仲裁管辖法律依据的多元化，而导致投资者与东道国在表达提交 ICSID 仲裁同意的不同步性，从而形成了无默契仲裁的格局。而 ICSID 仲裁管辖制度的这种复杂面貌是实践中管辖权扩张基本前提。

四、国际投资仲裁机构管辖权的比较

在双边或多边条约的投资争端解决条款中，通常都为投资者—国家争端提供了包括国内司法和仲裁程序在内的几种可供选择的解决方式。其中，在 ICSID 仲裁之外，争端当事方还可以选择其他仲裁方式。在国际仲裁实践中，一些与 ICSID 公约并行的国际条约规定可以选择在"中心"体制内依《附加便利规则》提起仲裁，ECT 即采用了这种做法。在"中心"体制外则有国际商事仲裁的存在，包括依据《联合国国际贸易法委员会仲裁规则》进行的由独任仲裁员或特别仲裁庭进行的专设仲裁，以及包括 ICC 仲裁院、斯德哥尔摩商会仲裁院等民间的国

际商事仲裁机构提供的仲裁。在这些仲裁方式中，ICSID 仲裁具有独特的机制，而 ICSID 之外的仲裁方式则无论在宗旨、功能、受案范围和程序等各方面都具有较强的共同性。因此，我们可以将这些仲裁方式概括地区分为 ICSID 仲裁和非 ICSID 仲裁两种类型。此外，国际投资协议还可以寻求其他的仲裁机构来解决投资者—国家之间争端的仲裁，包括国际常设仲裁法院（Permanent Court of Arbitration，以下简称"PCA"）等仲裁机构。

（一）ICSID 与国际商事仲裁管辖权规则的比较

从管辖权规则来看，一方面，ICSID 与国际商事仲裁规则都强调主体对仲裁的意思自治，即只有在当事方同意的情况下，仲裁庭才能获得对当事方争端的管辖权。另一方面，ICSID 与国际商事仲裁的管辖范围也具有重叠性，很多 IIAs 赋予了当事方以仲裁的选择权，当事方既可以申请 ICSID 仲裁，也可以申请国际商事仲裁。

但是 ICSID 与国际商事仲裁机构的管辖权也存在着一定的差异：①从主体的角度看，ICSID 仲裁的主体只能是 ICSID 公约的缔约国和另一缔约国的国民。而在国际商事仲裁中，其主体则更加多元化，自然人、国家和国际组织均可成为其主体。②从客体的角度看，ICSID 仲裁的客体只能是由直接因投资而引起的法律争端，而国际商事仲裁则可以管辖当事方约定提交仲裁的任何争端。③从主观的角度看，ICSID 当事方对 ICSID 仲裁管辖的书面同意，可以表现为争端当事方所签订的仲裁协议或者仲裁条款，也可以表现为东道国国内法的规定，还可以表现为东道国与投资者母国所签订的双边或多边投资协议。而国际商事仲裁的当事方的同意只能体现在当事方所签订的仲裁协议或仲裁条款中。

（二）ICSID 与 PCA 仲裁管辖权规则的比较

根据 ICA《当事人双方仅有一方为国家的可裁性争端任择规则》（The Optional Rules for Arbitrating Disputes between Two Parties of Which Only One is a State），该院可以受理当事人一方为国家，另一方为非国家实体的争端，而投资者—国家之间的争端就包含在内。ICSID 和 PCA 仲裁的性质有近似之处，包括：①它们都是通过政府间国际组织来进行的；②两者受理的案件均发生在非国家当事方和国家之间；③两者受理案件均需以当事方的书面同意为前提；④当事国将争端提交仲裁均意味着对仲裁管辖豁免的放弃。

但这两者之间也存在着诸多不同：①仲裁机构性质不同。ICSID 是专门性的国际投资争端解决机构，其专注于解决投资者—国家争端，而 PCA 是一个综合性的国际争端解决机构，其仲裁涉及的当事方不限于投资者—国家，还包括当事方均为国家，以及国家与国际组织之间的争端。②PCA 仲裁管辖权的客体仅要求是可裁争端（arbitrating disputes），并不局限于投资领域，可以是贸易、金融等领域，也没有对争端性质的要求，既可以是法律争端，也可以是事实争端。而 ICSID 受理的必须是直接由投资引起的法律争端。③PCA 仲裁管辖的案件并不要求国家当事方是 1899 年和 1907 年海牙和平公约缔约国，ICSID 仲裁中投资者的母国与东道国都是 ICSID 公约的缔约国，非 ICSID 公约缔约国则选择 ICSID《附加便利规则》进行仲裁。

从上述比较我们可以看出，无论是与商事仲裁机构还是与具有公法性的 PCA 相比，ICSID 仲裁的重要区别在于除了合同之外，条约也是其进行仲裁的重要依据。投资条约仲裁与投资合同仲裁的差异主要体现在同意的方式上：在投资合同仲裁中，外国投资者必须在与东道国达成的投资合同或仲裁协议中表示对投资仲裁的同意。而在投资条约仲裁中，外国投资者可以直接采用东道国与其母国所签订的投资条约赋予其的程序性权利提起仲裁。比起投资合同逐案协商的方式，投资条约中概括地纳入仲裁的方式可以有效地降低当事方的交易成本。东道国也可以在其国内法中表示对投资者—国家仲裁的同意，但从投资者角度来看，此种方式不能为其提供足够的保障，因为东道国可以通过修改法律的方式单方面撤回其对于仲裁的同意。[1]

---

〔1〕 Jonathan Bonnitcha et al. , *The Political Economy of the Investment Treaty Regime* , Oxford, Oxford University Press, 2017, p. 71.

第二章
ICSID 仲裁管辖权扩张的表现

从形式上看，仲裁管辖权的扩张并无明显的痕迹，任何仲裁庭在个案中都会将自己的裁决解释为符合 ICSID 公约和 IIAs 以及投资者与国家所签订的投资协议的规定。因此，我们不能简单地根据裁决的结果来宣称其是否扩张了 ICSID 仲裁管辖权，而是要深入分析其对裁决理由的说明。需要着重说明的是，在 ICSID 所审理的数百起案件中，一方面存在着相当数量的管辖权扩张的裁决；另一方面多数案件的管辖权是不存在扩张情况的。所以本章将重点放在对代表性裁决的研判上，特别是仲裁庭在个案中对管辖权范围的解释进行的详细研读。管辖权的确定表现在对管辖权的主体、客体和主观三要素的界定上，其中对前两个要素的界定主要是通过对"投资""法律争端"和"投资者"定义的方式完成的，而对主观要素，即当事方是否同意将争端提交 ICSID 管辖主要是通过对涵摄管辖权的条款的解释，包括最惠国待遇条款（Most-Favoured-Nation Treatment，以下简称"MFN 条款"）、保护伞条款和岔路口条款的解释来完成的。因此仲裁庭从客体和主体角度对管辖权扩张的方法主要是对其概念外延的扩展上，可称之为"概念扩张"；而从主观角度对管辖权扩张的方法主要是对条款的适用范围和条件进行的扩大，可称之为"规范扩张"。两种扩张路径在一定程度上存在着重叠。

第一节　主体方面的扩张

ICSID 仲裁的当事方分别为公约缔约方和另一缔约方的国民，相对而言，缔约国的身份容易确定，通常不发生争议，也不存在通过扩大对"缔约国"界定的方式来扩张管辖权的情况。但是在主体资格的认定方面，由于缔约国国民身份的认定标准并不统一，因此也仍然存在着通过扩大"投资者"界定的方式来扩张管辖权的可能性。作为 ICSID 受理案件当事人的"另一缔约方的国民"，既包括自然人，也包括法人。在谢业深诉秘鲁案中，秘鲁对中国—秘鲁 BIT（以下简称"中秘 BTT"）是否适用于我国香港地区居民提出了异议，该案是典型地扩大了自然人主体范围的情况，将在第六章进行讨论，本节主要讨论裁决中扩大法人主体范围的案件。

一、ICSID 第一案对属人管辖权的裁决

在作为 ICSID 第一案的 Holiday Inns 诉摩洛哥案中，关于主体资格问题已经为仲裁庭所讨论，而且几乎是该案中管辖权争议的唯　焦点。该案中涉及三个问题：一是关于具有东道国国籍的法人被视为"另一缔约国法人"的条件；二是申请方在缔结条约时不符合条件应当如何处理；三是作为"担保人"的母公司的地位。

（一）关于具有东道国国籍的法人是否符合"另一缔约国法人"的条件

摩洛哥认为，在该案中 Holiday Inns 和 OPC 是以他们自己的名义并代表六家其他公司提起申请，而在其他公司中包括根据

摩洛哥法律在该国境内登记的四家所谓 hisa 公司，而摩洛哥从未以明示的方式同意将这四家公司视为另一缔约国法人，因此这四家 hisa 公司不具有成为仲裁主体的资格，仲裁庭也因此对四家公司与摩洛哥之间的争端没有属人管辖权。仲裁庭最终支持了摩洛哥的主张，认为 hisa 公司不能作为该 ICSID 仲裁程序的当事方，但 hisa 公司的情况可能在判断投资协定和摩洛哥政府与作为本案当事方的公司所缔结的附属的相关合同义务的履行时加以考量。仲裁庭指出："然而，问题在于这一协议是否必须为明示的或者可以为暗示的。意图达成此种合意的解决方案构成了公约所创造的一般规则的例外，而该规则期待当事方应当清晰明确的表达有关例外。因此这一协议通常应当是明示的。一个暗示的协议仅只在特定情况排除任何其他有关当事方意图的解释的情形下方可被接受，但本案不属于此种情形。"[1] 在该案中，仲裁庭在缔约国对将本国法人视为另一缔约国法人的同意采用了严格限制的文义解释方式。

（二）申请方缔结合同时不符合条件是否可以成为 ICSID 仲裁主体

摩洛哥对该案管辖权提出的第 2 项异议理由是申请方 Holiday Inns 在缔结合同时不符合"另一缔约国法人"的条件，其理由是：①Holiday Inns 是一家具有瑞士国籍的法人，而瑞士在该公司与摩洛哥签署基础协议的 1966 年 12 月 5 日尚未成为 ICSID 公约的缔约国（瑞士和摩洛哥分别是在 1968 年 6 月 14 日和 1967 年 6 月 10 日成为 ICSID 缔约国）；②Holiday Inns 在基础协议签署的时候尚不存在，要到 1967 年 2 月 1 日该公司才在瑞

---

〔1〕 Holiday Inns S. A. and others v. Morrocco, ICSID Case No. ARB/72/1, Award, October 17, 1978, para. 33.

士格拉鲁斯州登记。这两条反对意见最终为仲裁庭驳回。仲裁庭认为:"公约允许当事方将仲裁条款的生效从属于之后的特定条件的满足,诸如国家加入有关的公约,或者协议所设想的公司的纳入。在这种规定中,有关缔约国加入的条件被确定满足的日期就构成了该缔约国同意公约内容的日期。作为根据第 25 条第 2 款设想的同意的日期,就自动成为两个相对应的同意达成的日期……基础协议的唯一合理的解释是坚持在签署协议时,缔约国设想所有对于中心管辖权的必要条件会被满足并且他们的同意会在那时完全生效。"[1]

(三)作为"担保人"的母公司在仲裁中的地位问题

在摩洛哥的投资项目中,美国的 Holiday Inns 和 OPC 两家公司计划采用标准的商业做法,即通过其为执行该项目而设立的全资子公司进行投资。基础协议没有将这两家公司本身而是将"瑞士格拉鲁斯州的 Holiday Inns 和 OPC 的子公司"作为"第二部分的当事方"。两家来自美国的母公司在基础协议签署的当天根据摩洛哥政府要求签署了一份单方面担保各自的子公司全面履行基础协议的函。摩洛哥主张 Holiday Inns 和 OPC 这两家公司作为担保人(guarantor)并非主合同的主体,无权援引仲裁条款向 ICSID 提出仲裁申请。仲裁庭认为,合同在不同公司的设计上具有灵活性,并应当将当事方之间的合同关系作为一个整体来考量,而上述两家美国公司担保基本协议的履行并由此履行了设想的义务,因此应当有权援引仲裁条款提起仲裁。[2]

---

〔1〕 Pierre Lalive, "The First 'World Bank' Arbitration (Holiday Inns v. Morocco) — Some Legal Problems", *British Yearbook of International Law* 51, 1981, p. 146.

〔2〕 Pierre Lalive, "The First 'World Bank' Arbitration (Holiday Inns v. Morocco) — Some Legal Problems", *British Yearbook of International Law* 51, 1981, p. 155.

在该案的裁决中，仲裁庭针对不同的问题，采用了不同的解释方法。在第一个问题上采用了严格限制的文义解释，在第二个问题上采用了相对宽松的目的论解释，在最后一个问题上则遵循了有效解释和善意解释的原则，虽然 ICSID 仲裁并没有确立判例法的原则，而且在本案中也没有明显扩大管辖权的做法。然而在 ICSID 仲裁裁决中，先前的裁决是仲裁庭重要的论证依据，也是仲裁庭借以保持个案裁决权威性的重要因素，因此本案中多元和现实的条约解释为后来的仲裁庭所借鉴，也是之后对主体诸问题解释上出现的不一致现象和对管辖权采取扩张裁决的源头。

二、ICSID 仲裁庭对于法人主体资格的裁决

正如在 ICSID 案件中所表现的，仲裁庭对于法人主体资格的裁决主要包括以下几个问题：①法人国籍的认定标准；②东道国法人的主体资格问题；③母公司的主体资格问题。

（一）法人国籍的认定

ICSID 公约第 25 条仅对法人国籍提出了要求，并未对国籍认定标准做出规定，需要仲裁庭在个案中进行裁量。在 SOABI 诉塞内加尔案中，仲裁庭认为在 ICSID 公约没有关于法人国籍认定标准的规定的情况下，应当由各国自主决定公司是否具有该国国籍，即法人国籍的认定标准是各国国内法。[1]这也是为仲裁庭所普遍接受的观点。然而，各国国内法对于法人国籍的认定也各有不同，有公司成立地（incorporation）、住所地（seat）

---

〔1〕 Société Ouest Africaine des Bétons Industriels（SOABI）v. Senegal, ICSID Case No. ARB/82/1, Decision on Jurisdiction, August 1, 1984, para. 29.

· 066 ·

和控制标准（control）三种立法模式，[1]加之由于法人治理结构和股权安排的复杂性，在法人国籍的认定方面也呈现出多元化和多层次的特点，随之 ICSID 仲裁庭的裁决也呈现出了复杂多元的倾向，且其裁决亦无规律可循。不同仲裁庭可能采用不同的标准来认定法人国籍，如在 Kaiser Bauxite Company 诉牙买加案中，仲裁庭采用准据法标准，认为 Kaiser Bauxite Company 系依美国内华达州法律组建，因此具有美国国籍。[2]而在 Amco Asia Company 等诉印度尼西亚案中，仲裁庭采用了成立地与登记地标准，将 PT Amco 公司识别为印尼的公司。[3]但这种做法尚无明显扩张仲裁管辖权的迹象。而在某些案件中，仲裁庭对法人认定标准的选择则反映了较强烈的促进管辖权成立的意图，从而存在对"投资者"概念的扩大解释。

1. 控制标准的适用

在 Tokios Tokelés 诉乌克兰案中，Tokios Tokelés 为一家根据立陶宛法律设立的公司，因乌克兰对其在该国境内设立的全资子公司 Taki spravy 采取的行为造成对其投资的负面影响，而根据乌克兰—立陶宛 BIT（以下简称"乌立 BIT"）提出仲裁申请。乌克兰提出管辖权异议，指出该案中虽然 Tokios Tokelés 是依照立陶宛法律设立的公司，但乌克兰人持有该公司 99% 的股份并占据该公司 2/3 的管理人位置，而且该公司在立陶宛也没有从事实质性的经营活动。因此，乌克兰认为从经济实质的角

---

〔1〕 Chrisroph H. Schreuer et al. , *The ICSID Convention : A Commentary*, Cambridge, Cambridge University Press, 2009, p. 279.

〔2〕 Kaiser Bauxite Company v. Jamaica, ICSID Case No. ARB/74/3, Decision on Jurisdiction, July 6, 1975, para. 19.

〔3〕 Amco Asia Corporation and others v. Republic of Indonesia, ICSID Case No. ARB/81/1, Award, November 20, 1984, para. 40.

度上看，申请人是一个在立陶宛的乌克兰投资者而非在乌克兰的立陶宛投资者。而仲裁庭对该案拥有管辖权等于允许乌克兰国民针对其本国政府提起国际仲裁，这与 ICSID 公约的宗旨和目的不符。为避免这一结果，乌克兰要求仲裁庭"刺破公司面纱"（pierce the corporate veil），即不是根据其成立地而是根据其占绝对多数的股东和经理的国籍来确定其国籍。[1]本案中，乌克兰要求仲裁员采用"控制标准"确定法人国籍为乌克兰，从而否决仲裁庭对 Tokios Tokelés 公司的管辖权。仲裁庭否决了乌克兰的管辖权异议，认为 ICSID 公约并未对确定法人国籍的方式做出限制，而是将这一任务留给各国自行决定。乌立 BIT 在其界定投资者的第 1 条第 2 款规定"在立陶宛共和国境内根据其法律法规成立的任何实体。"据此，仲裁庭裁决 Tokios Tokelés 符合该条规定，应被认定为立陶宛法人，因此仲裁庭对该案有管辖权。[2]

在 Tokios Tokelés 诉乌克兰案中，虽然仲裁庭的解释和裁决结果在形式上符合 BIT 的文义范围，似乎没有出现管辖权的扩张，但其实际效果却存有疑问。该案涉及的是空壳公司的国籍问题，而投资者设立空壳公司是为了实现"条约选择适用"（treaty shopping，也译为"选购条约"）的意图，即通过所设立的空壳公司与某地产生空间上的联系从而利用 BIT 中 ISDS 条款中的连接点，达到利用或者规避该 ISDS 条款的目的。在这种情况下，如果采用严格的文义解释接受投资者设立空壳公司的后果，

---

〔1〕 Tokios Tokelés v. Ukraine, ICSID Case No. ARB/02/18, Decision on Jurisdiction, April 29, 2004, para. 21, 22.

〔2〕 Tokios Tokelés v. Ukraine, ICSID Case No. ARB/02/18, Decision on Jurisdiction, April 29, 2004, para. 27-41.

则可能会造成"投资条约的双边互惠性结构被打破"。[1]第三国或者东道国国民可以通过空壳公司包装成缔约国投资者受到BIT 的保护，使得条约保护投资者的各项制度为不适格的外国投资者滥用。同时，空壳公司也使得东道国的各类资本监管措施落空，而这显然不是缔约国签署 BIT 的目的。在 Tokios Tokelés 诉乌克兰案中，乌立 BIT 序言中载明的目的包括：①加强两国间经济上的合作互利；②为一国投资者在另一国境内的投资创设并维持优惠的条件；③根据条约对投资的促进与保护能够促进在投资领域的商业积极性。而承认通过空壳公司获得的国籍的有效性则使得东道国在与实际上来自本国或第三国投资者发生争端时被迫接受 ICSID 仲裁，则使 BIT 的互利性落空，并且 BIT 在促进双边投资方面的作用也无法得到充分发挥。

如果考察 ICSID 更早期的案例，我们可以发现在关于空壳公司问题的不同案件上仲裁庭存在相互矛盾的判断。在 AMT 诉扎伊尔案中，完全采用了控制标准来判断法人国籍。该案中，美国公司 AMT 通过在扎伊尔境内设立的子公司进行投资。东道国认为该子公司为东道国国内公司，其与东道国之间的争议事实上应当是具有东道国国籍的法人与东道国之间的争议，并非东道国与他国国民之间的争议，因此不符合 ICSID 公约第 25 条的规定。故该项争议应当按照东道国国内法解决，而非诉诸中心进行仲裁。仲裁庭没有接受这项异议，它认为，具有 ICSID 公约某一缔约国国籍的公司，只要对其于东道国所成立的子公司实施了直接控制，即可向中心请求进行仲裁。可见，该案仲裁

---

〔1〕　徐树：《国际投资仲裁庭管辖权扩张的路径、成因及应对》，载《清华法学》2017 年第 3 期。

庭系以控制标准为其认定法人国籍的依据。[1] 与后文所要讨论的视为另一缔约国法人的情况不同，该案中是通过控制标准直接将东道国法人的国籍直接识别为其来自另一缔约国的控制人的国籍。

2. 拒绝授惠条款的限制

对于利用空壳公司选择条约的行为，有些国家在缔约时加入了拒绝授惠条款，根据该条款，缔约国有权拒绝将条约利益给予空壳公司。但在实践中，仲裁庭有时会对拒绝授惠条款设定严格的使用条件，从而导致该条款无法在案件中被适用。

在 Plama Consortium Limited（以下简称"Plama"）诉保加利亚案中，申请人 Plama 是一家塞浦路斯公司，在保加利亚投资炼油公司。因保加利亚政府通过的一项法案与其产生争议，Plama 于 2000 年根据 ECT 的投资争端解决条款及投资保护条款作为申请人向 ICSID 提起仲裁。ECT 第五部分为"争端解决"，依据第 26 条规定，争端当事方如果不能在三个月内友好解决争端，则投资者可选择将争议提交包括 ICISD 在内的国际仲裁。保加利亚主张其根据第 26 条应当将争端提交 ICSID 仲裁的同意明显限于因违反 ECT 第三部分义务提起的仲裁。ECT 第三部分为"投资促进与保护"，其中第 17 条第 1 款规定，"任一缔约方都保留有拒绝一个法律实体享受本部分的利益的权利：如果第三国的公民或者国民拥有或者控制该实体，并且该实体在缔约国领域内没有实质性商业活动的。"该条是典型的"拒绝授惠条款"。保加利亚在仲裁进程中提出，申请人 Plama 被来自包括巴哈马、英属维尔京群岛和挪威在内的非 ECT 缔约国的实体或者

---

[1] American Manufacturing & Trading Inc. (AMT) v. Republic of Zaire, ICSID Case No. ARB/93/1, Award, para. 5. 15.

个人所控制。[1]保加利亚据此根据第 17 条第 1 款拒绝将第 3 条实体权利授予 Plama，因此 ICSID 对该案没有管辖权。

但仲裁庭没有接受保加利亚对管辖权的异议，仲裁庭认为根据 ECT 第 17 条的上下文，该条只是针对实体权利而不涉及管辖权问题。因为，该条在约文中位于第三部分之中，且该条的标题"在特定情形下第 3 条的不予适用"本身就包含了该条仅涉及第三部分的含义。[2]仲裁庭同时认为，ECT 第 17 条第 1 款虽然赋予了缔约国以拒绝投资者享有条约利益的权利，但权利的存在不同于权利的行使，缔约国此种权利的行使必须采用具有公共性或者通过其他让投资者或其代理人能够获知的合理方式。[3]而且仲裁庭认为从条约的目的和宗旨看，缔约国行使权利是不具有溯及力的理由是：一方面，从约文上看，该条采用了一般现在时，表明了其适用于未来的效果；另一方面，投资者得到关于其被拒绝享有条约利益的正式通知，就可以根据缔约国的通知对其投资进行相应的调整，然而，如果缔约国行使拒绝权的行为具有溯及力，则投资者就不可能对这一效果做出长远计划。[4]仲裁庭据此认为，保加利亚对仲裁庭管辖权的异议不能成立。

换个角度来看，本案仲裁的裁决存在一定的可质疑之处：

---

[1] Plama Consortium Limited v. Republic of Bulgaria, ICSID Case No. ARB/03/24, Decision on Jurisdiction, February 8, 2005, para. 55.

[2] Plama Consortium Limited v. Republic of Bulgaria, ICSID Case No. ARB/03/24, Decision on Jurisdiction, February 8, 2005, para. 147.

[3] Plama Consortium Limited v. Republic of Bulgaria, ICSID Case No. ARB/03/24, Decision on Jurisdiction, February 8, 2005, para. 157.

[4] Plama Consortium Limited v. Republic of Bulgaria, ICSID Case No. ARB/03/24, Decision on Jurisdiction, February 8, 2005, para. 161, 162.

①实体权利与程序性权利虽然有一定区别，但根据 ECT 第 17 条第 1 款，拒绝实体权利的基础是投资者主体不适格，而如果投资者的法人面纱被刺破，不能认定为另一缔约国国民，则 ICSID 公约第 25 条第 2 款关于管辖权的主体条件就不能得到满足。②仲裁庭在裁决中认为申请人是否满足被"拒绝授惠"条款的条件不影响其管辖权，无须分配相关举证责任，但在该案的实体审理阶段，仲裁庭则主张"证明申请人控制权或所有权的责任在申请人。"因此，在投资者刻意设立空壳公司的情况下，缔约国既没有能力也没有义务查明"申请人控制权或所有权"的情况，也就无从在投资者做出投资前选择性地就第 17 条的效力进行通知。③条约约文采用一般现在时是习惯做法，且符合条约约文表述的通常语法要求，并不能解释为"适用于未来的效果"。

在空壳公司问题上，不同仲裁庭在是否采用控制标准的裁决上的不一致以及对拒绝授惠条款的限制，在上述三起仲裁案件的裁决中，最终都表现出了仲裁庭扩张管辖权的意图。

（二）东道国法人的主体资格问题

ICSID 公约第 25 条第 2 款（b）项所规定，在双方同意将争端提交 ICSID 调解或仲裁之日具有作为争端一方缔约国国籍的法人，如该法人为外国所控制，双方同意为了公约目的，应看作是另一缔约国的国民。该条的存在为 ICSID 仲裁庭的解释提供了更大的自由空间，首先适用该条需要确定外国控制的标准，之后还要判断双方是否达成将东道国法人视为另一缔约国国民的同意。

在外国控制的认定标准上，不同裁决体现出了不同的选择。外国控制问题与法人国籍认定问题不同的是，对于前者，仲裁庭需要判断的是申请人的控制人是否为另一缔约国国民，提出申请的法人是具有东道国国籍的国民；而后者则需要对法人国籍进行判断，并选择是否采用控制人国籍作为提出申请人的法人国籍。在外国控制问题上，有时会出现投资协议实施过程中股权变动的情况，ICSID 公约第 26 条并没有对此情况做出规定，也就将这一问题留待仲裁庭以裁量解决。

在 2000 年 Aucoven 诉委内瑞拉案中，申请人是一家在委内瑞拉成立的法人，属于总部设立在墨西哥并在该国注册的跨国公司 ICA Holding 的组成部分。ICA Holding 在美国设有 Icatech 公司，在墨西哥设有 ICA 公司。ICA 公司与委内瑞拉签订了投资协议设立了 Aucoven 公司，从事基础设施的建设。由于 1990 年代中期墨西哥遭遇金融危机，ICA Holding 认为在这种情况下 ICA 公司难以在国际市场上取得融资，因此决定将该项目转移至 Icatech 名下。在 ICSID 受理仲裁申请后，委内瑞拉提出管辖权的异议，认为申请方虽然是由 Icatech 公司控股，但 ICA Holding 不仅是 ICA 和 Icatech 和其他机构唯一的股东，也实际行使着对这些机构的控制权。同时，ICA Holding 继续对 Aucoven 的经营进行控制是委内瑞拉批准股份转移的前提条件，另外美国在此案中没有实质利益，ICA 应当被视为墨西哥 ICA Holding 所控制，而墨西哥并非 ICSID 缔约国，因此 ICSID 对此争议没有管辖权。[1]

在该案中，仲裁庭拒绝了委内瑞拉的主张。仲裁庭依照文义认为，委内瑞拉在和 Aucoven 签署的投资协议第 64 条明确约

〔1〕 Autopista Concesionada de Venezuela, C. A. (Aucoven) v. Bolivaxian Republic of Venezuela, ICSID Case No. ARB/00/5, Decision on Jurisdiction, September 27, 2001, para. 8-46.

定，协议双方同意"如果特许权人（The Concessionaire）的股东或者主要股东"是 ICSID 公约的缔约国，则其就可以将争端提交 ICSID 仲裁，而并未对股权转让做出限制。同时，虽然协议第 7 条要求在股权转让时获得委内瑞拉政府的许可，但只要委内瑞拉做出许可且股权转让已经发生，则第 64 条就发生效力，而无需当事方再另行同意。[1]在这里，仲裁庭并不意图找出法人真正的控制者，而仅就双方是否同意作了详细的论述，最后拒绝了委内瑞拉的主张，仲裁庭在这里与对待空壳公司的态度相似，又一次体现出 ICSID 仲裁庭为了实现其促进国际投资的发展以及投资争议的非政治化解决，在确定外国控制的问题上采取的是实用主义原则，是否采用以及在何种程度上适用"刺破公司面纱"原则取决于是否有利于扩大其管辖权。

在该案中，值得讨论的问题是：判断仲裁庭有无管辖权，即"外国控制"因素的关键时间是"签署协议时"还是"之后的变化"。在 Mihaly International Corporation 诉斯里兰卡案中，仲裁庭采用了"签署协议时"的判断点，认为"如果允许随权利的转让而产生提起仲裁的权利，这是对公约宗旨和目标的违反"。在该案中，Mihaly International Corporation 所拥有位于美国和加拿大境内的两家公司与斯里兰卡政府签订了投资协议建设电厂，不久加拿大子公司将其在协议项下的所有权利和义务转让给美国的子公司，但并没有通知斯里兰卡政府，该电厂项目后来因故未能实施，因此美国的子公司向 ICSID 提起仲裁请求，要求斯里兰卡政府赔偿两家公司（美国和加拿大的子公司）为

---

[1] Autopista Concesionada de Venezuela, C. A. (Aucoven) v. Bolivaxian Republic of Venezuela, ICSID Case No. ARB/00/5, Decision on Jurisdiction, September 27, 2001, para. 92-99.

该项目的前期运作所付出的费用。仲裁庭认为，依据"无人能够转让超越他原有的权利的权利"这一基本原则，"原属于或不属于加拿大子公司的权利本就不应该因为转让而有什么变化"。[1]如果依照这一逻辑，Aucoven 诉委内瑞拉案中，即使发生了股权转让，Aucoven 也不能凭空获得向 ICSID 提起仲裁的权利。

在 ICSID 公约中对外国控制的东道国法人作为仲裁当事人还有一重限制，即其需要得到缔约国的同意。但公约在此处并未对同意的形式做出规定，仲裁人在裁决中也给出了不同的答案。在前述 Holiday Inns 诉摩洛哥案中，仲裁庭要求这种同意应当采取明示的方式，因为将东道国法人视为"另一缔约国的国民"是一种例外，只有明示方能判断缔约国具有接受这种例外的意思。但在大多数同类案件中，这一问题并没有得到重视，仲裁庭也没有因此拒绝申请方的仲裁请求。

第二节　客体方面的扩张

根据 ICSID 公约第 2 条第 1 款，ICSID 适用于"直接因投资而产生的任何法律争端"，仲裁庭对"投资"的扩张解释即构成了管辖权的扩张。

作为国际投资争端的对象的"投资"界定包括三个方面：在投资标的方面，它应以特定的有形或者无形的财产形式表现出来；在投资领域（空间）方面，它应是资本跨越国境的活动，也就是资本与东道国的联系；在与争端的关联性方面，它应与争端有直接关系。ICSID 对"投资"的扩大解释通常是通过扩大

---

〔1〕　Mihaly International Corporation v. Democratic Socialist Republic of Sri Lanka, ICSID Case No. ARB/00/2, Award, March 15, 2002, para. 24.

解释投资标的范围，即通过对"投资"定义的外延扩张来实现的。在解释的逻辑路径上，最主要的一个趋势是将"投资"等同于"财产"，将所有具有经济价值的事物视为投资。在此类解释中，虽然也有部分案件的裁决对投资的特征进行了限定，但这种限定并不具有法律上的拘束力，也未能有效约束仲裁庭对管辖权的扩张，而且有时提出限定标准的仲裁庭在其裁决中也未能有效地依据标准判断"投资"的范围。

一、仲裁裁决对于"投资"定义的认定

（一）Fedax N. V.诉委内瑞拉案

1996 年的 Fedax N. V.诉委内瑞拉案是第一起涉及"投资"定义争议的案件。案件起因为被申请方委内瑞拉政府根据其与一家本国公司签订的服务协议开出了 6 张可转让期票，后来汇票被背书转让给申请方荷兰公司 Fedax N. V.，但委内瑞拉拒绝对其付款。该案争议的焦点在于期票是否属于 ICSID 公约中的"投资"。仲裁庭首先考虑了 ICSID 公约第 25 条第 1 款中的"投资"含义，认为虽然在公约的谈判过程中，各方在投资的界定上付出了巨大的努力，但最终未能达成一致，而公约实际上将"投资"定义交由缔约国自行决定。[1]在此基础上，仲裁庭认为，该案所适用的荷兰—秘鲁 BIT 在第 1 条第 1 款对投资定义采用了"特别是，但不限于"所列举事项的做法，是一种开放式的定义法。[2]因此，本案中的期票属于 BIT 的范围。虽然仲裁

〔1〕 Fedax N. V. v. The Republic of Venezuela, ICSID Case No. ARB/96/3, Decision of the Tribunal on Objections to Jurisdiction, July 11, 1997, para. 21.
〔2〕 Fedax N. V. v. The Republic of Venezuela, ICSID Case No. ARB/96/3, Decision of the Tribunal on Objections to Jurisdiction, July 11, 1997, para. 25.

庭在该案中表示接受 Christoph Schreuer 的观点[1]，将"持续一定的时间、固定的利润和回报、承担一定的风险、相当数额的投入和对东道国发展的贡献"作为判断投资的标准。[2]但仲裁庭在该案中界定"投资"的核心依据却是"每个缔约国都有自主权决定其认为可由 ICSID 仲裁的投资争端类型"或者"当事方由此拥有了很大程度的裁量权以自主决定其交易是否构成符合公约宗旨的投资"，成为仲裁庭扩大"投资"标的的佐证。[3]

（二）CSOB 诉斯洛伐克案

在 CSOB 诉斯洛伐克案中，CSOB 是一家捷克银行，它与捷克政府和斯洛伐克政府签署了一份三方的《CSOB 金融整合基本原则的协议》，该协议主要是处理 CSOB 私有化以及其在捷克和斯洛伐克共和国解体后在两国的经营问题。依据该协议，CSOB 将其在两国的应收款项中的未履行资产组合分别交给两国各自成立的托收公司（collection company），而两家托收公司应当向 CSOB 支付所分配的款项。为确保托收公司的支付能力，CSOB 先向托收公司提供贷款，而斯洛伐克财政部为贷款提供担保。由于斯洛伐克未履行其义务引发争端。被申请方就管辖权提起的异议之一为 CSOB 对托收公司的贷款是否属于投资。[4]在该

---

〔1〕　Christoph Schreuer, "Commentary on The ICSID Convention", *ICSID Review-Foreign Investment Law Journal* 11, 1996, p. 316.

〔2〕　Fedax N. V. v. The Republic of Venezuela, ICSID Case No. ARB/96/3, Decision of the Tribunal on Objections to Jurisdiction, July 11, 1997, para. 43.

〔3〕　于文婕：《论"投资"定义缺失对 ICSID 仲裁管辖的影响——〈解决国家与他国国民间投资争端的公约〉第 25 条的正当解读》，载《学海》2013 年第 5 期。

〔4〕　Ceskoslovenska Obchodni Banka, A. S. （CSOB）v. The Slovak Republic, ICSID Case No. ARB/97/4, Decision of the Tribunal on Objections to Jurisdiction, May 24, 1999, para. 2, 3.

案中，仲裁庭认为应当使用双重测试（a two-fold test）[1]判断仲裁庭是否有权审理请求的实体问题：一是引起该争端的投资是否符合 ICSID 公约的含义，二是其是否符合当事方在捷克—斯洛伐克 BIT 中给出的投资定义。[2]同时，仲裁庭也接受了被申请方的意见，采用 Fedax 标准判断贷款是否属于投资。[3]但仲裁庭在判断是否存在投资时采用了更宽泛的方式，未对贷款是否构成投资进行判断，而是将其与 CSOB 业务重整联系起来，其整体交易行为构成了投资，认为可以将构成交易整体一部分的贷款视为投资，因此该争议仍然是由投资引起的。[4]

（三）Saipem S. P. A 诉孟加拉案

在 Saipem S. P. A（以下简称"Saipem"）诉孟加拉案中，申请人 Saipem 是一家意大利公司，与孟加拉国的国有企业孟加拉油气矿产公司（Petrobangla）签署了一份在孟加拉国北部建设 409 公里运输凝析天然气管道的合同。该项目原定 1991 年 4 月 30 日完成，却因当地民众反对等因素导致延期。为担保合同的完成，Petrobangla 在每次付款时扣留款项的 10% 作为工程保证金。双方约定，项目建成验收后 30 日内，Petrobangla 应当将累

---

[1] 双重测试，又被称为"双锁孔"标准，是指要求投资既要满足 ICSID 要求，又要满足 BIT 的要求。

[2] Ceskoslovenska Obchodni Banka, A. S.（CSOB）v. The Slovak Republic, ICSID Case No. ARB/97/4, Decision of the Tribunal on Objections to Jurisdiction, May 24, 1999, para. 68.

[3] Ceskoslovenska Obchodni Banka, A. S.（CSOB）v. The Slovak Republic, ICSID Case No. ARB/97/4, Decision of the Tribunal on Objections to Jurisdiction, May 24, 1999, para. 72.

[4] Ceskoslovenska Obchodni Banka, A. S.（CSOB）v. The Slovak Republic, ICSID Case No. ARB/97/4, Decision of the Tribunal on Objections to Jurisdiction, May 24, 1999, para. 81-83.

积的工程保证金的一半归还给 Saipem，剩余部分则在工程运行合格后支付。Saipem 可以在工程合格证签发前向孟加拉提交等额的由银行发出的付款保证，从而获得全额付款。但 Petrobangla 没有向 Saipem 支付剩余一半的工程保证金，于是 Saipem 向 ICC 提起仲裁，但孟加拉国最高法院根据 Petrobangla 请求发出禁令，要求 Saipem 停止仲裁程序。后来尽管 ICC 仲裁院做出裁决，亦被孟加拉国最高法院认为无效。[1]在该案中涉及管辖权的核心问题是：ICC 仲裁院所做出国际商事仲裁裁决是否构成投资？ICSID 仲裁庭在裁决中认为，ICC 裁决确定的权利并不是由裁决创造的，而是由合同创设的。ICC 的裁决将原始合同中的权利和义务固化下来，而由裁决固化的权利构成了孟加拉国—意大利 BIT（以下简称"孟意 BIT"）第 1 条第 1 款 C 项所规定的权利。[2]因此 Saipem 诉孟加拉案的基础在于孟加拉国法庭违反纽约公约且"非法、武断和特殊的"行为方式构成了孟意 BIT 第 5 条规定的对外国投资者保护的违反，从而使本案争端成为直接由投资引起的争端[3]，仲裁庭据此认定其对此案有管辖权。

二、"投资"的界定与管辖权的扩张

综合上述案件，可以发现：①在解释投资的范围时，ICSID

〔1〕　Saipem S. p. A. v. the People's Republic of Bangladesh，ICSID Case No. ARB/05/07，Decision on Jurisdiction and Recommendation on Provisional Measures，March 21，2007，para. 6-39.

〔2〕　Saipem S. p. A. v. the People's Republic of Bangladesh，ICSID Case No. ARB/05/07，Decision on Jurisdiction and Recommendation on Provisional Measures，March 21，2007，para. 127.

〔3〕　Saipem S. p. A. v. the People's Republic of Bangladesh，ICSID Case No. ARB/05/07，Decision on Jurisdiction and Recommendation on Provisional Measures，March 21，2007，para. 141.

公约第 25 条第 1 款基本上没有被作为主要考虑因素，而 ICSID 公约的序言部分则作为目的解释的主要依据；②在案件审理过程中，仲裁庭也提出了一些限制投资定义的标准，如 Fedax 标准，试图从投资的外部特征对其进行较为准确的界定，但由于标准比较抽象，即使仲裁庭采用这些标准时，也仍然拥有较大的解释空间和灵活的解释方法，更关键的在于，仲裁庭所作的限定对后案的仲裁庭并不具有约束力。因此这些标准未能起到限制管辖权扩张的作用；③在 ICSID 案件中，仲裁庭大多会宣称依据 VCLT 第 31 条和第 32 条的规定，对条约进行解释，但从实践看其解释方法是否被贯彻到解释过程中，是存有疑问的，在一部分裁决中常常会出现仲裁庭采用的实际解释方法与其所宣称的解释方法悖离的现象。

如果仔细审视 ICSID 仲裁裁决，可以发现仲裁庭通常采用主观主义的方式来解释"投资"的定义，而这从 ICISD 非常早期的案例中就已经露出端倪。早在 Kaiser Bauxite Company 诉牙买加案中，仲裁庭就在其裁决中处理了"投资"定义问题。需要说明的是，与 Fedax N. V. 诉委内瑞拉案不同，该案由于被申请人未参与仲裁审理，所以并不存在着当事方对"投资"定义的分歧。但仲裁庭认为，尽管当事双方没有正式提出对中心管辖权和仲裁庭权限的反对，由于被申请人牙买加没有出席仲裁庭，仲裁庭有必要主动将管辖权问题作为案件的先决问题（preliminary issue）。在考虑该案是不是直接由投资引起的法律争端时，仲裁庭认为，由于执行董事会在提交给各国政府的公约相配套的报告中没有任何对"投资"的定义，也没有对"投资"作出定义并将其作为当事方同意的基本要求的意图，这表明 ICSID 公约目的是以当事方的同意与否来衡量"中心"的管辖权，即只要当事方同意将争端提交给 ICSID 仲裁，中心就具有管辖权。[1]仲裁庭在这里采用了主观主义解释方法来定义"投资"，即只要当事方之间就将争端提交仲裁达成合意，就可以认为该争端中的"投资"是符合 ICSID 公约的定义的。而由于ICSID 仲裁多数为无默契仲裁，因此裁决中的主观主义逻辑上就转变为只要缔约国在 BIT 中约定了争端可以提交 ICSID 仲裁，"投资"即是符合 ICSID 公约定义的。由于该案是 ICSID 早期受理的案件，虽然仲裁裁决没有判例法的效力，但其解释方法给之后仲裁庭提供了可资借鉴的解释路径。

即使采用客观解释的方法，仲裁庭裁决的结果也仍然可以扩大"投资"的定义。客观主义方法通常需要借助于一系列设定的标准来对某一行为是否属于"投资"进行判断。这些标准的设立有赖于仲裁庭的决定，而标准本身也是需要解释的。因此，即便在 Fedax 诉委内瑞拉案和 CSOB 诉斯洛伐克案中，仲裁庭采用了限制性的标准来对"投资"进行界定，其裁决的结果也仍然可以借用缔约方的主观意思或采用综合认定的方法实际达到扩大"投资"定义的效果。无论是以"价值"为核心还是以"财产"为基础的定义，都可能会产生"投资"的定义被无限扩大的效果，因为对"投资"进行抽象的界定方式无法起到为仲裁庭提供指引的作用，更不具备限制仲裁庭裁量权的功能。

由于仲裁庭在对投资定义的解释过程中缺乏实质性的标准和限制，因此，我们看到，"投资"定义的范围已经远远超出了传统的"投资"定义。当然仲裁庭是否超越 ICSID 公约和 BIT

---

[1] Kaiser Bauxite Company v. Jamaica, ICSID Case No. ARB/74/3, Decision on Jurisdiction, July 6, 1975, para. 17.

规定的管辖权范围不能从一般的"投资"定义角度来判断，而需要借助条约相关条款规定和个案中具体解释方法以及由此而产生的裁决结果具体分析。

第三节　主观方面的扩张

ICSID 仲裁以当事方同意将争端提交 ICSID 为前提。由于大多数仲裁都是建立在"无默契仲裁"的基础上，即将东道国在 IIAs 中的 ISDS 条款对 ICSID 仲裁的约定作为前提，而将投资者向 ICSID 提交申请的行为视为承诺，承诺成立之时即为合意达成之时。因此在对合意是否达成存在争议时，仲裁庭所要解决的就是否能够根据 BIT 中的条款认定东道国同意将该争端提交仲裁，换言之，投资者的申请是否符合缔约国在 IIAs 中的约定。而仲裁庭在案件中对 IIAs 中特定条款的解释会影响到管辖权的界定。其中 MFN 条款和保护伞条款的扩大适用以及岔路口条款的限缩适用会产生扩张 ICSID 仲裁管辖的效果。

一、MFN 条款的扩张适用

MFN 条款是 BITs 中常见条款，仲裁庭经常在并无缔约方明示同意的情况下，将 MFN 条款扩张适用于争端解决事项。

（一）ICSID 裁决中的 MFN 条款

1. Emilio Agustín Maffezini 诉西班牙案

在 Emilio Agustín Maffezini（以下简称"Maffezini"）诉西班牙案中，仲裁庭第一次将 MFN 条款解释为适用于程序性事项。阿根廷公民 Maffezini 与西班牙加利西亚地区负责招商引资的国有企业 SODIGA 合资设立化工企业 EAMSA，分别占 70% 和

30% 股份（SODIGA 后来又转让 12% 给 Maffezini），西班牙各级政府对公司给予了很多补贴，但 EAMSA 还是在 1991—1992 年遭遇了财务困境。SODIGA 授权其一名工作人员从 Maffezini 个人银行账户里转出 3000 万西班牙比塞塔，借给 EAMSA。Maffezini 主张 SODIGA 属于公共机构，所有的作为和不作为可以归责至西班牙政府，因此西班牙需要对误导性建议、额外的环评费用及未经允许挪用 3000 万比塞塔承担赔偿责任。[1] 由此，Maffezini 向 ICSID 提起仲裁申请。

该案适用的西班牙—阿根廷 BIT（以下简称"西阿 BIT"）第 10 条第 3 款（a）项要求申请方只有在东道国国内法院自接受当事方起诉之日起 18 个月未能做出裁决，或者虽然作出裁决，但争端仍然存在的情况下，才可以将争端提交国际仲裁。然而本案的申请方并未就争端向西班牙国内法院提起诉讼，因而被申请方西班牙主张仲裁庭对此案没有管辖权。而申请方提出，西班牙—智利 BIT（以下简称"西智 BIT"）并未将国内诉讼作为国际仲裁的前置程序，只规定了在 6 个月协商期满后可以选择仲裁。申请方主张，根据西阿 BIT 第 4 条规定的 MFN 待遇，申请方应当享有西智 BIT 规定的待遇，可以选择直接提起仲裁。[2]

被申请方西班牙对此提出反对，认为西班牙与第三国所签订的 BIT 是与阿根廷无关的他人行为（res inter alios acta），申请方不能在本案中援引。被申请方进一步指出根据"同一规则"

---

〔1〕 Emilio Agustín Maffezini v. the Kingdom of Spain, ICSID Case No. ARB/97/7, Award, November 13, 2000, para. 39-45.

〔2〕 Emilio Agustín Maffezini v. the Kingdom of Spain, ICSID Case No. ARB/97/7, Decision of the Tribunal on Objections to Jurisdiction, January 25, 2000, para. 38-40.

（ejusdem generis），MFN 条款只能适用于与基本条约规定相同的事项而不能扩展到与其不同的事项。西智 BIT 中的 MFN 条款所使用的事项只能被理解为是指实体事项或者给予外国投资者的实体待遇而非程序或管辖权问题。[1] 在这方面，西班牙认为由于 MFN 条款的目的是避免歧视，此种歧视只能发生在有关实体经济待遇问题上并不能发生在有关程序事项上。只有在将争端提交国内法院会造成实体待遇的影响，从而对投资者将会产生客观上的不利时，才可能在程序上主张 MFN 条款。但这要求投资者能够证明与将争端提交给 ICSID 仲裁相比，将争端提交西班牙管辖给投资者带来了不利。[2]

仲裁庭要解决的问题是，在本案中 MFN 条款是否适用于争端解决事项？根据西阿 BIT 第 4 条第 2 款的规定："在本协定所有事项上，此待遇应当不低于任何一方给予在其领土内投资的第三方投资者的投资所享有的待遇。"问题即是在该条中的"所有事项"是否包含"争端解决程序"的选择问题？

仲裁庭考查了英伊石油公司案、在摩洛哥的美国公民权利案，特别是阿姆巴蒂耶洛斯案（the Ambatielos case）对这一问题的讨论，指出在阿姆巴蒂耶洛斯一案中 MFN 条款被扩展到争端解决条款，是因为通过争端解决条款对人们在商业和航海领域的权利保护包括 MFN 条款所涵盖的贸易者的总体的权利。[3] 仲裁庭认为，许多双边条约将 MFN 扩展到争端解决条款的范

---

[1] Emilio Agustín Maffezini v. The Kingdom of Spain, ICSID Case No. ARB/97/7, Decision of the Tribunal on Objections to Jurisdiction, January 25, 2000, para. 41.

[2] Emilio Agustín Maffezini v. The Kingdom of Spain, ICSID Case No. ARB/97/7, Decision of the Tribunal on Objections to Jurisdiction, January 25, 2000, para. 42.

[3] Emilio Agustín Maffezini v. The Kingdom of Spain, ICSID Case No. ARB/97/7, Decision of the Tribunal on Objections to Jurisdiction, January 25, 2000, para. 50.

围，这些条约无疑不存在争论，[1]而有些条约只是提到了"本条约项下的所有权利"或者像本案中的西阿 BIT 一样提及"在本协定所有事项上"，这些条约没有明确规定 MFN 的范围。对于后者，仲裁庭认为今天争端解决安排与外国投资者的保护密切相关，对有关条约所赋予的权利的保护是必不可少的，也与相关的实体待遇联系紧密。因此在东道国传统上认为国内法院保护优先时，贸易者和投资者却像他们的国籍国那样传统上认为通过诉诸国际仲裁，他们的权利和利益能够比将争端提交国内法院得到更好的保护。这种冲突也体现在了 ICSID 公约草案的谈判过程中。[2]从这些推论中，仲裁庭得出结论如果第三方协定包括比基础协定更有利于投资者权利和利益保护的争端解决条款，MFN 条款就可以扩展到争端解决条款，而这与"同类原则"是相符的。[3]

但仲裁庭在此处也意识到，从公共政策角度出发对 MFN 的适用范围也应该做出某些限制，因此在裁决书中花了大量的篇幅来对此做了说明，列举了对 MFN 四个方面的限制：①缔约方对其提交仲裁的同意附加了用尽当地救济的条件；②缔约方同意采用的争端解决机制包括岔路口条款且起诉方已经做出最终和无法撤销的选择；③条约规定了专门的仲裁审理机构，如 IC-SID；④缔约方同意采用一个包括精确的程序规则的高度组织化的仲裁体系，例如 NAFTA 和类似安排。除了这四项外，其他的

---

〔1〕 Emilio Agustín Maffezini v. The Kingdom of Spain, ICSID Case No. ARB/97/7, Decision of the Tribunal on Objections to Jurisdiction, January 25, 2000, para. 52.

〔2〕 Emilio Agustín Maffezini v. The Kingdom of Spain, ICSID Case No. ARB/97/7, Decision of the Tribunal on Objections to Jurisdiction, January 25, 2000, para. 55.

〔3〕 Emilio Agustín Maffezini v. The Kingdom of Spain, ICSID Case No. ARB/97/7, Decision of the Tribunal on Objections to Jurisdiction, January 25, 2000, para. 56.

公共政策因素对 MFN 条款适用的限制将由缔约方或仲裁庭确认。仲裁庭还指出，必须对"权利和利益通过条款适用方式合法的扩展"与"对潜在的特定条约条款的政策目的造成严重阻碍的破坏性的条约选购"进行区分。[1]这种推论实际上从反面印证了仲裁庭意识到自己在缺乏当事方明示的情况下将 MFN 条款扩张适用于程序性事项所带来的风险。

2. Siemens A. G. 诉阿根廷案

在 Siemens A. G.（以下简称"Siemens"）诉阿根廷案中，轮到阿根廷反对 MFN 条款的扩张适用了，但在此案中，仲裁庭采取了更为积极的扩张措施，甚至未提出 MFN 条款的扩张适用的限制和例外。

申请方 Siemens 通过其全资子公司 SNI 在阿根廷设立了一家当地公司 SITS，由该公司投标被申请方阿根廷移民控制和身份识别系统并成功中标，并于 1998 年 10 月 6 日和政府签订合同，1999 年 10 月阿根廷新政府上台并于 2000 年 2 月宣布由于技术问题终止合同。2001 年 7 月 23 日申请方通知被申请方因其违反了德国—阿根廷 BIT（以下简称"德阿 BIT"），启动 6 个月的协商。2002 年 3 月 28 日，申请方向 ICSID 提起仲裁。[2]与西阿 BIT 一样，德阿 BIT 也规定了在将 18 个月的国内法院程序作为国际仲裁的前置程序。申请方提出德阿 BIT 中的 MFN 条款，其有权直接向 ICSID 申请仲裁。

德阿 BIT 在第 3 条第 1 款和第 2 款中规定了 MFN 条款：①缔

---

〔1〕 Emilio Agustín Maffezini v. The Kingdom of Spain, ICSID Case No. ARB/97/7, Decision of the Tribunal on Objections to Jurisdiction, January 25, 2000, para. 63.

〔2〕 Siemens A. G. v. The Argentine Republic, ICSID Case No. ARB/02/8, Decision on Jurisdiction, August 3, 2004, para. 23-27.

约一方应当给予在其领域内的另一缔约方公民或法人的投资或他们在其中持有股份的投资以不低于其给予本国公民或公司或第三国国民或公司的待遇。②缔约方应当给予在其领域内的另一缔约方公民或公司与投资有关的活动（activities）以不低于其给予本国公民和公司或第三国公民或公司的待遇。[1]

阿根廷关于 MFN 条款提出的抗辩主要理由是：①从文本看，第 3 条第 1 款的规定仅指投资和投资待遇。它并不包括给予投资者的待遇。其与条约第 10 条对当事方（国家/投资者）可以将争议提交有管辖权的法院或仲裁的规定相比，缺乏"主体"要件。该款中无法推论出投资包括"争端解决体系"。[2]②第 3 条第 2 款的文本不能推出争端解决机制包括在 MFN 条款的适用范围内，因为这不是与投资有关的经营活动。"活动"的定义是指与投资的管理和利用有关的具有商业和经济特征的交易行为，定义并未明确地将争端解决包含在内，"条约的法理严格地将概念限制于商业角度的资产管理"。[3]同时，"活动"在条约上下文中的通常含义也不支持其纳入"争端解决制度"，阿根廷以第 1 条第 4 款对公司的定义[4]说明"活动指一组能够被理解为指与企业的经营和管理有关的行为"。[5]

〔1〕 Siemens A. G. v. The Argentine Republic, ICSID Case No. ARB/02/8, Decision on Jurisdiction, August 3, 2004, para. 82.

〔2〕 Siemens A. G. v. The Argentine Republic, ICSID Case No. ARB/02/8, Decision on Jurisdiction, August 3, 2004, para. 36.

〔3〕 Siemens A. G. v. The Argentine Republic, ICSID Case No. ARB/02/8, Decision on Jurisdiction, August 3, 2004, para. 37.

〔4〕 该条对"公司"的定义为"任何法人……无论它的活动是否以盈利为目的"。

〔5〕 Siemens A. G. v. The Argentine Republic, ICSID Case No. ARB/02/8, Decision on Jurisdiction, August 3, 2004, para. 38.

仲裁庭首先采用目的论解释，按照德阿 BIT 的标题和序言，其目的是"保护"和"促进"投资，缔约方的意图就是为投资创造优惠条件和激励私人的主动性。[1]双方在关于 BIT 的议定书中规定"活动"特指但不排除投资的管理、适用和收益。[2]而第 3 条前两款只是简单地提出"待遇不低于"。仲裁从语义的角度分析了"待遇"和"活动"两个词的通常含义，认为前者是指有关实体或者个人的行为，除了"不低于"的表述外，条约并没有对"待遇"做出限制（qualified）或者描述（described）。而后者也是一般的含义。对例外规定的需要恰恰证实了待遇或活动含义的一般性而不是在例外之外再设置限制。[3]仲裁庭之后又针对阿根廷的第一个抗辩理由进行了分析，指出虽然第 3 条第 1 款未使用"投资者"而是使用"投资"一词，但是如果严格按照条约的用语进行逻辑推理，则不符合条约的目的，所以就第 3 条而言，投资待遇包含了投资者的待遇。[4]

（二）MFN 条款的扩张适用

在我们所列举的两案中，仲裁庭使用的解释方法大体相同，都采用了文义分析和目的分析方法。首先，从文义分析的角度，条约用语中只是规定"待遇不低于"，仲裁庭将适用范围中的"所有事项""所有权利"或者"待遇"解释为包括"争端解决事项"或"程序性权利"；其次，从目的角度分析，认为 BIT 的

---

〔1〕 Siemens A. G. v. The Argentine Republic, ICSID Case No. ARB/02/8, Decision on Jurisdiction, August 3, 2004, para. 81.

〔2〕 Siemens A. G. v. The Argentine Republic, ICSID Case No. ARB/02/8, Decision on Jurisdiction, August 3, 2004, para. 83.

〔3〕 Siemens A. G. v. The Argentine Republic, ICSID Case No. ARB/02/8, Decision on Jurisdiction, August 3, 2004, para. 85.

〔4〕 Siemens A. G. v. The Argentine Republic, ICSID Case No. ARB/02/8, Decision on Jurisdiction, August 3, 2004, para. 92.

目标是"促进"和"保护"投资，仲裁庭认为，将 MFN 条款扩展适用于争端解决程序事项显然更有助于实现 BIT 的目的和宗旨。

虽然 Maffezini 诉西班牙案和 Siemens 诉阿根廷案的仲裁庭都将 MFN 条款扩张适用于程序性事项。但两者之间存在区别：前者对于 MFN 条款适用于程序性事项是有条件的，并列明了四项例外，除此之外还规定仲裁庭可以根据公共政策因素对 MFN 条款的适用给予限制；而后者对于 MFN 条款的扩张适用是没有限制的，而是一般性地将 MFN 条款扩张适用于争端解决程序。

在 IIA 规定的 MFN 条款中，有四种类型：①MFN 条款明确表明可以适用于争端解决机制。②MFN 条款使用概括性的表达方式，如"所有事项""所有权利"或仅仅使用"待遇"一词概括其所涉及的事项范围，但并未提及是否涉及争端解决程序问题。③限制了 MFN 条款所适用的范围，但没有明确指明争端解决机制是否包括在此范围之内。④MFN 条款明确规定不适用于争端解决程序。[1]在这四种方式中，①与④明确表明了缔约方的态度，通常不会产生管辖权方面的争议，而在②与③两种条款中，由于其用语的模糊性，则存在着不同仲裁庭对其解释的不同，从而存在扩张其管辖权的可能性。

笔者认为，在前文所描述的两案中，仲裁庭在缺乏缔约方明示的情况下，将 BIT 中的 MFN 条款解释为适用于争端解决的程序事项，明显扩张了 MFN 管辖权的范围，理由如下：

（1）从个案角度分析，MFN 条款适用于争端解决的程序性

---

〔1〕 Scott Vessel, "Clearing a Path Through a Tangled Jurisprudence：Most-Favored-Nation Clauses and Dispute Settlement Provision in Bilateral Investment Treaties", *Yale Journal of Ineternational Law* 32, 2007, p. 36.

事项不符合缔约方在 BIT 中的原意。以 Maffezini 诉西班牙案为例，在缔约阶段，阿根廷和西班牙对于 MFN 条款是否可以适用于"争端解决程序"存在分歧。阿根廷作为主要的资本输入国反对将 MFN 条款适用于程序性事项，而西班牙站在主要的资本输出国角度考虑则主张将 MFN 条款适用于程序性事项。[1] 在缔约过程中，就 MFN 条款的适用范围，双方并未达成协议，因此从缔约者意图来看，将 MFN 条款适用于争端解决程序显然突破了双方合意的范围，并不能因为在具体案件中缔约方立场的转换而作相反推论，因为即使发生了这种转变，缔约双方也仍然未在个案中就 MFN 条款的适用范围达成协议，更不用说在个案中，实际上只有缔约一方西班牙作为案件的被申请人对 MFN 条款的适用范围做出陈述。而在 Siemens 诉阿根廷案中，德国和阿根廷各自就 BIT 中 MFN 条款的适用范围所持立场则一直没有发生变化。

（2）从总体的仲裁庭裁决结果来分析，MFN 条款适用于争端解决的程序性事项与大多数仲裁庭裁决结果相悖。MFN 条款出现于 12 世纪，1959 年德国与巴基斯坦所签订的第一部 BIT 中就已经包含了 MFN 条款，然而直到 2000 年 ICSID 仲裁庭做出 Maffezini 诉西班牙案的管辖权裁决中，才第一次被适用于投资争端解决程序事项。之后虽然也有一部分裁决采取了这一做法，但也有诸如 Salini Costruttori S. p. A. and Italstrade S. p. A.（以下简称"Salini"）诉约旦案、Plama 诉保加利亚案、Daimler Financial Services AG（以下简称"Daimler"）诉阿根廷案等相当数量的仲裁裁决，采取了相反的做法，反对将 MFN 条款适用于争端解决事项。因此，对于 MFN 是否可以适用于争端解决的程

---

〔1〕 Emilio Agustín Maffezini v. The Kingdom of Spain, ICSID Case No. ARB/97/7, Decision of the Tribunal on Objections to Jurisdiction, January 25, 2000, para. 57.

序性事项，不同的仲裁庭之间是存在着分歧的。而且从一个相当长的时段考察，我们可以发现，支持将 MFN 适用于争端解决的程序事项的裁决相对较少，不符合国际投资仲裁的主流观点。对此情况，有学者指出，"Maffezini 诉西班牙案的裁决代表了一种悖离既有的在国际法上 MFN 条款功能的规定的意见"。[1]

（3）从国家利益平衡角度分析，MFN 条款适用于争端解决的程序性事项造成了缔约国之间实质性的不平等。作为主权者的国家在国际法上的平等性是条约缔结和履行的基础。国际条约中的实体义务和对国际仲裁庭授予管辖权的条款之间的区别是明显的，投资保护的实体义务被赋予缔约国。保护的客体一般是一缔约国国民在另一缔约国领域内所作的投资。而赋予国际仲裁庭以管辖权的条款是针对审理机构和争端当事方。争端当事方不是投资条约的缔约国而是投资者和东道国，一旦争端被提交给国际仲裁庭，他们之间就形成了平等的程序法律关系。条约的目标是确保缔约国及来自缔约国的投资者受到同等对待。然而允许 MFN 条款扩展到争端解决的程序性事项就可能造成来自其中一个缔约国的投资者可以援引其他条约提起国际仲裁而另一方则无法做到。[2]还有学者指出，最惠国待遇在追求形式平等的同时，忽视了不同国家和投资者之间的差异，因而造成了实质上的不平等。因而，将 MFN 条款限制于实体待遇是符合国家主权原则和公平互利的国际法理的，[3]而将这一条款适用

---

〔1〕　Zachary Douglas, "The MFN Clause in Investment Arbitration: Treaty Interpretation off the Rails", *Journal of International Dispute Settlement* 2, 2011, p. 102.

〔2〕　Zachary Douglas, "The MFN Clause in Investment Arbitration: Treaty Interpretation off the Rails", *Journal of International Dispute Settlement* 2, 2011, p. 104.

〔3〕　田海：《论最惠国条款适用于投资争端解决程序的平等理论困境》，载《时代法学》2018 年第 3 期。

于程序性问题则可能造成了 ICSID 管辖权的不当扩张。

二、保护伞条款的扩张适用

保护伞条款是投资条约的缔约国在条约中订立的承诺保护投资者权利的条款。ICSID 仲裁庭通过保护伞条款将缔约国与另一缔约国的投资者之间的合同关系上升为条约关系，从而对双方之间的投资争端拥有管辖权。这是通过保护伞条款扩张管辖权的典型方式。典型的案例有 SGS Société Générale de Surveillance S. A.（以下简称"SGS"）诉菲律宾案、Noble Ventures，Inc.（以下简称"Noble Ventures"）诉罗马尼亚案和 Duke Energy 诉厄瓜多尔案。

（一）ICSID 裁决中的保护伞条款

1. SGS 诉菲律宾案

瑞士公司 SGS 与菲律宾政府间签署了一份综合进口监管服务合同（Comprehensive Import Supervision Service，以下简称"CISS 合同"），合同规定 SGS 为菲律宾政府提供进口货物装运前检验服务。2002 年 4 月 24 日，SGS 向 ICSID 提起仲裁，认为菲律宾政府未足额支付合同执行期间的服务费，违反了 1999 年生效的瑞士—菲律宾 BIT（以下简称"瑞菲 BIT"）。菲律宾对该案提出了管辖权异议，认为根据 CISS 合同规定，该案只能在菲律宾国内法院起诉，而不能提交国际仲裁。[1] SGS 则依据瑞菲 BIT 第 10 条第 2 款规定坚持 ICSID 仲裁庭具有管辖权。该条构成了

---

[1] CISS 合同第 12 条规定："本协议在所有方面应接受菲律宾法律规制并根据菲律宾法律加以解释。涉及本协议任一当事方义务的争端，应该在马加地或者马尼拉地区法院起诉。" SGS Société Générale de Surveillance S. A. v. Republic of the Philippines，ICSID Case No. ARB/02/6，Decision of the Tribunal on Objections to Jurisdiction，January 29，2004，para. 22.

"保护伞条款"，其规定："每一缔约方应当遵守其对另一缔约方投资者在其境内的具体投资所承诺的任何义务。"由此，申请方认为"从证据看，很明显制定瑞菲 BIT 第 10 条第 2 款这样一个条款的目的是将其保护扩大到涵盖违反缔约国和投资者之间签订的合同的行为。"由于本案裁决做出之前，在案情基本相同的 SGS 诉巴基斯坦案中，仲裁庭裁决其自身没有管辖权，因此被申请方也根据 SGS 诉巴基斯坦案进行了抗辩。[1]

SGS 诉菲律宾案的仲裁庭最终裁决其根据第 10 条第 2 款的保护伞条款对本案有管辖权，其论述理由包括以下两个方面：

一是从语义角度论证。该条款的用语表明争端中的合同争端转变为条约争端而可以提交国际仲裁。该条款使用了强制性的措辞"应当"（shall）和"任何义务"（any obligation）。其中"任何义务"从字面上能够适用于依国内法产生的义务，也包括依合同产生的义务。[2]

二是从 BIT 目的和宗旨角度的论证。将该条款解释为合同争端转化为法律争端符合 BIT 的目的和宗旨。BIT 的目的和宗旨是投资促进和对等保护，根据序言，它意欲"为缔约方投资者在另一缔约方境内的投资创设和维持优惠条件"。对于其所涵盖的投资活动的有关问题的不确定性做出解释是合乎条约意图。[3]仲

---

〔1〕 SGS Société Générale de Surveillance S. A. v. Republic of the Philippines, ICSID Case No. ARB/02/6, Decision of the Tribunal on Objections to Jurisdiction, January 29, 2004, para. 96.

〔2〕 SGS Société Générale de Surveillance S. A. v. Republic of the Philippines, ICSID Case No. ARB/02/6, Decision of the Tribunal on Objections to Jurisdiction, January 29, 2004, para. 115.

〔3〕 SGS Société Générale de Surveillance S. A. v. Republic of the Philippines, ICSID Case No. ARB/02/6, Decision of the Tribunal on Objections to Jurisdiction, January 29, 2004, para. 116.

裁庭还认为东道国通常是在投资进入时承担对具体投资的义务，包括根据与独立法人所签订的合同做出的投资。无论东道国为吸引外资进入所做出的抵押担保、保证书或安慰信是否有拘束力，即无论它们是否构成真实的义务抑或只是广告宣传，都是根据所适用法律，通常为东道国国内法做决策的因素。但如果国家对具体投资所做承诺包含了根据适用的法律有约束力的义务或承诺，那么在 BIT 框架内将这些承诺纳入并援引第 10 条第 2 款就是与条约的目的和宗旨相一致的。[1]

2. Noble Ventures 诉罗马尼亚案

Noble Ventures 是一家在东欧为钢铁企业提供商务咨询服务的美国公司，其与罗马尼亚国有基金会（the Romanian State Ownership Fund，SOF）签订了一份私有化协议，其内容是关于罗马尼亚一家大型企业雷希察炼铁联合体（Combinatul Siderurgic Resita，CSR）的收购、管理、经营和处置事宜。但由于协议签订后，罗马尼亚反对党上台，SOF 为国有资产管理和私有化局（the Authority for the Privatization and Management of the State Ownership，APMSO）所取代，由于机构变化给私有化的执行带来了一系列问题。Noble Ventures 因此向 ICSID 提出仲裁申请，其依据是美国—罗马尼亚 BIT（以下简称"美罗 BIT"）第 2 条第 2 款 C 项的规定："每一缔约方应当遵守其做出的有关投资方面的所有义务。"罗马尼亚反对在该案中直接适用 BIT，主张申请是基于违反合同的行为，提出美罗 BIT 第 2 条第 2 款 C 项并不能将违反合同的行为上升为违反 BIT 的行为。

---

[1] SGS Société Générale de Surveillance S. A. v. Republic of the Philippines, ICSID Case No. ARB/02/6, Decision of the Tribunal on Objections to Jurisdiction, January 29, 2004, para. 117.

仲裁庭首先说明其根据 VCLT 第 31 条进行解释，即 "根据上下文""考虑条约目的和宗旨""根据其通常含义"以及"善意"解释，同时认为解释条约还应遵循有效性原则，其根据这些解释方法做出了支持申请方的裁决结果：

（1）从文义角度，美罗 BIT 的 "保护伞条款" 采用了 "应当" 一词，表明该条款是为了给当事方创设义务，且这里的义务是 BIT 其他条款规定之外的义务，由于国家通常不会在现有的条约之外就具体的投资再签订特别条约，很难理解这里的"义务"概念与其他条约项下义务的关系。假设达成了其他条约，那么国家应遵循"有约必守"（pacta sunt servanda）的基本原则而承担条约项下义务，无需再订立"保护伞条款"。而与假设相反，投资者和东道国之间经常就有关投资订立投资合同，这些合同对有关投资当事方的权利和义务做了特殊的规定。在此背景下分析"保护伞条款"中的措辞"其做出的有关投资方面的所有义务"，其明显是指投资合同的规定。[1]

（2）从目的和宗旨角度的分析也支持上文的解释。因为任何将"保护伞条款"解释为不适用于违反合同的行为，必然使投资者丧失了有关其与东道国签订的投资合同寻求任何国际救济的机会。而这是与投资条约的目的不符的。因此在有关投资的合同生效的情况下，应当将该条款理解为保护与东道国签订合同的投资者。[2]保护伞条款通常被视为将国内法义务转化为直接由国际法产生的义务。只要在国内法层面违反合同同时构

---

[1] Noble Ventures, Inc. v. Romania, ICSID Case No. ARB/01/11, Award, October 12, 2005, para. 51.

[2] Noble Ventures, Inc. v. Romania, ICSID Case No. ARB/01/11, Award, October 12, 2005, para. 52.

成了对使用的习惯国际法或东道国与投资者国籍国间的条约中既有原则的违反，即可引起东道国的国际责任。[1]

（3）从有效原则的角度进行解读，国际法和国内法的一般规则在性质上并非不可转换的。这也就意味着，在 BIT 谈判中，在两国可以协定的范围内为源于国内法和国际公法的规则设立例外。换言之，两国为了实现条约的目的和宗旨，可以在 BIT 中确立一个东道国可能因其违反对另一缔约国投资者的合同义务而承担国际责任效果的条款，违反合同的行为因此被"国际化"，即被转变为违反条约的行为。在此情况下，国际仲裁庭必须承认当事方所采用的这一条款的有效性。[2]

（二）保护伞条款与管辖权的扩张

在投资者—东道国争端中，投资者可以基于东道国所违反义务的性质而行使条约请求权或者合同请求权。条约请求权基于国家之间签订的条约，反映国家之间的合意，具有公法性质。合同请求权基于投资者与东道国之间签订的合同，东道国处于合同当事人的地位，具有私法性质。ICSID 对前种条约争端享有管辖权，而对基于商事合同产生的争端则不具有管辖权。[3]因此在管辖权上围绕保护伞条款产生争议的核心问题是：保护伞条款能否将缔约国违反其与投资者之间的合同义务转化为违反条约义务进而使 ICSID 获得仲裁管辖权？不同案件的仲裁庭在解决这一问题时给出的答案并不一致，特别是在时隔不到半年

---

〔1〕 Noble Ventures, Inc. v. Romania, ICSID Case No. ARB/01/11, Award, October 12, 2005, para. 53.

〔2〕 Noble Ventures, Inc. v. Romania, ICSID Case No. ARB/01/11, Award, October 12, 2005, para. 54.

〔3〕 丁夏：《国际投资仲裁中适用"保护伞条款"之冲突与解决——以仲裁庭阐释条款的态度为线索》，载《西北大学学报（哲学社会科学版）》2014 年第 2 期。

的时间里，2003 年 8 月的 SGS 诉巴基斯坦案管辖权裁决和 2004 年 1 月 SGS 诉菲律宾案管辖权裁决，在案情基本相同的情况下，给出了截然相反的判断，引起了人们对这一问题的反思。

一种具有代表性的观点认为，缔约国之所以在 IIAs 中纳入"保护伞条款"是基于投资者对于在东道国投资后"消退的讨价还价能力"（obsolescing bargain）的认识，其中包含两个重要因素：一是情事变迁，这一观念认为缔约国像理性的私人投资者一样，在他们认为继续履行合同的收益超出不履行合同的收益时会一直遵守其义务。但收益的增长总会达到其边际，当缔约国判断其继续履行付出的代价超出其不履行所付出的代价时，就可能拒绝承担义务或者要求重新协商。二是投资者议价权的消失或衰退。通常在合同谈判阶段，由于东道国急于引进外资，他们有满足投资者要求的意愿，所以投资者有较大的议价权。一旦投资者将资本投入东道国，其议价权就减弱了。议价权此时转入东道国政府手中，这种情况对投资者不利。[1]因此，需要保护伞条款来为投资者提供充分的保护而将东道国的合同义务转变为条约义务。

这一思想有其存在的合理性，但在实践中不设限制地援用保护伞条款将合同义务转变为条约义务在本质上悖离了缔约国设置该条款的意图：

（1）从协议主体的角度分析，保护伞条款属于 IIAs 的组成部分，条约是由缔约国订立的，因此保护伞条款反映的是缔约国的意志，缔约国目的是希望在投资者与东道国之间发生争端

---

[1]　See Mary E. Footer, "Umbrella Clauses and Widely – Formulated Arbitration Clauses: Discerning the Limits of ICSID Jurisdiction", *The Law and Practice of International Courts and Tribunals* 16, 2017, pp. 87-107.

时能够为投资者提供更全面的保障，但缔约国所作的承诺是相互的，其 IIAs 中相关条款反映了缔约国相互之间所作承诺的具体内容。但保护伞条款却将这些条约中的实体承诺扩展到作为条约外的第三方的投资者身上。条约的目的和宗旨反映的是作为条约主体的缔约国的意图，而合同则反映了投资者与东道国的某一实体之间的意图，因此不能将条约宗旨和目的扩展适用于对合同的解释，也就是说，即使从保护投资者利益的条约宗旨出发，也不能将保护伞条款解释为适用于合同规定。

（2）保护伞条款没有将违反合同的行为转化为违反条约行为的法律效果。首先，缔约国并没有在保护伞条款的用语中直接做有此种意思的表示，因此，从文义角度上无法对保护伞条款做出扩大解释。其次，从目的和宗旨角度看，正如 SGS 诉巴基斯坦案仲裁庭所提出的，如果将"保护伞条款"做出宽泛解释，则可能会使条约中的实体条款落空。因为，合同实体条款对双方权利义务的规定很多已经在 BIT 中得到了反映，若仲裁庭可以直接援引保护伞条款以合同中的实体条款作为管辖权依据，则对 BIT 的实体条款会产生"绕避"的效果。[1]最后，虽然保护伞条款在不同的 BIT 中的位置略有不同，但整体上位于程序性条款之中，从体系角度看，保护伞条款规定的是程序性事项，而非实体性事项，因此不会产生将合同规定的实体权利上升为条约性的实体权利的效果。

（3）从条约与合同的关系角度分析，保护伞条款的宽泛解释也是无根据的。一方面，即便存在着"无默契仲裁"，缔约国在 IIAs 对 ICSID 仲裁的同意被视为要约，而投资者在 ICSID 的

---

[1] 封筱：《"保护伞条款"与国际投资争端管辖权的确定》，载《暨南学报（哲学社会科学版）》2011 年第 1 期。

仲裁申请视为承诺，但要约的内容只能确认为缔约国在 IIA 条款中的承担的责任，而不包括在之前或之后签订的投资协议中的责任。另一方面，对保护伞条款做出宽泛解释与合同中对争端解决程序的选择产生冲突。投资者和东道国可能在合同中会对争端解决做出约定，如果合同当事方同意将其合同争端提交 ICSID 仲裁，就应当会在合同的争端解决条款中列入相应的选择，而若其约定的仲裁方式不包括 ICSID 仲裁，则对于已在 BIT 中列明的实体权利，投资者可以依照 BIT 规定向 ICSID 提出仲裁申请，此时保护伞条款为确保投资者此项权利提供了依据，而对于 BIT 中未列明的实体权利，则投资者应当援用合同约定的争端解决方式。

总之，将保护伞条款视为具有将所有的合同义务转化为条约义务的效力，既不符合缔约国的意图，也不符合投资者与东道国在投资协议中表现出来的意图，显然违背了国际投资关系中各方主体的意思，构成了对管辖权的扩张。

三、岔路口条款的排除适用

为防止不同机构之间管辖权的重叠与竞争，各国通常在 BIT 中设置岔路口条款（fork-in-the-road clause），规定发生投资争端时，投资者可以选择国内救济程序或国际仲裁之一来解决争端，而投资者的选择是终局性的，即其一旦选择了其中一种救济方式，则不能再采用其他救济方式。在有些 BIT 中，允许在管辖权裁决中，仲裁庭对于岔路口条款采取限制使用的方式，认可投资者在做出选择后继续将争端提交 ICSID 仲裁，以此种方式扩张了 ICSID 仲裁管辖权。仲裁庭限制岔路口条款适用的依据是诉因不同，引发国内诉讼和 ICSID 仲裁的投资争端不具有同一性。

在 S. A. R. L. Benvenuti & Bonfant（以下简称"B&B"）诉刚果一案中，刚果对管辖权的抗辩有两点：一是 B&B 的股东Bonfant 在刚果国内法院提起了诉讼，二是在组建合资公司Plasco的合资协议中规定了股东之间的争端应当首先提交刚果法院。但仲裁庭在裁决中认为：刚果法院正在审理的案件与仲裁庭受理的案件当事人并不相同，诉讼理由和客体都不一致。同时，合资协议的条款在本案中不适用，因为本案是属于 B&B 与政府之间的争端而非 Plasco 股东之间的争端。因此，仲裁庭在其就先决问题的裁决中认为自己有管辖权。但就后者而言，B&B 与政府均是合资协议的股东，而案件争端是由于 Plasco 股份的国有化问题提起的。该案虽然是依据合资协议中的争端解决条款，而不是根据 BIT 中的岔路口条款做出管辖权裁决，但已经与之后案件中岔路口条款的一个共同之处是如何判断国内诉讼和ICSID 仲裁争端的同一性问题。[1]根据仲裁庭的解释，判断法律争端的标准包括主体、诉讼理由和客体三个方面，只有在三方面都一致的情况下，才能认定属于同一争端。

（一）ICSID 裁决中的岔路口条款

1. Alex Genin 等诉爱沙尼亚案

1999 年 3 月 11 日，ICSID 收到了美国公民 Alex Genin 和根据得克萨斯州法律成立的东方信贷有限公司（Eastern Credit Limited, Inc.）以及该有限公司在爱沙尼亚的全资子公司 A. S. Baltoil[2]的仲裁申请，申请方认为爱沙尼亚对它们在爱沙尼亚

---

〔1〕 S. A. R. L. Benvenuti & Bonfant v. Peopel's Republic of the Congo, ICSID Case No. ARB/77/2, Award, August 8, 1980, para. 340.

〔2〕 这三方以下简称"申请方"，以示与在爱沙尼亚国内提起诉讼的 EIB 的区别。

创新银行（Estonian Innovation Bank，EIB）的投资实施的行为违反了美国—爱沙尼亚 BIT（以下简称"美爱 BIT"）的大量条款。[1]引发争端的基本事实为：1994 年 8 月，在爱沙尼亚银行（爱沙尼亚中央银行）举行的一次拍卖中，EIB 买下了破产的爱沙尼亚社会银行的一家分行——Koidu 分行，在签约后发现该分行的资产负债表有不一致之处，于是就此在塔林市法院对社会银行提起诉讼，并与社会银行的财产受托人爱沙尼亚银行展开协商。然而，1997 年 9 月 9 日，爱沙尼亚银行委员会投票通过了撤销 EIB 银行许可证的决定并立即生效。当月 11 日，EIB 针对许可证撤销一事向行政法院提起诉讼。[2]

爱沙尼亚提出根据美爱 BIT 第 6 条第 3 款，如果公民或者公司将争端提交爱沙尼亚法院或行政法庭解决，ICSID 就对该案无管辖权。爱沙尼亚还提出就同一个不当行为，在其母公司或股东在另一处提起诉讼的同时，允许一个实体（EIB）向一个法庭起诉是违反该 BIT 规定的。[3]爱沙尼亚所提及的美爱 BIT 第 6 条第 3 款即是典型的岔路口条款，该款规定，如果有关公民或法人在投资争端发生后的协商期满时，没有将争端提交缔约国法院或行政法庭或是争端当事方约定的争端解决程序，则可以选择以书面同意的形式将争端提交仲裁，包括 ICSID 仲裁。

仲裁庭认为要根据岔路口条款排除 ICSID 仲裁管辖权，首先要看在爱沙尼亚和美国提起的诉讼与申请方在仲裁中提出的

---

〔1〕　Alex Genin, Eastern Credit Limited, Inc. and A. S. Baltoil v. The Republic of Estonia, ICSID Case No. ARB/99/2, Award, June 25, 2001, para. 1-4.

〔2〕　Alex Genin, Eastern Credit Limited, Inc. and A. S. Baltoil v. The Republic of Estonia, ICSID Case No. ARB/99/2, Award, June 25, 2001, para. 42-61.

〔3〕　Alex Genin, Eastern Credit Limited, Inc. and A. S. Baltoil v. The Republic of Estonia, ICSID Case No. ARB/99/2, Award, June 25, 2001, para. 288.

问题在多大程度上具有同一性，其次还要解决是否能将 EIB 与仲裁申请人视为一个"集团"并将 EIB 在爱沙尼亚采取的法律行为作为集团整体对救济方式的选择。[1]

在第一个问题上，仲裁庭认为 EIB 在爱沙尼亚国内提起的有关并购社会银行 Koidu 分行和 EIB 许可证撤销的诉讼与申请方在仲裁中寻求解决的投资争端不具有同一性，即 EIB 在爱沙尼亚诉讼针对的是由于爱沙尼亚银行在 Koidu 分行拍卖中的错误行为给 EIB 造成的损失及影响到申请方利益的对 EIB 许可证的撤销行为，但撤销行为本身并没有使申请方成为国内程序的当事方。[2] 仲裁庭认为，EIB 在爱沙尼亚的诉讼是要求法庭裁决撤销许可证的行为无效从而恢复许可证，EIB 在该案中代表的是所有受到终止 EIB 营业行为侵害的银行股东、储户、借款人和雇员的利益。而申请方在 ICSID 提出的申请则只是有关申请方宣称的由于违反 BIT 造成的损失。尽管引起仲裁争端的事实在某种程度上也是爱沙尼亚国内诉讼中的主题，申请人也不应该就此丧失提起 ICSID 仲裁的权利。[3] 而仲裁庭认为第二个问题与第一个问题是相互联系的，EIB 为了维护其所有股东的利益，除了在爱沙尼亚为恢复许可证而起诉外别无选择，然而申请方向 ICSID 申请对 BIT 项下的投资争端提起仲裁，目的是由于其在 BIT 项下的权利被侵犯而寻求赔偿。[4]

---

[1] Alex Genin, Eastern Credit Limited, Inc. and A. S. Baltoil v. The Republic of Estonia, ICSID Case No. ARB/99/2, Award, June 25, 2001, para. 330.

[2] Alex Genin, Eastern Credit Limited, Inc. and A. S. Baltoil v. The Republic of Estonia, ICSID Case No. ARB/99/2, Award, June 25, 2001, para. 331.

[3] Alex Genin, Eastern Credit Limited, Inc. and A. S. Baltoil v. The Republic of Estonia, ICSID Case No. ARB/99/2, Award, June 25, 2001, para. 332.

[4] Alex Genin, Eastern Credit Limited, Inc. and A. S. Baltoil v. The Republic of Estonia, ICSID Case No. ARB/99/2, Award, June 25, 2001, para. 333.

2. Toto 诉黎巴嫩案

1997 年 12 月 11 日，Toto Costruzioni Generali S. p. A.（以下简称"Toto"）和黎巴嫩重大项目行政委员会（以下简称"CE-PG"）[1]订立了一份合同，承建阿拉伯高速公路的其中一段，包括建设工期和后续维护的项目，全部内容原定于 2000 年 10 月 24 日前完成。但项目最终直至 2004 年 12 月才全部结束。[2]在 1997 年到 2003 年间，Toto 向 CEPG 和 CDR 就延期造成的损失提出多项请求。2001 年 8 月，Toto 向黎巴嫩行政法院先后提起两起诉讼。Toto 在第一起诉讼中要求因土壤质地与合同中记载的规格不同而产生的预料之外的工作得到补偿，在第二起诉讼中则要求就合同设计的实质性变更带来的额外工作得到补偿。[3]2007 年 4 月 12 日，ICSID 接受了 Toto 的仲裁请求。[4]在仲裁请求中，Toto 提出黎巴嫩存在多项违反条约的行为，包括如改变规章制度、拖延或没有必要的征收义务、没有转交土地、没有保护 Toto 的合法财产、给予错误的设计信息和指示。此外，Toto 还认为截止到提出仲裁申请之日，行政法庭并没有对两起诉讼案件做出判决，这一事实构成了拒绝司法。[5]

根据意大利—黎巴嫩 BIT 第 7.2 条的"岔路口条款"，黎巴

---

〔1〕 该机构后来改组为发展与重建委员会（the Council of Development and Reconstruction，以下简称"CDR"）

〔2〕 Toto Costruzioni Generali S. p. A. v. The Republic of Lebanon，ICSID Case No. ARB/07/12，Decision on Jurisdiction，September 11，2009，para. 18.

〔3〕 Toto Costruzioni Generali S. p. A. v. The Republic of Lebanon，ICSID Case No. ARB/07/12，Decision on Jurisdiction，September 11，2009，para. 20.

〔4〕 Toto Costruzioni Generali S. p. A. v. The Republic of Lebanon，ICSID Case No. ARB/07/12，Decision on Jurisdiction，September 11，2009，para. 1.

〔5〕 Toto Costruzioni Generali S. p. A. v. The Republic of Lebanon，ICSID Case No. ARB/07/12，Decision on Jurisdiction，September 11，2009，para. 25.

嫩认为，由于 Toto 已经向黎巴嫩行政法庭提起诉讼，ICSID 对该案没有管辖权。对于黎巴嫩而言，投资者在国内行政法庭和 ICSID 提出请求的目的都是获得在合同执行过程中产生的额外成本的赔偿。如果仲裁庭裁决它有审理该案的管辖权，则平行的程序可能会导致"冲突、矛盾和更重要的、不可预知的裁决"。[1] Toto 则认为国内行政法庭审理的是因违反合同引起的争端，而 ICSID 审理的则是因违反条约引起的争端，两者诉因不同，岔路口条款只能适用于在国内法院和国际法院提出的请求同为违反条约引起的情况。[2]

在该案中，仲裁庭认为，在考虑是否采用岔路口条款时，需要考虑请求是否具有同样的目的、当事方和诉因。合同管辖权条款和条约管辖权条款并不是互相排斥的条款。合同管辖权条款规定在合同中适用于违反合同的行为和事项；条约管辖权条款规定违反条约实体规定的行为和事项，即使同样的行为和事项可能导致违反合同。以投资合同为基础的合同请求权与条约请求并不具有相同的诉因。[3]在国家作为"公权力"履行合同时，对合同的违反也构成了对条约的违反，仲裁庭对基于违反条约的争端仍然有管辖权。当国家作为普通当事人时，合同管辖权条款完全起到了作用，仲裁庭就不再有管辖权了。[4]

---

〔1〕 Toto Costruzioni Generali S. p. A. v. The Republic of Lebanon, ICSID Case No. ARB/07/12, Decision on Jurisdiction, September 11, 2009, para. 206.

〔2〕 Toto Costruzioni Generali S. p. A. v. The Republic of Lebanon, ICSID Case No. ARB/07/12, Decision on Jurisdiction, September 11, 2009, para. 208, 209.

〔3〕 Toto Costruzioni Generali S. p. A. v. The Republic of Lebanon, ICSID Case No. ARB/07/12, Decision on Jurisdiction, September 11, 2009, para. 214.

〔4〕 Toto Costruzioni Generali S. p. A. v. The Republic of Lebanon, ICSID Case No. ARB/07/12, Decision on Jurisdiction, September 11, 2009, para. 215.

（二）岔路口条款与 ICSID 管辖权的扩张

岔路口条款与 MFN 条款、保护伞条款在设置的宗旨和目的上有所不同，后两者主要是从保护投资者利益角度出发，而岔路口条款则是为了防止不同投资争端解决方式之间的重叠以及由此而产生的裁决冲突。因此，仲裁庭对管辖权的扩张在 MFN 条款和保护伞条款上表现为尽可能扩充这两个条款的适用范围，减少对其适用条件的限制，而在岔路口条款上则表现为限制该条款的适用，从而否定投资者在国内司法机构提起的诉讼产生排除 ICSID 仲裁的效果。

具体而言，仲裁庭在裁决中是采用否定其受理的仲裁请求和国内法院所审理的争端具有同一性的方式来排除岔路口条款的适用，包括：①否定争端标的同一性，仲裁庭通过将国内诉讼审理的争端和 ICSID 受理的争端认定为不同事项，特别是当事方诉求不同来确定两者不具有同一性。②否定争端主体的同一性，即使争端标的具有同一性，仲裁庭仍可以通过认定国内诉讼的当事方和仲裁申请方并不一致来排除岔路口条款的适用，因为通常由投资者在该国设立的法人在东道国内提出诉讼，而由投资者自己向 ICSID 申请仲裁。③否定诉因的同一性，仲裁庭将在国内法院起诉的依据界定为违反合同的行为，而将 ICSID 仲裁请求的依据认定为违反 BIT 的行为。

对岔路口条款的排除适用明显带来了扩张管辖权的效果，与缔约国在签订条约时蕴含在该条款中的真实目的不符，使得岔路口条款的目的和功能落空：

第一，从岔路口条款的宗旨和目的角度分析，缔约国在 BIT 中写入岔路口条款，一方面给予了投资者以争端解决方式的选择权，另一方面又赋予这种选择以终局和不可逆的效果，实质上反映了缔约国平衡投资者和缔约国权益的价值追求，在给予投资者选择权的同时施加了一定的限制。但如果仲裁庭在裁决中对岔路口条款适用的审查方面附加过于严格的条件，则会导致岔路口条款形同虚设，在实践中使该条款丧失了利益平衡和指引裁决的基本功能。

第二，从排除岔路口条款的实际效果分析，缔约国在 BIT 中写入岔路口条款，也是为了预防可能出现的管辖权竞合并导致裁决结果冲突的情况，但对岔路口条款设置过严的条件，使得这种预防效果无从实现。如在前述 Alex Genin 等诉爱沙尼亚案中，ICSID 仲裁庭排除岔路口条款的适用，而裁决其具有对该案的管辖权，可能会出现两种冲突的裁决结果：①爱沙尼亚法院判决撤销 EIB 的银行许可证合法，ICSID 仲裁庭裁决爱沙尼亚因撤销银行许可证的行为向申请人赔偿，两种裁决产生无法消弭的不一致；②爱沙尼亚行政法庭判决恢复 EIB 的银行许可证，ICSID 仲裁庭裁决爱沙尼亚因许可证的撤销做出赔偿，由于两个程序的平行进行，仲裁庭做出赔偿裁决时无法援用和考虑行政法庭恢复银行许可的因素，使爱沙尼亚承担双重责任，且这两重责任相互存在矛盾。在类似情况下对岔路口条款的排除会造成国际投资争端解决机制的混乱。

第三，从法律关系的要件判断，由于国际投资的复杂性，以法律关系的主体、客体和内容完全一致作为投资争端同一性的标准在实践中会产生悖离。仲裁裁决通常以外在的形式审查来判断是否适用岔路口条款排除仲裁管辖权。但以主体为例，投资活动本身的复杂性造成投资主体通常具有复合性，即两个或两个以上的主体共同投资，或者是投资者通过设在东道国的子公司来具体实施投资。因此，以国内诉讼或者 ICSID 仲裁的当事方不一致的情况来排除岔路口条款，允许如母子公司之类关联投资的各方分别援用国内和国际两条投资救济途径会在争端解决的实质性问题上造成冲突，也即存在着国内法院和国际仲裁的裁决结果不一致，或者造成实际上不一致的效果的风险。

由此可见，ICSID 采用严格标准否定国内诉讼和 ICSID 仲裁解决的争端具有同一性，从而排除岔路口条款的适用是不符合缔约国真实意愿的，也给国际投资争端解决带来了问题。

第四节　条约解释方法与 ICSID 仲裁管辖权的扩张

通过前文的分析，我们可以发现 ICSID 管辖权扩张的规律，即仲裁庭裁决对管辖权的扩张主要是通过对 ICSID 公约中管辖权的要件以及各类 IIAs 中的相关约文的解释实现的。尽管在这两类规则之外，仲裁庭通常在管辖权裁决中还涉及需要对国内法、习惯国际法、其他双边或多边条约、一般法律原则以及特定裁决进行解释，但 ICSID 公约和 BITs 是最主要的解释对象。ICSID 仲裁庭在案件裁决中，多数都明确表示依照 VCLT 来进行解释，但其裁决结果的不一致性却提示了其解释规则与方法的选择的差异。

一、条约解释的理论和规则

（一）条约解释的不同学派

学理上，对条约解释的问题存在三个学派：①主观学派。这一学派认为条约解释是对条约缔结时缔约者共同意思的探究，因此对条约的解释不能拘泥于约文的字面含义。其精神内核来自古罗马著名政治家西塞罗的一句名言："在约定中，应当注意的是人们的意思，而不是语言。"〔1〕②客观学派（约文解释学派）。这一学派主张，条约的词语是缔约方意思的反映，应当通过解释条约的约文发现缔约者的真实意思。③目的论解释学派。该学派主张条约的解释应当充分符合条约的目的。与前两者不同的是，目的论解释解释虽然也探究缔约的目的，但此种目的只能由约文展现，因而此种解释是一种主客观相统一的方法，也可以说是主客观相互制约的方法。

在 ICSID 仲裁的审理中采用不同学派的观点进行解释可能会造成对当事方权利产生不同偏向的结果：①相对于客观学派和目的解释学派，采用主观学派的观点，仲裁庭的解释权的边界会更加模糊；②在缔结 BITs 时，资本输出国关注的是对投资者利益的保护，资本输入国则追求通过创造良好安全的投资环境来吸引投资者，因此采用目的解释学派的观点在实质上会造成对投资者利益的倾斜，东道国利益得不到充分的保障；③即使是采纳客观学派的观点，严格按约文意思进行解释，也会存在由于约文本身存在歧义及仲裁庭成员的立场不同，而得出不同的结果。

（二）条约解释的法律依据

VCLT 是 ICSID 仲裁裁决中最常用的条约解释依据。第 31 条规定了条约解释的原则和方法，第 32 条规定了条约解释的补充资料，第 33 条则是对两种以上文字认证的条约解释的规定。但是很少有裁决援引第 33 条来对条约进行解释，而且该条的适用并未对解决条约解释问题发挥作用。其原因可能是仲裁员来自不同国家或地区，作为个体或由其组成的仲裁庭能够熟练掌

---

〔1〕 转引自李浩培：《条约法概论》（第 2 版），法律出版社 2003 年版，第 339 页。

握多种语言，有助于仲裁庭对体现为多种语言版本的法律文书的理解。同时同一条约的不同作准或参考语言版本的比较有助于消除单一语言版本的不确定性或者歧义。[1]

根据 VCLT 第 31 条第 1 款规定，条约应就其用语按照上下文并参照其目的和宗旨所具有的通常意义，善意地予以解释。依该款之规定，条约解释在字面解释的基础上，应当遵循四项准则，即①善意解释，②条约当事国应当被推定采用约文的通常意义，③条约解释应当以其约文为基础，④条约解释应当以缔约的目的和宗旨为参考。这四项准则之间并无明确的次序要求，而且从条约用语来看，它们在解释中具有同等的地位。该条款提出条约解释的四个关键词，即上下文、目的和宗旨、通常意义、善意。从 VCLT 的用语，我们可以看出，其融合了三个学派的观点，其中上下文解释和通常意义的标准反映了客观学派的主张，目的和宗旨则反映了目的解释学派的主张，而"善意解释"虽然并不能解释为就是对主观学派观点的反映，但其至少可以为主观解释论者提供依据，或者说，它蕴涵了主观学派探究缔约者共同意思的要求。

VCLT 第 31 条第 2 款接着确定了"上下文"的内容，其应当包括：①连同序言及附件在内的约文；②全体当事国间因缔结条约所订立与条约有关的任何协定；③一个以上当事国因缔结条约所订并经其他当事国接受为条约有关文书之任何文书。第 31 条第 3 款规定在进行"上下文"解释时应当一并考虑的文件：①当事国嗣后所订关于条约之解释或其规定之适用之任何协定；②嗣后在条约适用方面确定各当事国对条约解释之协定

---

[1]　See Richard Gardiner, *Treaty Interpretation* (*paperback*), Oxford, Oxford University Press, 2010, pp. 353-354.

之任何惯例；③适用于当事人间关系的任何国际法规则。这两款的内容应当具有关联性。但该条也并未列明其中是否存有顺序关系。

VCLT 第 32 条是对第 31 条的补充，其规定为："为证实由于适用第 31 条所得之意义起见，或者遇依第 31 条作解释而：①意义仍属不明或难解；或②所获结果显属荒谬或不合理时，为确定其意义起见，得使用解释之补充资料，包括条约之准备工作以及缔结条约的情况在内。"

该条并未对何为补充解释资料做出具体规定，只是表明其包括条约的准备工作及缔结条约的情况，而且其对条约的准备工作也没有进行界定，因此在适用中会带来新的分歧。有学者认为准备材料包括连续的条约草案、会议记录、专家顾问在条约编纂会议上的解释性声明以及国际法委员会的评论等。[1]作为补充，第 32 条是在第 31 条的基础上进一步确认约文含义时或者在分析上下文后仍无法确定的解释结果时做出的弥补。

二、仲裁庭的条约解释方法

VCLT 是仲裁裁决中所陈述的进行条约解释的主要法律依据。在 Bureau Veritas, Inspection, Valuation, Assessment and Control, BIVAC B. V. 诉巴拉圭一案中，仲裁庭明确提出："在根据 ICSID 公约行使我们的权力时，我们必须解释公约和荷兰—巴拉圭 BIT 的条款。根据已有的实践，在执行这个任务时，我们应当遵循 1969 年 VCLT 第 31~33 条阐释的解释原则。这些条款现在被普遍认为反映了一般国际法。这些条款所阐释的原则指出

---

〔1〕 Anthony Aust, *The Handbook of International Law*, Cambridge, Cambridge University Press, 2005, p. 95.

了解释的平衡之道，即一条在由一部诸如荷兰—巴拉圭 BIT 所支配的双边投资条约之中，承认国家和投资者平等的法定权利的路径。"[1]

在 ICSID 审理的案件中，对条约解释多数都做出了类似的表达，即其解释是以 VCLT 为基础和依据的。然而在仲裁庭的实践与平衡国家和投资者的法律权利的目标之间存在着一定的差距，仲裁庭的裁决并不能完全实现其所声称的目的。这与条约本身用语的确定性不同有关系，也与仲裁员蕴涵于解释中的价值取向有关联，更与仲裁庭实际采取的解释方法有关，因此在考虑仲裁庭解释效果之前我们首先需要考虑其解释方法。

根据仲裁庭在裁决中的阐释，其所采用于条约解释的方法大体上包括文义解释、目的论解释、体系解释、历史解释。不管采用何种方式，仲裁庭均以 VCLT 的有关条款作为其合法性的依据，即在仲裁庭的解释中，均将其解释为符合 VCLT 所确定的逐项原则。但其实际的裁决内容和结果却明显地体现出无论采用何种方式，管辖权的范围最终取决于仲裁庭的选择。

（一）仲裁庭在解释的目的上采取了"争议导向"的立场

"争议导向"（dispute-oriented）与"法律导向"（legislator-oricnted）构成了一对概念。有研究表明 ICSID 仲裁庭在解决条约解释问题时是倾向于采用"争议导向"而非"法律导向"，即意图遵循基于普通法系的方法而非基于民法法系的方法。这种倾向表现为更多采用法律原则、案例法和国家的惯例，而采用上下文、目的与宗旨、准备工作、当事方就条约达成的协定以

---

[1] Bureau Veritas, Inspection, Valuation, Assessment and Control, BIVAC B. V. v. The Republic of Paraguay, ICSID Case No. ARB/07/9, Decision on Jurisdiction, May 29, 2009, para. 59.

及一般法律原则的仲裁庭则较少。[1]所谓普通法系方法是指仲裁庭的裁决缺乏法律规则上的"硬"约束，但与普通法系的法院不同，在包括 ICSID 在内的国际裁决中是不存在判例法的，既无规则限制也无判例约束的仲裁庭获得了最大的裁判自由。

仲裁庭多以争议导向作为选择解释方法的依据，这意味着在对条约进行解释时会根据争端的性质和内容采取不同的方法，而这些方法本身缺乏统一的法律标准，仲裁庭在何种情况下采取何种方法基本上取决于仲裁庭自己的裁量，其结果是"争议导向"非常容易滑向了"结果导向"，仲裁庭根据裁决结果来选择解释方法或者在采用同一方法时由于立场的变化而得出不同的结论。特别是由于 ICSID 在设立之时就是为了平衡之前投资者缺乏权利救济途径的状况，因此在缔约和运作中采取了更强调维护投资者权益的价值取向。在这种价值轨道上的裁决更容易偏向投资者，而导致管辖权扩张的结果。

（二）仲裁庭的解释脱离了文本的含义

仲裁庭在裁决书中的论证通常表现为采用目的解释和语义解释的方法来解决仲裁时存有分歧的条约约文。这种做法可以赋予裁决的合法性：一方面语义解释是寻求条约字面意义的解释方法，其结果往往被认为是最符合条约制定者意图的，因此这种方法的运用能够赋予裁决以最高的合法性；另一方面约文引言中对缔约目的的阐释也是约文的重要组成部分。

但是在实践中，仲裁庭通常是直接以条约目的解释产生分歧的约文，而对条约的目的简单地解释为"促进和保护投资"，

---

〔1〕 Ole Kristian Fauchald, "The Legal Reasoning of ICSID Tribunals—An Empirical Analysis", *European Journal of International Law* 19, 2008, p. 357.

忽视了 IIAs 目的和宗旨的多样化，特别是未能体现条约对公共利益的保护以及投资者和东道国权利平衡的目的和宗旨。因此在扩张管辖权时，仲裁庭的解释通常脱离了文本对仲裁解释的制约。或者说，仲裁庭以实际采用的主观解释方法替代了裁决中明白表示的语义解释和目的解释方法，仲裁庭宣称的解释方法与其实际采用的解释方法并不一致。换言之，ICSID 公约条款在管辖权要素规定方面的含糊性在一定程度上促进了仲裁庭对主观解释的偏好。[1]但更进一步，由于仲裁庭在探究缔约国主观意志时在一定程度上脱离了文本限制，因此这种主观解释的内容从根本上取决于仲裁庭的自由裁量。

（三）采用"上下文"解释条约的方式对于 BIT 的意义是有限的

就约文本身而言，由于约文内容的庞杂，各部分具有相对独立性，因此在管辖权问题所涉及的条款相互之间及其与条约中的其他条款之间，缺乏相互印证，难以在解释时形成相互支持的关系。其中"投资""投资者"是作为整个条约的基础概念而存在，通常其他约文的意思有赖于通过这两个概念来解释，而不是相反。

就条约间体系而言，在 IIA 的订立过程中，虽然缔约方的谈判往往持续一段较长的时间，但其谈判成果通常是孤立的双边条约，很少形成一个条约体系。即使嗣后针对条约解释或适用问题制定一些议定书，数量上也相对较少，通常对主条约的影响不大，而且议定书对主条约修改的合意非常明确，一般不会产生争议，因此如果约文产生重大歧义时，其通常也超出议定书范围，而难以通过议定书确定其含义。同时，在缔约过程中，

---

[1] 于文婕：《论"投资"定义缺失对 ICSID 仲裁管辖的影响——〈解决国家与他国国民间投资争端的公约〉第 25 条的正当解读》，载《学海》2013 年第 5 期。

缔约国的利益分歧较大，约文中存在的不明确的地方有些是缔约国为了促成条约的缔结，而有意规避的，所以准备文件在条约解释中的作用也相对有限。

从上下文解释的视角来看，ICSID 公约本身也存在着同样的情况。作为一个以程序性规则为主的公约，其多数条款规定的是一个在连续性程序中不同阶段的主题，因此条款之间的独立性比一般条约更强。而缔约国在缔约的过程中对难以确定的"投资"和"投资者"定义等问题，均采用了回避的方式，而期待缔约国在 BIT 中加以解决，但实践证明，在 ICSID 公约中未能解决的问题，在 BIT 中同样难以解决。因此，上下文对于解决 ICSID 公约的解释问题也难以发挥有效作用。

（四）VCLT 条约解释规则在 ICSID 仲裁解释中的作用

VCLT 第 31、32、33 条的内容为条约解释提供了国际法上的依据。大多数裁决书中都会将 VCLT 作为进行条约解释的依据，他们或者认为 VCLT 的条约解释规则是"习惯国际法"而直接适用，或者认为作为涉案的当事国是 VCLT 缔约国，应当遵守条约规定。但实际中，也不乏仲裁庭不适用 VCLT 的解释规则，或者在不同案件中的适用带来了不同的裁决结果。[1] 这表明仲裁庭形式上对 VCLT 的接受并没有对其裁决产生充分的影响，其原因包括：一方面，VCLT 和 ICSID 公约的缔约国并不完全相同，即使同为两条约缔约国，这种解释也难以落实，因为 VCLT 直接约束缔约国，而 ICSID 仲裁员是作为机构的成员裁决案件，因此 VCLT 对仲裁员并没有直接的条约拘束力。另一方面，两条约生效时间不同。ICSID 公约于 1965 年生效，而 VCLT

---

〔1〕 张乃根：《条约解释的国际法》（上），上海人民出版社 2019 年版，第 38 页。

则在 1980 年生效，根据条约不溯及既往的原则，VCLT 不适用于
ICSID 公约，也就不能约束依据后者所成立的仲裁庭。所以，
VCLT 对 ICSID 仲裁中的条约解释主要起到指导作用，仲裁员对
VCLT 的援引并非基于 VCLT 的拘束力，而是出于支持裁决合法性
的需要，由此导致仲裁庭解释方法的表述与其实质内容的差异。

三、条约解释与管辖权扩张

无论 ICSID 公约、BITs 和其他 IIAs 对管辖权是如何规定的，
最终某一争端是否属于 ICSID 仲裁管辖权范围还是要交由仲裁
庭裁决决定的。因此，厘清仲裁庭在相关案件裁决理由中的逻
辑进路是解释管辖权扩张的"钥匙"，换言之，管辖权扩张从本
质来讲上是一种解释学现象。正是在这个意义上，有学者将对
MFN 条款的扩张称为仲裁庭"自由扩张的产物"，并认为"国
家在条约中写入条款时无意为之"。[1]

解释的逻辑进路为管辖权扩张提供了基础。从法解释学的
角度来看，任何裁判都需要法官对其据以做出裁判的法律条文
做出解释，在 ICSID 仲裁进行中，裁决同样需要仲裁员对 ICSID
公约和 IIA 的约文进行解释。因为，无论约文的内容是否明确，
都存在两个方面的解释理由：①裁决是将条约约文所表述的规
范适用于案件事实的过程，需要通过解释在约文与事实间搭建
链接的桥梁，即通过解释将案件事实涵摄于约文描述的要件之
下。因此，在仲裁过程中，约文和案件事实都是解释的客体或
对象，同时约文的意义经过与案件事实的相互映照会产生一定
的变化。②约文含义的精确性本身是相对的。在存有漏洞的约

---

[1] M. Sornarajah, *The International Law on Foreign Investment*, New York, Cambridge Univerty Press, 2010, p. 322.

文和严密精确的约文之间存在着广阔的边缘地带，德国学者卡尔·拉伦茨的观点尽管直接针对民法，但在国际法领域也具有相当普遍的意义："法律经常利用的日常用语与数理逻辑及科学性语言不同，它并不是外延明确的概念，毋宁是多少具有弹性的表达方式，后者的可能意义在一定的波段宽度之间摇摆不定，端视当时的情况、指涉的事物、言说的脉络，在句中的位置以及用语的强调，而可能有不同的意涵。即使较为明确的概念，仍然经常包含本身欠缺明确界限的要素。"[1]

因此，无论约文是否清楚、明白和具体，都需要面对仲裁庭的解释，而仲裁庭在解释约文时，面对的解释要素不仅包括约文背后隐藏的缔约国意思，还包括时代背景和具体案情对条约约文的影响。受其影响的除了实体条款，当然也包括管辖权条款。

在上述逻辑进路的背景下，仲裁庭解释时所带有的主观预设则使管辖权扩张成为一种必然。管辖权的解释更符合多数 ICSID 仲裁庭对解释的目的的认识。大多数 IIA 对其目的和宗旨的表述包括投资者利益的保护和促进国家经济交往，正如仲裁庭提出，一个平衡的解释需要考虑下列要素："缔约国的主权及其为经济活动的发展创造适宜的和进化的框架的责任，以及保护外资及其持续流动的必要性。"[2]

在这一表述中，缔约国的主权和外资保护置于其上的天平明显偏向于后者，ICSID 仲裁庭的解释往往是将缔约国的主权视

---

〔1〕〔德〕卡尔·拉伦茨：《法学方法论》，陈爱娥译，商务印书馆 2003 年版，第 193 页。

〔2〕 Bureau Veritas, Inspection, Valuation, Assessment and Control, BIVAC B. V. v. The Republic of Paraguay, ICSID Case No. ARB/07/9, Decision of the Tribunal on Objections to Jurisdiction, 29 May 2009, para. 59.

为其承担责任的基础，而对外资则以保护其持续经营为主。所以扩张管辖权的裁决将外资纳入 ICSID 仲裁的范畴，从而扩充其救济路径，更符合保护投资的目的。

　　仲裁庭之所以会将投资保护置于缔约国主权之上，是有一个相对复杂的系统运作的过程，其中既有时代背景及其所推动的社会思潮的影响，也有条约结构及其规范体系特性的反应，同时也是仲裁员在制度运作中的价值取向和利益驱动的体现。

第三章
ICSID 仲裁管辖权扩张的动因

从成立后前三十多年受案数不过 35 起，年均受案不到一起，到 1997 年后的每年受案数均在两位数以上，再到 21 世纪的迅速增长，表明了国家对 ICSID 仲裁程序的从最初的怀疑、抗拒到接受的转变，国家态度的这种转变反映了 20 世纪末期国际投资自由化加速发展的时代特征，以及在这种背景下各国所采纳的主流政治经济理论的变化。同时，国际投资自由化的时代背景转换及其理论发展，以及国家的主观意愿变化，会体现为各类 IIA（首先是 BIT）的条款，而最终又为具体裁断案件的仲裁员所接受，从而导致从一般的条约规范到具体的个案裁断中获得了 ICSID 仲裁管辖权扩张的驱动力。因此理解 ICSID 管辖权的扩张的动力就需要从宏观、中观和微观三个角度进行全面分析。正如前文所述，ICSID 扩张的路径是仲裁员在个案中对管辖权的要素采取了扩张性的解释。从宏观角度来看，ICSID 管辖权扩张的时代背景是国际投资自由化及其推动的新自由主义为各国及仲裁员所接受；从中观角度来看，ICSID 扩张的动因在于 ICSID 机制及 BIT 条款具有扩张的制度倾向；而从微观角度来看，仲裁员采用这种解释的动因在于管辖权扩张有利于 ICSID 仲裁机制及仲裁员的利益。

第一节 时代背景：国际投资法律自由化

ICSID 仲裁管辖权的扩张在 20 世纪 90 年代中期之后逐步成为人们关注的焦点问题，并不是偶然的现象，而是有其深刻的时代背景。ICSID 的出现是二战以来的经济全球化所带来的国际投资发展的结果。国际投资自由化从两个角度对 ICSID 仲裁产生了影响：一是国际投资自由化造成了各国资本结构的变化，这是 ICSID 仲裁得以存在和发展的经济基础；二是国际投资自由化与新自由主义思潮相互助力，后者体现在各类国际条约规范及其实践中，并通过 ICSID 仲裁裁决得以实现。无论从哪个角度出发，都会影响到 ICSID 仲裁庭的裁决思路，从而在很大程度上促使其做出扩张管辖权的裁决。

一、国际投资自由化的内涵及其表现形式

20 世纪中后期，伴随着交通运输和通信信息技术的革命性发展，经济全球化得到加速发展，商品、资本和技术等生产要素在全球范围内的流动越来越便捷，而国际投资自由化是国际经济全球化在投资领域的具体体现，各国通过国内政策、国内立法、缔结双边或者多边投资条约的方式来减少或者打破外资进入的障碍、为投资的跨境流动提供便利、为投资者提供保护并给了境外资本流入本国更多的服务。[1]国际投资自由化将会

---

〔1〕 关于国际投资自由化，是整体的国际经济自由化的一个组成部分，而作为国际投资自由化的内核的国际投资法律便利化是国际经济法律自由化的一个表现。关于国际投资自由化的发展趋势，可参见刘志云：《国际经济法律自由化原理研究》(增订版)，法律出版社 2015 年版，第 220~235 页。

推动法律层面的统一化,一方面是各国涉外投资法律的趋同与协调,另一方面是通过条约和国际习惯建立统一的国际法律秩序。

国际投资自由化的发展经历了一个曲折的过程。在二战后相当长的一段时间内,限制外国投资的思想在国际社会为越来越多的国家接受,这是源于战后特殊的历史时代背景所带来的新的社会思潮的发展,具体而言,即民族主义和社会主义思想在国际上的传播。[1]

一方面,虽然发展中国家对发展道路的选择各有不同,但整体上出于对西方强国经济压迫的警惕和对独立地位的珍视,以及为了摆脱落后和受剥削的状态,大多数国家重视保护经济领域的主权,选择了民族主义的发展模式。这种发展模式强调国家干预或计划,主张通过建立国有企业的方式来促进民族经济的发展,实行进口替代政策,限制外国资本的进入,即使在允许外资进入的领域,也不断加强东道国对境内的外国资本和跨国公司的法律管制,在程序上主张东道国对其与投资者之间的纠纷拥有绝对的管辖权,要求投资者采用东道国救济方式,反对外国和国际机构介入投资者—东道国争端。拉丁美洲地区是实行这种政策的典型代表,并产生了以维护东道国救济为内容的"卡尔沃原则"。

另一方面,社会主义政权在亚洲和东欧的多个国家以及拉美的古巴建立,这些国家缺乏执政和建设经验,普遍接受了苏联式的以公有制为基础的中央计划经济为主的经济发展模式。这种模式从所有制角度将外资视为资本主义的象征而对其加以

---

〔1〕 See Kenneth J. Vandevelde, "Of Politics and Markets: The Shifting Ideology of the BITs", *International Tax & Business Lawyer* 11, 1993, pp. 159-186.

排斥或严格限制。从资源配置的方式上看，计划经济排斥市场作为资源配置的基础作用，在市场被视为禁区的情况下，资本市场和外资准入更无从谈起。同时由于东西方的长期对峙，西方跨国公司也很少在这些国家进行投资，即便有少量西方资本流入这些国家，也是在特定的历史时期或是在特定的发展需求下由政府做出特殊安排而进行的。在社会主义国家相互之间，资本的流动主要以国际援助的方式出现，表现为政府间无息或低息贷款以及无偿援助的形式。

民族主义和社会主义两种运动之间虽然存在着政治制度和意识形态的不同与对立，但两者在经济发展模式上存在着一定的共同点：在国内经济体制与经济管理方式上，都强调国家干预的作用，并从不同程度上排斥市场的作用；在国际经济交往特别是国际投资领域上，都重视维护国家主权，限制外国资本的进入，并对准入的领域实施严格的管控。在 20 世纪六七十年代，民族主义和社会主义运动发展到了一个高潮，汇流为在国际社会建设国际经济新秩序（New International Economic Order，NIEO）的运动，表现为联合国大会通过了《关于自然资源永久主权的宣言》和《建立国际经济新秩序的宣言》及其计划，这些文件主要凸显了各国维护经济主权的要求，虽然这些文件作为国际组织决议不具有直接的法律拘束力，但其反映了这一时期国际投资法的发展趋势，同时也对其产生了深远的影响。

二战后的民族主义和社会主义运动在国际投资法方面的主张和影响具体表现为：①国际投资条约发展缓慢。各国认为外资进入东道国就应当接受东道国法律的规制，而国际投资条约将会对东道国管制外资的权力产生制约，因此对投资条约的制定并不积极。②外资准入门槛高。这些国家对外资的进入设立了较高的条件，一方面直接对较广泛的投资范围和领域做出限制性或者禁止性规定，外资在东道国不能投资于这些领域，另一方面对外资的进入设立了较为烦琐的审批和许可程序。③外资待遇和保护标准较低。各国强调东道国基于主权对外资的管辖权，外资进入东道国就应当根据东道国法律确定其权利，同时由于跨国公司不是与东道国平等的法律关系主体，对外资的保护除了借助东道国的国内司法程序外只能求助于投资者母国的外交保护，而拉美国家则更主张通过卡尔沃条款排除投资者母国的外交保护。

国际投资自由化是在民族主义运动和社会主义运动遭遇挫折和瓶颈的 20 世纪 80 年代开始的，其得到了各国的接受从而在全球迅速扩散其影响。发展中国家在经济发展迟滞的状况下开始接纳资本的流入，社会主义国家在面对计划经济弊端的显现时也选择了市场化的改革方向，两者都实施了对外开放的政策，都鼓励外国投资者作为市场主体进入国内。

虽然在全球性综合型国际投资条约方面，国际社会未能取得进展，但这一时期国际社会还是表现出了对达成此类投资协定的期望和努力。其中最具代表性的是 OECD 在 1995 年至 1998 年间启动的《多边投资协定》（Multilateral Agreement of Investment，MAI）谈判。虽然这些努力并未取得预期的成果，但仍然反映了这一时期国际社会对在多边国际投资条约领域取得成功的普遍信念。而这种主流观念又有利于将既有的投资保护内容规定为多边规则。[1]

与此同时，WTO 虽在制定综合性投资条约方面未取得进展，

---

〔1〕 M. Sornarrajah, *Resistance and Change in the International Law on Foreign Investment*, Cambridge, Cambridge University Press, 2015, p. 4.

但在与贸易有关的投资问题上取得了突破，制定了《与贸易有关的投资措施协定》（Agreement on Trade-related Investment Measures，TRIMs），限制东道国对外资提出当地成分和出口业绩要求，同时在《服务贸易总协定》（General Agreement on Trade in Service，GATS）中涉及服务业的跨境投资问题，将最惠国待遇作为一般原则、国民待遇作为具体承诺确定下来。然而，WTO的努力仍然是在贸易范围内，即其规制的主要是与货物或服务贸易有关的投资问题，并没有涉及外资保护等更广泛领域的问题。

世界银行同样在国际投资领域付出很大的努力，特别是其试图为跨国投资的实体待遇制定一定的规则。1992 年《外国直接投资待遇指南》是世界银行所通过的一份重要文件，这份文件对外资准入、待遇标准、征收的限制及补偿、单方变更或终止合同以及争端解决等问题作了规定。但这份文件的宗旨和目的是为各国在国内立法以及双边或多边条约中的外资待遇提供指引，其本身作为国际组织所制定的文件，并不具有法律上的效力，或者说只能起到示范法的效应。

20 世纪 90 年代国际社会在多边投资条约方面的努力虽然并未取得直接的效果，国际社会仍然缺乏一个综合性的国际投资协议。但这些国际组织的努力不仅反映了各国以及这些国际组织对达成一项全球性的投资条约抱有信心和希望，而且还对各国参与制定 IIAs，特别是在 BITs 的谈判和缔约上起到了推动作用，助推国际投资自由化潮流的形成和拓展。在制度层面，国际投资自由化体现在多个方面：

首先，IIAs 的数量不断增多，到 2017 年底，已经达到 3322

份，其中包括 2946 份 BITs 和 376 份 TIPs。[1]在这些 IIAs 中，来自解体后的苏联和东欧国家以及非洲拉美发展中国家占了相当大的份额，这些条约大部分是在 1990 年代之后签订的。[2]由于对外资的渴求以及认为包含外资保护的 IIAs 能够吸引更多的外资进入，由苏联解体而新出现的国家积极与他国缔结 IIAs，包括 BITs 和 TIPs。与此同时，致力于融入全球市场促进本国经济发展的发展中国家也开始转变原来的封闭国内市场的态度，转而放弃原来所采取的对外资不友好的态度，特别是拉美国家开始放弃本地化要求。

其次，从内容上看，在国际投资自由化的推动下，无论在 IIAs 层面还是在国内法层面，都出现了投资法制的趋同化趋势：①开放外资准入领域：对于原先禁止外资进入的领域，逐步放宽外资进入的地区和产业，包括采用负面清单等形式在投资准入阶段给予外资国民待遇；②提高外资待遇标准：对进入国内市场的外资和外国投资者，赋予其国民待遇、最惠国待遇和公平公正待遇，赋予其在雇员、经营和汇兑方面的自主权；③降低外资要求：不再对外资设立诸如本地化要求和出口业绩进行要求。

最后，以投资仲裁为基本内容的投资争端条款被广泛接受。缔约国在缔结 BITs 时除了给予投资者以广泛的实体权利外，还赋予其多元化的权利救济方式。BITs 中的投资争端解决条款通常采用选择性的方式，当事人可以选择在东道国国内提起诉讼、ICSID 仲裁或者特设仲裁中选择一种方式来解决其与东道国之间

---

〔1〕 UNCTAD：World Investment Report（Geneva, 2014），p. 88.

〔2〕 数据来源于 UNCTAD 网站的统计，载 https://investmentpolicyhubold. unctad. org/IIA，最后访问日期：2019 年 8 月 10 日。

的纠纷。缔约国不再坚持严格要求用尽当地救济，特别是拉美国家放弃了卡尔沃主义的做法。通过条约中的争端解决条款，投资争端解决机制由以合同为基础转变为以条约为基础，也确立了国际投资仲裁作为无默契仲裁的特性。

二、新自由主义思潮的勃兴对国际投资自由化的推动

作为国际投资自由化的主要思想渊源，新自由主义（Neoliberalism）思想产生于 20 世纪 70 年代，其理论上的代表人物主要是奥地利学派的米塞斯、伦敦学派的哈耶克、芝加哥学派的弗里德曼、布坎南和科斯，通过 20 世纪 80 年代里根和撒切尔执政期间的一系列政策，如国有企业私有化、控制货币和削减福利等措施在实践中得到推行，而在国际法领域新自由主义政策则要到 20 世纪 90 年代以后才得以为各国所广泛接受，其现实的原因大致在于以下两个方面：一是国家管制经济的发展模式受挫。1991 年冷战正式结束，其标志是苏联解体和东欧体制剧变，以美国为首的西方阵营获得了胜利，各国的政策制定者和学者们多数将这一结果归因于两大阵营采取了不同的经济政策，认为苏联和东欧国家长期采取中央高度集中统一的计划经济体制，导致了经济丧失活力、对外封闭和发展缓慢。大约在同一历史时期，拉美国家爆发了债务危机，又使国家高度管控外资和采取进口替代政策的民族主义发展路径遭遇挫折。这两种经济政策所面临的境遇促使 一部分国家对其经济发展道路进行了反思。二是采用市场经济的新兴工业国家和地区的经济高速发展。拉丁美洲的智利、亚洲"四小龙"国家和地区在采用了市场化的经济政策后，都在 20 世纪 70 年代至 80 年代迎来了一轮高速发展的时期。其成功经验被归结为对内采用了市场化的发

展路径并对私人财产提供充分的保护，对外积极引入外国资本并采取出口导向型的经济发展战略。而这两者恰与新自由主义所主张的市场化、私有化和自由化路径相契合。

两种模式在经济发展上的不同表现促使越来越多的国家尝试选择市场化的经济发展道路，接受新自由主义的理论。20 世纪 90 年中后期墨西哥和亚洲爆发了金融危机，陷入危机的国家向 IMF 提出了借款的请求，而 IMF 则把借款国接受它所涉及的以自由市场为核心的改革措施作为贷款的前提条件，这一举措进一步拓展了新自由主义在发展中国家的空间。[1]

新自由主义是在以传统自由主义的思想作为基础，在与凯恩斯主义的论战中发展起来的，因此其主张与凯恩斯主义的国家干预立场针锋相对。新自由主义是一个复杂的思想体系，持此论者之间也有不同的观点，各有侧重，形成了不同的学派。但总体而言，这一思潮在国家与市场关系方面提出了三重主张：①个人责任是自生自发市场秩序产生和运作的基础。自由市场的基本主体是企业和个人，因此市场中的行为选择应当交给企业和个人去做，同时由决策者承担起选择失败的责任。②国家对市场的干预必须限制在最小化的范围内。虽然新自由主义并不完全摒弃政府行为，因为"一个功效显著的市场经济，乃是以国家采取某些行动为前提的"。但他们同时主张"对于那些与自由制度赖以为基础的原则相冲突的政府行动，必须加以完全排除，否

---

〔1〕 实际上，早自 20 世纪 80 年代初，IMF 和 WBG 就开始通过将反映"新自由主义"理念的改革措施作为向发展中国家贷款的条件的做法来推行"新自由主义"，这类改革措施被称为"结构调整计划"（the Structural Adjustment Programmers，以下简称"SAPs"），但直到 20 世纪 90 年代，由于大规模金融危机的频发，SAPs 的效果才得以凸显。

则自由制度将无从运行"〔1〕。③法治是确定国家与市场关系的基本方式。"法治为我们区别那些符合自由制度的措施与不符合自由制度的措施提供了一个评断标准。"〔2〕在法治的框架下，政府和企业的行为有清晰的界定，政府调控市场的行为受到法律和司法程序的约束。企业通过法律途径获得了对政府行为造成的损害的救济方式。当市场主体对政府的宏观调控或者管理行为持有异议时，可以向司法机关提起诉讼。

在国际社会日益扩大的影响力下，新自由主义理论推动了 ICSID 仲裁制度的发展。原先实施计划经济或民主主义经济政策的国家一旦接受了新自由主义的理论，其在实践上会产生非常大的变化：

第一，从主张国家对外资的绝对管制转向对投资者权利的充分保护。在二战后相当长的时期里，苏联东欧国家采取了高度集中统一的计划经济模式，主张企业国有，所有的经济活动都由政府计划部门安排。而在更广大的发展中国家中特别是拉美国家，则为了摆脱经济上对发达国家的依赖采取了一系列民族主义的经济政策〔3〕，强调国家对经济的干预。其在对待外资问题上，强化国家对外资的管制，严格限制外资的进入并采取国有化的措施，在国有化的过程中反对采用"赫尔公式"进行赔偿。而从 20 世纪 90 年代开始，这些国家大都开始接

〔1〕　[英] 弗里德利希·冯·哈耶克：《自由秩序原理》（上），邓正来译，生活·读书·新知三联书店 1997 年版，第 281 页。

〔2〕　[英] 弗里德利希·冯·哈耶克：《自由秩序原理》（上），邓正来译，生活·读书·新知三联书店 1997 年版，第 281 页。

〔3〕　这些政策的理论基础虽然并不统一，有"发展主义""依附理论""不平等交换理论"等，但其采用的政策则大体相同。关于二战后至 20 世纪 80 年代以前发展中国家的主流经济学理论和流派，可参见刘志云：《国际经济法律自由化原理研究》（增订版），法律出版社 2015 年版，第 28~35 页。

受新自由主义的理论改造其国内经济政策和经济格局，加速放开市场，同时为了吸引外资进入，加大对外国投资者的保护力度。

新自由主义的一个重要表现是 BITs 的数量激增和内容的变化。在新自由主义思想的指导下，各国致力于引进外资，消减外资准入的壁垒，给予外资提供非歧视的国民待遇和最惠国待遇，在一些对资本需求较为迫切的国家，甚至采用超国民待遇以吸引外国投资者，并对外资给予充分的保护。在新签订的 IIAs 中，投资者的权利被置于优先的地位，成为其核心任务，而公共利益则未能在条约中得到同等的重视。[1]

第二，从国内法的救济方式转向国际争端解决机构的救济。受卡尔沃主义的影响以及为捍卫国家主权和利益，社会主义阵营各国和以拉美为代表的发展中国家普遍坚持"当地救济"原则，即要求投资者在与东道国发生争端时，只能采用东道国国内救济的方式。在法治的范畴里，国际争端解决机构获得了普遍的接受。

20 世纪 90 年代，随着苏东剧变和拉美转型，新自由主义被各国普遍接受，在放宽对外资限制的同时，也全面接受了国际投资争端的国际解决方式，具有代表性意义的现象是在冷战结束后的 20 世纪 90 年代（1991—2000 年），十年间有 48 个国家签署了 ICSID 公约，是自 60 年代以来公约签署国最多的一个时期。这一时期签署公约的国家中，包括来自苏东阵营的 23 个国

---

[1] 张庆麟主编：《公共利益视野下的国际投资协定新发展》，中国社会科学出版社 2014 年版，第 17 页。

家和来自拉美的 12 个国家〔1〕，另外 13 国中除西班牙外，也均为亚洲、非洲和大洋洲的发展中国家。（见表 3-1）

表 3-1 20 世纪 90 年代（1991—2000 年）签署 ICSID 公约的国家

归属阵营 或区域	国家	签约时间	批准时间	生效时间
苏东阵营	蒙古国	1991 年 6 月 14 日	1991 年 6 月 14 日	1991 年 7 月 14 日
	阿尔巴尼亚	1991 年 10 月 15 日	1991 年 10 月 15 日	1991 年 11 月 14 日
	吉尔吉斯 斯坦	1995 年 6 月 9 日	2022 年 4 月 21 日	2022 年 5 月 21 日
	俄罗斯联邦	1992 年 6 月 16 日		
	爱沙尼亚	1992 年 6 月 23 日	1992 年 6 月 23 日	1992 年 7 月 23 日
	立陶宛	1992 年 7 月 6 日	1992 年 7 月 6 日	1992 年 8 月 5 日
	白俄罗斯	1992 年 7 月 10 日	1992 年 7 月 10 日	1992 年 8 月 9 日
	哈萨克斯坦	1992 年 7 月 23 日	2000 年 9 月 21 日	2000 年 10 月 21 日
	格鲁吉亚	1992 年 8 月 7 日	1992 年 8 月 7 日	1992 年 9 月 6 日
	摩尔多瓦	1992 年 8 月 12 日	2011 年 5 月 5 日	2011 年 6 月 4 日
	亚美尼亚	1992 年 9 月 16 日	1992 年 9 月 16 日	1992 年 10 月 16 日
	阿塞拜疆	1992 年 9 月 18 日	1992 年 9 月 18 日	1992 年 10 月 18 日
	土库曼斯坦	1992 年 9 月 26 日	1992 年 9 月 26 日	1992 年 10 月 26 日
	捷克	1993 年 3 月 23 日	1993 年 3 月 23 日	1993 年 4 月 22 日
	斯洛伐克	1993 年 9 月 27 日	1994 年 5 月 27 日	1994 年 6 月 26 日
	斯洛文尼亚	1994 年 3 月 7 日	1994 年 3 月 7 日	1994 年 4 月 6 日
	乌兹别克 斯坦	1994 年 3 月 7 日	1995 年 7 月 26 日	1995 年 8 月 25 日

---

〔1〕 苏东阵营的 23 个国家，包括从苏联解体独立产生的 14 个国家（塔吉克斯坦除外），东欧的 8 个国家（含从南斯拉夫解体独立的 6 个国家中的 4 个国家）和东亚的蒙古国。截至 2024 年 1 月，在这 48 个签署公约的国家中，俄罗斯联邦、多米尼加共和国、几内亚比绍和纳米比亚没有交存批准书，尚未成为 ICSID 公约正式成员方。

续表

归属阵营或区域	国家	签约时间	批准时间	生效时间
	波黑	1997 年 4 月 25 日	1997 年 5 月 14 日	1997 年 6 月 3 日
	克罗地亚	1997 年 6 月 16 日	1998 年 9 月 22 日	1998 年 10 月 22 日
	拉脱维亚	1997 年 8 月 8 日	1997 年 8 月 8 日	1997 年 9 月 7 日
	乌克兰	1998 年 4 月 3 日	2000 年 6 月 7 日	2000 年 7 月 7 日
	前南斯拉夫马其顿共和国	1998 年 9 月 16 日	1998 年 10 月 27 日	1998 年 11 月 26 日
	保加利亚	2000 年 3 月 21 日	2001 年 4 月 13 日	2001 年 5 月 13 日
拉美国家	智利	1991 年 1 月 25 日	1991 年 9 月 24 日	1991 年 10 月 24 日
	阿根廷	1991 年 5 月 21 日	1994 年 10 月 19 日	1994 年 11 月 8 日
	格林纳达	1991 年 5 月 24 日	1991 年 5 月 24 日	1991 年 6 月 23 日
	秘鲁	1991 年 9 月 4 日	1993 年 8 月 9 日	1993 年 9 月 8 日
	乌拉圭	1992 年 5 月 28 日	2000 年 8 月 9 日	2000 年 9 月 8 日
	哥伦比亚	1993 年 5 月 18 日	1997 年 7 月 15 日	1997 年 8 月 14 日
	尼加拉瓜	1994 年 2 月 4 日	1995 年 3 月 20 日	1995 年 4 月 19 日
	圣基茨和尼维斯	1994 年 4 月 14 日	1995 年 8 月 4 日	1995 年 9 月 3 日
	巴哈马	1995 年 10 月 19 日	1996 年 2 月 14 日	1996 年 3 月 15 日
	危地马拉	1995 年 11 月 9 日	2003 年 1 月 21 日	2003 年 2 月 20 日
	巴拿马	1995 年 11 月 22 日	1996 年 4 月 8 日	1996 年 5 月 8 日
	多米尼加共和国	2000 年 3 月 20 日		
其他国家	津巴布韦	1991 年 3 月 25 日	1994 年 5 月 20 日	1994 年 6 月 19 日
	几内亚比绍	1991 年 9 月 4 日		
	坦桑尼亚	1992 年 1 月 10 日	1992 年 5 月 18 日	1992 年 6 月 17 日
	密克罗尼西亚联邦	1993 年 6 月 24 日	1993 年 6 月 24 日	1993 年 7 月 24 日

续表

归属阵营 或区域	国家	签约时间	批准时间	生效时间
其他国家	柬埔寨	1993 年 11 月 5 日	2004 年 12 月 20 日	2005 年 1 月 19 日
	西班牙	1994 年 5 月 21 日	1994 年 8 月 18 日	1994 年 9 月 17 日
	莫桑比克	1995 年 4 月 4 日	1995 年 7 月 7 日	1995 年 7 月 7 日
	阿尔及利亚	1995 年 4 月 17 日	1996 年 2 月 21 日	1996 年 3 月 22 日
	阿曼	1995 年 5 月 5 日	1995 年 7 月 24 日	1995 年 8 月 23 日
	巴林	1995 年 9 月 22 日	1996 年 2 月 14 日	1996 年 3 月 15 日
	也门	1997 年 10 月 28 日	2004 年 10 月 21 日	2004 年 11 月 20 日
	纳米比亚	1998 年 10 月 26 日		
	圣多美和 普林西比	1999 年 10 月 1 日	2013 年 5 月 20 日	2013 年 6 月 19 日

第三，从契约仲裁转向条约仲裁。由于各国对 ICSID 争端解决方式的接受，BITs 的内容也进行了调整。以前的 BIT（"旧式 BIT"）关于缔约国的投资者与东道国之间的争端通常规定是：①采用国内救济措施，主要是通过诉讼方式解决；②采用替代争议解决（Alternative Dispute Resolution，ADR）方式，其中包括协商、特设仲裁或者国际商事仲裁机构仲裁等方式。在旧式 BIT 中，投资者与东道国之间的投资争端多采用专设仲裁庭的方式，仲裁方式往往需要投资者与国家之间达成仲裁协议，这种仲裁协议可以体现为投资合同中的仲裁条款，也可以体现在单独签订的仲裁协议中，而且仲裁庭的组成、仲裁的程序规则都是由争端双方选择。因此，传统国际投资仲裁的基础是投资者和国家之间的契约。

在成为 ICSID 缔约方之后，各国选择在 ISDS 条款中采纳 IC-SID 仲裁方式，成为新式 BIT 重要内容，缔约方在 BIT 中对投资者和东道国之间的争端采用 ICSID 仲裁方式解决的同意取代了投资者与东道国在投资协议中达成的合意作为 ICSID 仲裁的基础。从 20 世纪 90 年代开始，投资条约成为 ICSID 仲裁的主要法律依据。自 ICSID 成立到 1992 年之前，只有一起案件是根据 BIT 受理的，即亚洲农产品有限公司诉斯里兰卡民主共和国案。[1] 但从 1993 年开始，ICSID 每年均会受理以 BIT 为基础的案件，并且在 1997 年后在数量出现激增，以投资条约为根据受理的案件已经成为 ICSID 受理数量最大的一类案件。同时，在其他的国际条约中也列入了选择仲裁的条款，其中最主要的是 FTA 和 ECT，表现为 ICSID 依据 FTA 和 ECT 受理的案件数量在进入 21 世纪后有了明显的增加。ICSID 受理的仲裁案件绝大多数是投资条约仲裁案件。

表 3-2　ICSID 受案根据

		1965—1990 年	1991—2000 年	2001—2010 年	2011—2017 年	总计
条约	BIT	1	21	99	215	336
	FTA	0	8	13	23	44
	ECT	0	0	12	47	59
	其他	0	0	1	1	2
合同		23	14	35	32	104
国内法		3	1	17	28	49
合计		27	44	177	346	594

说明：

（1）本表以 ICSID 登记为准，截至 2017 年 12 月 31 日。

---

［1］ Asian Agricultural Products Limited vs. Democratic Socialist Republic of Sri Lanka, ICSID Case No. ARB/87/3, Final Award, June 27, 1990.

（2）条约依据子项下，"其他"是指其他条约，不包括未列明的依据。

（3）同一案件可能有多个受理依据，因此其合计数量与案件受理数并不一致。

三、国际投资自由化及新自由主义思潮对 ICSID 管辖权裁决的影响

国际投资自由化所带来的国际资本加速流动和新自由主义思潮的迅速传播，这一变化对 ICSID 仲裁起到了积极的推动作用。新自由主义思潮在各国被接受并推动了国际投资法律自由化进程，这一趋势也体现在 ICSID 的管辖权裁决中。

新自由主义在管辖权领域的影响主要体现在以下方面：

第一，新自由主义思潮对国际投资仲裁体制产生影响。新自由主义主张市场对经济的自由调节，反对政府过度干预市场。在国际投资层面，新自由主义及其对国际投资自由化的推波助澜使得裁决更多地体现了对投资者的保护。ICSID 仲裁条款被大量 IIAs 接受，为投资者将争端提交 ICSID 仲裁提供了法律依据，同时也为 ICSID 管辖权的扩张埋下了制度上的伏笔。

第二，BIT 条款被赋予了基于新自由主义解释的内涵。BIT 是各国接受和吸收新自由主义的载体，在这种思潮的影响下，BIT 条款也被改造为促进和保护投资为主要目的和宗旨。在管辖权领域，仲裁庭的解释也体现了这一思潮的影响，即通过目的解释将"投资者保护"作为 BIT 首要的甚至是唯一的目的。受到新自由主义思潮影响的仲裁员往往容易忽视国家的利益，较少考虑管辖权扩张可能蕴藏的侵蚀国家外资管制权的风险。

第三，新自由主义注重程序正义的价值更加凸显了管辖权问题的重要性。新自由主义坚持过程化的市场竞争，从而促进

资源分配和提高财富生产的高效率，因此注重竞争过程的公平性而非财富分配结果的平等性，所以"程序正义"是新自由主义伦理观的核心。为了维护市场主体的利益，需要为其提供公平的争端解决机制，首先国际社会能够为国际投资争端提供易于援用的解决场所。因此，新自由主义推动了 BIT 中管辖权条款的发展，使得争端更容易为 ICSID 受理。然而管辖权问题是兼具程序性和实体性的复合性问题，在过度重视程序的背景下，为实体条款所设立管辖权界限容易被忽视，这也会极大削弱仲裁庭在管辖权裁决方面的限制，加大了管辖权扩张的可能性。

第四，新自由主义对主权观念和实践产生了冲击。新自由主义将市场主体视为经济社会发展的核心力量，片面地强调个体权利和对投资者的保护，而忽视了对国家主权的维护。因此，在管辖权问题上，新自由主义希望将投资者和东道国平等地纳入国际投资争端解决机制。这种做法对传统的主权观念构成了冲击。两种理念之间的矛盾和冲突也难以在同一框架下弥合。所以推动扩张管辖权和主张限缩管辖权的理念与实践形成了拉锯。在新自由主义的主张并未完全为各国所签订的 BIT 接受的情况下，仲裁庭的时间超越了条约的规定，从而形成管辖权扩张的现实。

但是在充分重视理解新自由主义思想推动下国际投资自由化的各项制度设计及其对 ICSID 仲裁管辖权的影响的同时，我们还应该注意到在国际制度发展过程中对各国立场起决定作用的仍然是各国的国家利益，而国家利益的多元化必然带来各国在构建国际投资法律制度时提出不同主张。因此，一方面新自由主义的扩展推动国际争端解决机制受案范围的扩大以保护投资者的利益，另一方面国家处于不同的利益立场对条约中的管辖权条款持有不同的态度，资本输入国对国际投资争端解决机构的管辖权扩张保持消极或抵制的态度。因此，在不同的条约中，甚至在同一条约的不同条款中会产生相互冲突和矛盾，加剧了国际投资法制的碎片化现象。

第二节　制度空间：国际投资法制的碎片化

国际法的碎片化，或曰国际法不成体系的问题，是国际法律制度的表征之一，其根源在于国际法立法的分散性、目的和宗旨的多元化以及由此而产生的条约中各种概念的模糊性。作为国际法的一个组成部分，国际投资法制的碎片化与其制度同步产生与发展，随着 ICSID 受理案件数量的增长，这种碎片化的特性也必然影响到其裁决结果，在管辖权裁决中更是非常突出。在管辖权问题上，由于国际投资法制的碎片化带来了对管辖权实体要素的理解不一致，从而给仲裁庭通过解释相关约文而扩张其管辖权提供了制度空间。具体而言，这种碎片化表现为：作为多边程序性条约的 ICSID 公约对管辖权要素明晰化问题的推诿回避和以 BIT 为主体的 IIA 对解决这一问题的力不从心。

一、ICSID 公约中潜藏着管辖权扩张的因素

公约对管辖权虽然做出了系统性的规定，然而其也为仲裁管辖权在实际运转中的扩张埋下了伏笔。

（一）ICSID 公约对中心管辖权采用了概括的方式加以规定

ICSID 公约摒弃了列举或者概括加列举的方式，而是分别从管辖权的不同要素对中心管辖权做出了概括式的规定。列举式

的规定可以对管辖权的范围做出具体的限定，概括式的规定更加抽象。采用概括的规定方式，使管辖权规则呈现出开放性：一方面，各国可以通过双边或多边国际条约对其内容做进一步的限定或扩充，因此将确定管辖权范围的权利转交给了 IIAs 的缔约方；另一方面，仲裁庭可以在个案中行使裁量权将管辖权规则具体化，仲裁庭可以通过其解释达到扩张管辖权的效果。

（二）ICSID 公约对管辖权规则的规定具有一定的模糊性

ICSID 公约对确立管辖权的各项要素并没有给出确定的定义，包括"投资""投资者""投资争端""附属机构或者部门"等概念均只在条文中直接使用，而没有对其进行具体界定。对管辖权规则的模糊化处理并非因为这些规则的存在没有必要，相反规则的精确性是确定管辖权的前提条件，"大部分为管辖权设置客观标准的建议未被采纳的事实更多是由于不能达成协议，而不是由于其是多余的"。[1] 但由于各国之间的利益分歧，使得这种在管辖权实体标准方面客观化与精确性的要求难以达成协议。规则的模糊性一方面使条约有更广泛的包容性，但在适用时则会给仲裁庭在解释方面非常大的裁量权，从而赋予了仲裁庭扩张管辖权的合法性基础。

（三）ICSID 公约赋予了仲裁庭审查确定"中心"管辖权的较大权力

秘书长、仲裁庭和专门委员会在不同阶段的审查虽然在不同阶段分别行使审查，防止滥用仲裁程序，但仲裁庭对争端是否属于"中心"管辖权拥有最大的决定权。根据公约，只有在该争端"显然"不属于"中心"管辖的范围时，秘书长和专门

---

〔1〕 Christoph H. Schreuer et al., *The ICSID Convention: A Commentary*, Cambridge, Cambridge University Press, 2009, p. 86.

委员会才能做出相应的决定。因此，在这样高的排除标准下，秘书长和专门委员会难以做出所审查的争端不属于"中心"管辖范围的决定，更多需要依靠仲裁庭来做出这样的裁决。同时，对仲裁庭的这种权力也缺乏有效的限制和约束，即使专门委员会认为争端不属于"中心"管辖，撤销仲裁裁决，也不能直接做出新裁决，而是需要根据公约组织一个新的仲裁庭来做出裁决。

ICSID 公约的缔约目的是为国际投资中的私人投资者与东道国之间的争端提供一个解决机制，从这个角度看其仲裁程序是有限定的适用范围的。但 ICSID 公约有关管辖权的约文所采用的用语的概括性与模糊性，给约文的适用带来了诸多不确定性，为仲裁庭扩张其管辖范围提供了可能性，其对仲裁庭的授权则为其在个案中扩张 ICSID 管辖权范围提供了法律上的依据，在实践中形成了范围的限定性与裁决的扩张性之间的矛盾。而其之所以产生这样的一重结果，则是由于 ICSID 公约作为一个缔约国众多的全球性多边国际公约的特点及其缔结的目的所决定的。

首先，需要注意的是，IBRD 在主持缔结 ICSID 公约并建立"中心"的指导思想，是以解决投资者—东道国之间争端为宗旨的实用导向。无论在作为公约之发轫的布罗切斯发给执行董事会的信函，还是之后 IBRD 行长推动公约缔结的表态，抑或执行董事会为缔约磋商拟定的报告中，IBRD 表达出来的目的非常明确，就是要建立一个能够为各国所接受的正式的争端解决机构，这种工具理性的诉求使其在起草条约时会根据缔约方的意见而不断修改约文，在缔约效果上不求精细，但求共识。在国际投资争端解决领域，ICSID 是一个新生事物，谈判国缺乏缔约经验，难以为管辖权提出一个具体的标准。

其次，资本输出国的意见主导了公约的缔结过程。公约缔结于 20 世纪 60 年代，正值全球范围的殖民地独立运动发展到高潮阶段，很多发展中国家刚刚获取独立地位。这些新独立国家由于处理国际事务经验不足、经济基础薄弱、综合实力落后，同时缺乏处理外国投资的实践和直观认识，使得在缔约过程中无法与那些经济发达、国力强大并拥有丰富的投资实践经验和理论积累的发达国家相抗衡。从缔约过程中所形成的文件看，有些发展中国家甚至主动放弃了对约文内容施加影响的努力。1964 年 11 月，法律委员会所提交的各国对公约草案的意见汇编中，就明确记载了塞浦路斯、加蓬、几内亚等国政府直接声明对公约草案没有意见，而苏丹除作此表态外，也仅仅是要求在修改公约草案时，要给予各国充分的发表观点的机会。[1]这里还不包括那些非正式地表明同样态度的国家。因此，尽管公约的约文是由 IBRD 执行董事会主导完成的，但整个起草和缔约过程几乎是在那些发达国家（大多数是资本输出国）的排他的影响下进行的。而且考虑到最终这些公约是要由各国签署、批准和加入方能对他们生效的，只有那些对于公约内容有着明确的利益诉求的国家才可能。对于资本输出国而言，新设立的投资争端解决机构的管辖权越大，越有利于对该国的海外投资者的保护，而宽松的管辖权标准则有利于仲裁机构纳入更多的争端。那些通过各种方式限制管辖权的意见则没有被最后采纳。

---

〔1〕 DOC46，SID/LC/5（November 23，1964），Comments and Observation of Member Governments on the Draft Convention for The Settlement of Investment Disputes Between States and Nationals of Other States，Volume II-2，ICSID，*History of the ICSID Convention*，p. 651.

再次，从立法技术角度看，公约也无法对管辖权范围做出精确的界定，这是由国际投资的性质和经济全球化的现实共同决定的。国际投资作为跨越国界的投资，需要接受投资者的母国和投资所在的相关国家法律的调整，而不同的国家对投资的实质和形式问题可能存在不同的规定，因此很难对其做出统一的规定。在全球化时代，国际投资的形式、路径和方法随着时代的发展而不断发生变化，这使得各国无论通过下定义或者列举的方式来对管辖权范围进行界定，都无法反映投资的现实。

最后，公约对管辖权问题更加强调当事方的自主意愿，在公约的起草者看来："中心"无论是承担"调解"还是"仲裁"职能，均以自愿作为制度存在基本的前提条件，这也是"中心"区别于国内司法制度的首要特征。在国际社会中，由于国家主权的至上性，绝大多数国际争端解决机制不是强制性的，而是建立在国家同意的基础上，ICSID 也不能违背这一规律。对于条约的起草者来说，由于"同意"是公约所规定的确定管辖权问题的核心要素，因此在考量确立管辖权的标准时，就可将关于"何种争端可以提交仲裁"这个问题交给当事方去决定。然而，客观上这也造成了管辖权标准呈现开放性的结果。

ICSID 公约并没有对管辖权的要素给出清楚的界定，实际上，在与投资有关的《汉城公约》和 TRIMs 等全球性的多边条约当中也没有给管辖权要素提供一个明确的定义。因此，确定管辖权要素的定义的任务就交给了以 BITs 为主的 IIAs 来解决。

二、IIAs 中管辖权要件的不确定性

与 ICSID 公约相比，BITs 虽然在通常情况下都赋予了管辖权的各项要素以更加具体的含义，但各国在签订 BITs 的过程中

也会尽量赋予这些条款以一定的开放性。这种开放性导致管辖权要件并未得到确定，也说明分散缔约不可能完成 ICSID 未完成的任务。与 ICSID 多边谈判方式不同，BITs 的谈判过程是由各国在双边基础上进行博弈，博弈的分散性使得达成均衡的谈判结果更加困难。作为双边谈判的结果，其内容受国家实力的影响更大，而在国际投资格局中，也即谈判结果更多地偏向于作为资本输出国的发达国家的利益。而对发展中国家而言，虽然在形式上是平等的谈判者，但实际上其与谈判对方的地位并不平等。

（一）资本输入国吸引外资的需要

从实证的角度进行分析，对于 BITs 在吸引外资方面所起的作用会根据其缔约国的国情不同而有不同表现。有研究表明，在 BITs 与外国直接投资（Foreign Direct Investment，以下简称"FDI"）之间并不存在正相关关系，如 20 世纪 80 年代至 21 世纪初，在非洲发展中国家，在其签订的 BIT 数量不断增加的情况下，外资存量在国际投资存量中的占比却在不断减少，由此说明 BIT 并不能在吸引外资方面发挥作用。然而，也有研究发现，同一时期，亚洲发展中国家的外资存量在国际投资中的占比与 BIT 数量同步出现迅速增长的情况。[1]但这只能说明影响国际投资的因素很多，BIT 和这些因素共同构成了影响研究结果的变量，只有在其他变量稳定的情况下，我们才能判断剩余变量是否对外资产生影响。同时，上述研究所描述的是某一区域外资存量在国际投资存量中的占比情况，而当亚洲国家与非洲国家同时出现 BIT 较快增加的情形时，其他因素也发生较大变

---

〔1〕 参见蔡从燕：《国际投资结构变迁与发展中国家双边投资条约实践的发展——双边投资条约实践的新思维》，载《国际经济法学刊》2007 年第 3 期。

化的情况下，如果亚洲国家外资存量增长比非洲快，就会影响到非洲国家外资存量占比，因此非洲国家的情况并不能得出 BIT 的缔结与投资增长没有关系的结论。总体上，一国是否签订 BIT 会影响到投资者对该国的投资决策。同时，各国根据朴素直观的判断，也会将签订 BIT 以建立一个完善的条约体系作为本国构建良好投资环境的重要举措之一。

无论对于发展中国家还是对于发达国家的政府而言，引进外资的利益要远大于发生争议可能带来的麻烦。良好的投资环境能够大量吸引资本流入缔约国，带来经济增长和就业增加的前景。而对于大多数国家而言，投资争议的发生只占投资总数的一小部分，这些争议被提交 ICSID 仲裁的数量则更小，在预期收益和未来小概率的可能性面前，参与谈判的国家很难因为 ICSID 管辖权条款的不确定性而放弃缔约所带来的整体利益。但在谈判过程中，各国不会完全无视国际投资仲裁可能给自己带来的损害，此时选择通过模糊缔约的方式，则一方面可以产生增进投资的效果，另一方面又可以寄望于这种模糊的规定达到防止仲裁管辖的目的。

（二）资本输出国的资本优势

在 BIT 的缔约过程中，资本输出国占据着相对优势的地位：①资本输出国可以利用其经济上的强势地位在 BIT 中迫使缔约相对方接受对投资者更有利的条款；②即使某一缔约结果未能实现投资保护的目的，资本输出国也仍然可以利用多个 BIT 构成的条约体系创造条件使投资者通过股权重构获得适用 ICSID 条款的机会。资本输出国的这种优势最后会转化为投资者选择不同的投资路径和投资目的国的依据。

就 BIT 条款而言，资本输出国通常愿意设定更具开放性的条款，以包容更多的投资和投资者，使其海外投资获得更大保护。在程序性的部分，首要的目标是其海外投资能够获得更多的程序救助，因此，管辖权条款本身就需要更大的开放性。

但在全球经济格局面对着结构性的变化，资本输出国和资本输入国的身份开始变得模糊。随着新兴发展中国家经济体的强势崛起，其海外投资的速度和规模增长迅速。而发达国家虽然一直是资本输入的主要目的地，但外资结构发生较大变化，来自发展中国家的资本数量和比例有了较大增长。在这种情况下，发达国家与发展中经济体签订 BIT 时，由于利益的转变，其立场和态度也开始变得摇摆。

由于对确定管辖权各要件的含义困难重重，各国在这方面的努力收效甚微。特别是在对管辖权的界定至关重要的"投资"定义和"投资者"的认定上，由于不同国家的利益冲突较大，缔约国更难以对其形成精确的一致认识。

三、IIAs 中对"投资"的定义

（一）"投资"的学理定义

从词源角度看，"投资"（invest）一词根源于拉丁语"investire"，意为"提供衣物"（to clothe）。广义上，"投资"包括国内投资和国际投资，对于提交 ICSID 仲裁的投资争端而言，"投资"当然仅指国际投资，对于东道国而言是"外国投资"，对于投资者母国而言是"海外投资"或"对外投资"。学理上通常将国际投资法意义上的"国际投资"进一步限定为定为"国际私人直接投资"，并在此基础上进一步给出了定义。有学者认为："外国投资是指资产的所有者为了由其全部或部分控制下在另一国使用资产以获取财富的目的而将其有形或者无形资产从

一国转移到另一国。"[1]在中国具有代表性的"投资"定义有："国际直接投资指一国私人（自然人、法人）以营利为目的，以有形资产或无形资产投资外国的企业，直接或间接控制其投资企业的经营活动。一国的国有资本直接投入外国的生产经营领域，通常亦被视同私人直接出资。"[2]在国际层面，WTO 在一份关于贸易与投资关系的报告中，对 FDI 下了一个定义："FDI 是一国（母国）的投资者以管理该资产为目的在另一国（东道国）支配一项资产。管理是将 FDI 区别于其他在外国股票、债券和其他金融工具上获利的投资的特征。在多数情况下，投资者和他在海外所经营的资产都是商业公司。在这些情况中，投资者是作为母公司，其资产是'子公司'或'分公司'。"[3]

这些定义虽然在措辞上有一些差异，但都指出了国际投资法意义上的"投资"的基本特征：①国际性，即资本由一国投资者投向另一国，产生了跨国的资本流动；②营利性，即投资的目的是获取利润或其他回报；③直接性，即资产是在投资者的"控制"或"支配"之下。

学理的定义只是反映了学者们对"投资"的认识，虽然学理解释属于一种"无权解释"，不能构成国际法的渊源，但其对仲裁实践仍然有一定价值，可为仲裁员提供一定的参考。而学理解释的概括性特征也仅能为仲裁庭认识投资提供一个理论框架，不足以提供问题的最终解决方案。

---

〔1〕　M. Sornarajah, *The Inernational Law on Foreign Investment*, Cambridge, Cambridge University Press, 2010, p. 8.

〔2〕　陈安总主编，曾华群本卷主编：《国际投资法学》，北京大学出版社 1999 年版，第 3 页。

〔3〕　"Trade and Foreign Direct Investment", available at http://www. wto. org/english/news_ e/pres96_ e/pr057_ e. htm.

（二）"投资"定义的种类

"投资"的法律定义是仲裁庭判断是否对争端具有管辖权的重要依据。投资定义的法律渊源包括来自国内法和国际条约。国内法对"投资"的定义既可能规定在专门的外资保护和促进法中，也可能出现在统一规定内外资的立法中，其采取的定义方法因国家立法的目的而有所不同。在各类国际条约中，出于条约适用的目的，对"投资"也给出了各自不同的定义。这些条约包括双边和多边条约，在多边条约中，既有区域性条约，也有全球性条约。涉及"投资"定义的条约种类既有贸易协定，如 NAFTA，也有投资协定，其中以 BIT 对 ICSID 仲裁的影响最大。大多数定义是从内容角度对"投资"的定义进行分类，"投资"的法律定义通常有以资产为基础、以企业为基础和以"商业存在"为基础三种类型。[1]同时，在以上模式的基础上，产生了复合型的定义模式。

1. 以企业为基础的定义

以企业为基础的投资定义是围绕作为投资载体的企业的创设和经营活动确定投资的范围，采用这种定义方式的既有国内法、也有双边条约。

1997 年的《坦桑尼亚投资法》（坦桑尼亚联合共和国 1997 年第 26 号法）中采用了以"企业"基础的定义，其对"投资"的定义是"创造或得到的新的运营资产，包括对现有经营企业进行的扩建、重组和改造。"。

在一些双边协议中也采用了以"企业"为基础的定义方法，如 1988 年《美加自由贸易协定》中对投资的定义，在该协定

---

〔1〕 UNCTAD, Scope and Definition: UNCTAD Series on Issues in International Investment Agreements II, 2011, p. 35.

中，"投资"的范畴仅指：①新建企业的投资；②企业收购的投资；③投资者在建立或收购过程中所进行的投资；④企业投资者所能控制企业。丹麦和波兰两国签署的双边投资协定对投资的定义是：在既定投资者对公司的管理事宜具有直接影响的前提下，使投资者和公司之间建立一种可持续的经济联系的所有投资。[1]

墨西哥 BIT 范本中也采用了以"企业"为基础的定义，规定："投资一词指：（a）企业；（b）企业股票；（c）企业债券，其条件是该企业是投资者的附属机构或该债券最初到期日为 3 年以上，但不包括缔约方或国营企业的债券，无论其最初到期日如何；（d）对企业的贷款，其条件是该企业是投资者的附属机构或该债券最初到期日为 3 年以上，但不包括对缔约方或国营企业的贷款，无论其最初到期日如何；（e）使所有人能分享企业收益的企业股权；（f）使所有人能分享企业终止时不属第（c）或（d）项的债务担保或贷款的资产；（g）用于经济利益或其他商业目的的或为此预期而取得的不动产或其他财产，有形或无形的资产；（h）在缔约一方领土的资本承诺或其他资源对该领土经济活动产生的利益，如根据涉及在该缔约方领土的投资者资产投入的合同，或酬金实质上取决于企业的生产、收入或利润的合同。"[2]

以企业为基础的定义模式在协议同时规定准入前和准入后待遇时可以发挥作用，因为准入和设立的行为无法仅通过货物

---

〔1〕 詹晓宁、葛顺奇：《国际投资协定："投资"和"投资者"的范围与定义》，载《国际投资合作》2013 年第 1 期，第 41 页。
〔2〕 曾华群：《变革期双边投资条约实践述评》，载《国际经济法学刊》2007年第 3 期。

或者服务之类的资产转移来完成，而必须通过特定的实体进行。相反，单纯的准入后待遇问题仅涉及外国人拥有和控制的财产的保护。东道国法律和法规主要是针对企业而非其股东，所以在以"企业"为基础对"投资"进行定义的情况下，更容易判断东道国法律是否符合各类不同的 IIAs 中关于"投资待遇"的规定。与其他类型的投资定义相比，由于企业有法律人格，根据采用以"企业"为基础来定义投资的条约，通常外国投资者不仅以自己的名义还可以代表其投资的企业提出赔偿请求，而这种安排会影响到损失赔偿的金额。[1]

2. 以"商业存在"为基础的定义

有些 IIAs 采用了以"商业存在"为基础来对投资下定义的模式，这种模式通常不直接规定"投资"的定义，而只是对"商业存在"做出界定，但"商业存在"是由投资者在东道国境内设立或维持分支机构产生的，因此实际上间接定义了此种"投资"。这种定义模式没有为传统的投资保护协定采用，而更多的是出现在促进服务贸易自由化的条约中，在 WTO 的 GATS 第 1 条中，"商业存在"是"服务贸易"的四种形式之一，即"由一个成员方的服务提供者，通过在另一成员方境内的商业存在"提供服务。

欧盟的相关协议也采用了"商业存在"为基础的概念，《加勒比论坛—欧盟伙伴关系协定》（Califorum-EU EPA）第二编第二章中对"商业存在"做出了定义。该协定第 65 条规定，"商业存在"是指通过①法人的组建、并购或者维持，②或为从事经济活动在欧共体成员或者加勒比论坛缔约国领土内设立或维

---

〔1〕 UNCTAD, Scope and Definition: UNCTAD Series on Issues in International Investment Agreements II, 2011, p. 24.

持分支机构的方式，形成的**各种商业或专业机构**。在东道国境内设立"商业存在"的行为也是 FDI 的一种形式，因此这种协议也属于广义 IIAs 的一部分。但在这一类条约中，通常不涉及投资的实体权利保护问题，而主要是关注投资的市场准入问题和贸易自由化问题。对于以投资为目的 IIA 来说，以"商业存在"为基础的投资定义难以**囊括范围广泛的各类投资方式**及由此形成的资产，而且这种定义模式通常也不涉及 ICSID 仲裁管辖权的判断问题，其主要作为投资者享有服务贸易待遇的标准。

3. 以"资产"为基础的定义

无论是在各类 IIAs 中，还是在国内法中，最常用的"投资"定义模式是以"资产"为基础的定义。这种模式的定义通常先表明"投资包括各种类型的资产（经济利益）"，随后再以列举的方式对各种资产形式加以列明。这种方式定义的"投资"以经济价值为其内涵，几乎没有限制。[1]从国际法发展的历史来看，"资产"的范围有一个逐步扩大的过程，反映了相应的历史时期的跨国经济活动。在 19 世纪中期之前，投资主要是以借贷的间接形式出现的，FDI 不是国际投资的主要形式。在这一时期，"资产"的范围包括债权以及货物和船舶等有形财产。此后，到 20 世纪中叶，外资主要是以在公司中的股权形式出现，并且外资主要投入的是矿业部门，因此"资产"的范围扩大到股权和采矿权等。到了 20 世纪末，由于技术创新在全球的扩展，知识产权成为"资产"的重要组成部分。由于服务业在发达国家产业结构中比重的提高，跨境服务及由此而形成的相关

---

〔1〕 UNCTAD, Scope and Definition: UNCTAD Series on Issues in International Investment Agreements II, 2011, p. 24.

权利被吸纳进"资产"的范围。[1]

在列举时,"资产"一般会包括:①动产和不动产以及其他财产权利,包括抵押权、留置权和质押权;②公司的股份、股票、债券和其他权益;③金钱请求权或者其他具有经济价值的履约请求权;④知识产权和商誉;⑤根据法律或合同授予的商业特许权,包括勘探、种植、提炼或开发自然资源的权利。这种列举一般是不穷尽的,往往会采用一个开放式的兜底条款留下扩充的可能性。

有些国家的国内法采用了简单的概括式方法对"投资"下定义,《哈萨克斯坦共和国投资法》对"投资"和"投资活动"分别作出了定义,根据该法,"投资"是指"所有形式的财产(自用商品除外),包括签订租赁合约后的租赁对象,以及投资商投入法人法定资本或用于增加商业活动资产的针对租赁对象的权利。"而"投资活动"是指"投资活动——法人和自然人参加商业组织法定资本,或创建、增加商业活动资本的活动。"其对"投资"的定义主要采取的是以"资产"为基础的方法。国内法之所以采取以"资产"为基础的定义是因为国内法更少考虑主体的不同身份,而更多地从投资者的行为及其标的角度来确定其适用的法律。

4. 复合型定义

复合型定义是指在上述定义模式中同时采用两种或两种以上模式来确定投资范围的方式。典型的如 NAFTA 对投资的定义。在 NAFTA 中,采取了单纯的列举办法。从总体上看,NAFTA 仍

---

〔1〕 UNCTAD, Scope and Definition: UNCTAD Series on Issues in International Investment Agreements II, 2011, p. 8.

然是在列举资产，但其第（a）至（g）项都是在"企业"的基础上来列举投资，因此实际上这是一个"企业+资产"的定义方式。第（a）项直接规定了"企业"，其要求为企业是投资者的附属机构。第（b）至（j）项则列举了各种形式的资产，可以归结为以下几类：

（1）对企业的权益，包括对企业的股权或债权及其证券或在企业中的利益，包括企业股票、企业债券和对企业的贷款，其中要求债券的最低偿还期限为 3 年，对企业的贷款不能包括对国有企业的贷款，企业中的利益是指包括所有者可以分享的企业的收入和利润和企业解散后的资产。

（2）财产类，包括不动产、其他有形或无形动产，但要求是预期所得或者用于经济利益或其他商业目的的所得。

（3）经营活动，即"缘于向缔约一方境内的经济活动投入资本或其他经济利益之活动"，作为投资的经营活动有其限制，即合同需"涉及投资者位于缔约方境内的财产"（交钥匙合同或建筑合同或特许经营合同）或者"报酬在实质上依赖于企业的财产、收入或利润"。除了正向规定投资的外延之外，NAFTA 最后还从反向规定将货币请求权排除出投资范围。

（二）投资法律定义的方式对管辖权的影响

在上诉各种定义方式中，以"商业存在"为基础的定义一般是在涉及服务贸易的市场准入和自由化问题时使用，其中心议题并非投资，因此对 ICSID 仲裁管辖权的判断不产生影响，而在判断 ICSID 仲裁管辖权时涉及的一般是以"资产"为基础或者以"企业"为基础的投资定义，这些定义主要呈现在双边或多边条约的约文中。在国际投资谈判中，各国并未能通过定义的方式给投资划定明确的内涵和外延，而这与投资定义所呈现出来的特征密切相关。

1. "投资"的法律定义呈现出多样性的特征

"投资"行为的内涵和外延是随着经济活动的演化而变化的，由于各个国家的经济发展水平和结构的不同，他们对于"投资"的认识也存在差异。这种差异首先会体现在国内法的规则上，继而又反映在他们所缔结的双边或多边条约中。以"企业"为基础的"投资"定义会由于各国对"企业"的法律形式和内涵的不同而有所不同，以"资产"为基础的定义也会由于国内法的限制而使其囊括的内容出现差异。在可以预期的范围内，"投资"定义的统一化是很难出现的。国际统一投资条约的缺乏，使得国际社会也缺乏制定"投资"的统一规定的平台。

2. "投资"的法律定义表述具有开放性的特征

"投资"的法律定义一般包括两个部分，即"概括式"部分或"列举式"部分，也有少数定义只"概括"或只"列举"。无论何种方式，大部分"投资"的法律定义都呈现出了开放性的特点。

一方面，在"投资"定义的概括性部分，多数并没有对"投资"做出明确的限制，如德式 BIT 通常只规定"投资"包括"各种形式的资产"[1]，或者在这种表述中加上一些限定语"缔约一方的投资者在缔约另一方领土内根据后者的法律法规与经济活动相关的投资……"[2]，这样的表述对于限定资产的范围未起到明显的作用。另一方面，"投资"定义的列举性部分

---

〔1〕 1998 年《德意志联邦共和国与安提瓜和巴布达联邦鼓励与相互保护投资协定》第 1 条。

〔2〕 2007 年《德意志联邦共和国与津巴布韦共和国鼓励与相互保护投资协定》第 1 条。

中，相当一部分条约中，如德国—赞比亚 BIT 第 8 条在列举诸项资产之前，加上了"特别是，但不限于"（more particularly, though not exclusively）或者"主要是"（in particularly）的表述，使得列举的资产本身并未涵盖所有的"投资"，从而使 ICSID 仲裁庭因此获得了对未穷尽的部分进行界定的权利。

3. "投资"的法律定义用语存在模糊性的特征

当然也有条约采用了"封闭式"的"投资"定义。但在国际投资领域无论是"开放式"还是"封闭式"定义，由于语言的模糊性，"投资"定义的最终确定都有赖于 ICSID 仲裁庭的解释，从而案件是否属于仲裁庭的管辖范围仍然属于仲裁庭的裁量范围。

国内法或国际条约中对"投资"的定义方式减轻了在仲裁中条约适用的不确定性，但这些定义表述具有开放性和语言的模糊性，因此对仲裁庭而言，仍然存在着较大的解释空间。例如，对"金钱的请求权"或"具有经济价值的任何行为的请求权"被某些仲裁庭作为可以将"国际贸易争端"纳入其管辖范围的依据。

"投资"的法律定义缺乏精确性的原因是多方面的：从立法技术的角度上看，在投资形式与投资内容不断发生演化的国际社会上，很难做出一个包容所有投资范围的定义，"投资"的动态发展使得这样的努力难以达到预期的效果；从立法目的的角度看，无论是在制定国内法还是在缔结国际条约的过程中，立法者希望能够尽可能将新的"投资"形式吸纳进"投资"的范围，从而适应未来投资方式的变化，开放性的立法符合立法者的目的。但这样的法律定义方式就使得仲裁庭获得了确定一项争议是否符合 ICSID 管辖权的裁量权。

四、"投资者"国籍的认定

根据 ICSID 公约规定，ICSID 仲裁中的适格投资者应当是具有另一缔约国国籍的自然人和法人。但 ICSID 公约并没有给出判断投资者国籍的标准。这一问题因此被交给 IIAs 规定、当事方约定或者仲裁庭判定。对于自然人而言，在国籍问题上不存在根本的分歧，一是国籍问题是根据各国国内法来判断，只要自然人依据某一缔约国国籍法具有该国国籍即可以确定为适格的当事人；二是对于国籍冲突的现象，公约排除了具有作为争端一方的缔约国国籍的自然人，即只要两个以上国籍中有一个是东道国国籍的，该自然人就应当被视为东道国国民，而不再具有提起仲裁请求的资格。

对于法人而言，情况就比较复杂了。首先是公约对法人国籍的规定比自然人复杂，适格的法人既包括具有另一缔约国国籍的法人，也包括虽然具有作为争端一方的缔约国国籍但受外国控制并经当事双方同意视为外国投资者的法人。因此，具有缔约国国籍的法人并不必然被排除在 ICSID 当事人之外，这种规定将其严格限制在当事双方同意的范围内。

ICSID 公约并没有明确表示采取何种标准认定法人的国籍。ICSID 对法人国籍的规定并没有通过 BIT 的规定得到解决，原因在于虽然 BIT 对法人国籍的认定标准更加具体，大多数条约在确定法人国籍时只要求法人符合该条约给定的某一形式与静态的标准，而并不要求其在该国开展重要的经营活动。从实践来看，不同的 BIT 选择了不同的标准来认定法人的国籍，法人国籍的认定标准一般包括法人注册（成立）地、法人住所地、法人设立人国籍、准据法以及复合标准等，但大多数 BIT 采用了注册地标准或者准据法标准。依据该标准，法人依照某一缔约国法律在该国注册即具有该国的国籍。BIT 倾向于选择这一标准的原因在于其是能够直接且明确认定国籍的方法。但单纯采用这一标准容易忽视法人与国籍国之间的实质联系，特别是并未要求法人要在国籍国开展实际的经营活动。

由于 BITs 采用了较为宽松的标准确定法人国籍，投资者可以通过股权构造进行国籍筹划进而实现"条约选购"（treaty shopping）和"法庭选购"（forum shopping）的目的，从而达成对其最有力和充分的保护。投资者之所以能够进行"法庭选购"，由于条约结构的复杂性，即东道国通常与多个国家订有BIT 或者参加了多个多边 IIA，投资者可以通过设立中间公司的方式增加投资环节和层次，从而使其可以根据需要选择适用对其有利的条约以及争端解决条款，使其有更多的机会向 ICSID 提出仲裁申请。

因此法人可以通过股权结构的变化实现"条约选择"或者"条约选购"，即通过一系列股权安排使在某一缔约国的法人符合相应的 BIT 的要求即可适用该 BIT 中的争端解决条款向 ICSID 提起仲裁。大多数公司的股权安排并非直接针对 ICSID 仲裁条款，而是希望能够全面利用 BIT 中的投资待遇和投资保护，但其却产生了。这种股权结构的安排主要有三种形式[1]：

第一，间接投资。A 国和 B 国之间没有签订 BIT 或者其 BIT中未规定 ICSID 仲裁条款，而 B 国和 C 国之间的 BIT 则规定了

---

[1] 关于股权构造的形式，不同的学者有不同的看法，但其中只有细微的差别。本书对这些形式的分类是在综合这些方法的基础上所提出的。Jonathan Bonnitcha et al. , *The Political Economy of the Investment Treaty Regime*, Oxford, Oxford University Press, 2017, p. 54. 徐树：《国际投资仲裁中投资者的"条约选购"问题研究》，载《国际经济法学刊》2013 年第 2 期。

缔约国的投资者可以就其与另一缔约国之间的争端向 ICSID 提起仲裁。A 国的甲公司不直接投资 B 国的乙公司，而是以其在 C 国的子公司丙公司完成投资。其基本结构如图 3-1：

图 3-1　间接投资结构图

第二，逆向投资。与间接控股式不同，这种方式是在 B 国与 C 国间未签 BIT 或者 BIT 中未规定 ICSID 仲裁条款，而 A 国和 B 国之间的 BIT 中存在 ICSID 仲裁条款的情况下，C 国的丙公司通过其母公司 A 国的甲公司投资 B 国的乙公司。其基本结构如图 3-2：

图 3-2　逆向投资结构图

第三，折返投资。A 国与 B 国的 BIT 中订有 ICSID 仲裁条款，A 国的甲公司为了能够利用两国之间的 BIT，而在 B 国设立子公司乙，并通过乙公司向 A 国的丙公司投资。其基本结构如图 3-3：

图 3-3　折返投资结构图

在上述三种形式中，间接投资和逆向投资虽然是外国投资者转借在第三国的公司名义在东道国进行的投资，但在实践中，间接投资形式中母公司在第三国所设立的中间法人，通常只是空壳公司，即其并没有在第三国开展实质性的经营活动给，这一点与折返投资中的中间公司具有相似性。

为了对投资者范围进行限制，也有少数 BIT 要求法人在缔约国内开展实质性的经营活动，但是正如前文所述，这一要求可以被投资者采用多种方法规避，只要各国的投资条约保持其作为碎片化的复杂系统的特性，投资者就始终可以采用以股权构造为基础的国籍筹划方法在诸多条约中寻求未规定此种实质联系要求的条约适用于其与缔约国的投资争端。

股权构造的结果是使原来双边性的 BIT 具有了多边化的效果。BIT 原本是两个缔约国之间的特惠条约，然而，而无论该投资者原本位于哪一个国家，都可以通过不同的股权安排可以使自己的投资能够享受到其所欲适用的条约，从而使 BIT 缔约方限制投资者范围的努力落空，换言之，缔约双方排除某类投资者的合意因受到干扰而无法实现。而投资者则可以在精心谋划后得到全方位的保护。

第三节　裁决偏好：仲裁员在个案中的权衡

仲裁庭对案件管辖权的裁决是以 ICSID 条约和案件涉及的投资者母国与投资东道国缔结的 BITs、FTAs 为依据的。因此，ICSID 仲裁庭判断自己是否具有管辖权的条约依据是：①ICSID 条约中对管辖权的规定；②与争端有关的 IIAs 中对投资和投资者要素的界定。然而，如前所述，国际投资仲裁的碎片化使得 ICSID 公约和 IIAs 都未对仲裁管辖权裁决给出明确的指引，这是仲裁员做出扩张管辖权的裁决的前提，而仲裁员对仲裁扩张的裁决偏好是促成 ICSID 仲裁管辖权扩张的直接原因。

一、仲裁员的指派和选任

ICSID 公约第一章第四节对仲裁员指派做出了规定。仲裁员小组成员是由缔约国和 ICSID 行政理事会主席指派的，其中每一缔约国可指派 4 人，主席可指派 10 人。第 14 条对仲裁员的选任条件做出了规定，要求仲裁小组成员"具有高度的道德品质，并且在法律、商务、工业或者金融方面具有公认的资格，他们可以被信赖做出独立的判断"。同时，该条还要求主席在指派小组成员时，应当注意保证世界上主要法律体系和主要经济活动方式在小组中有代表。但公约对仲裁员的要求具有高度的概括性，更重要的是组成仲裁庭的仲裁员是由当事方选择的。因此，公约对具体组成仲裁庭的人员构成及其裁决没有实质性的制约，质言之，公约的规定本身不能保证不同仲裁庭组成人员在判断案件管辖权时采用标准的一致性，无法限制仲裁庭做出扩张管辖权的裁决。

对具体案件的裁决更有影响的是当事方对组成仲裁庭的仲裁员的选择，ICSID 公约借鉴商事仲裁的通常做法对此做出了规定：①仲裁庭由双方同意任命的唯一的仲裁员或任何非偶数的仲裁员组成。②在双方不能达成协议时，仲裁庭由 3 名仲裁员组成，其中每一方任命仲裁员 1 名，第三人由双方协议任命，并担任首席仲裁员（presiding arbitrator）。在仲裁庭组织的过程中，主席具有较大的权力，特别是在公约规定的期限内[1]未能

---

〔1〕 这一期限即 ICSID 公约第 38 条所规定的"在秘书长依照第 36 条第 3 款关于发出请求已予以登记的通知后 90 天内，或者双方可能同意的其他期限内"。

组成仲裁庭，则主席可以任命尚未任命的 1 名或数名仲裁员，只是在这里对其有四点限制：①需要有任何一方就此事项提出请求；②主席应尽可能与当事双方磋商；③主席所任命的仲裁员不得为争端一方缔约国的国民或与投资者为同一缔约国的国民；④主席所任命的仲裁员必须从仲裁小组成员中选择。但是，当事方可以在仲裁员小组成员之外任命仲裁员，因此仲裁庭组成的人选范围是非常广泛的。

然而，通过对 ICSID 仲裁庭的诸多实证研究可以发现，虽然人选范围广泛，但是在小组名册内外中曾经被选任作为仲裁员数量相对要少得多，并且其背景也具有较高的一致性。如大多数仲裁员来自美国和另外 8 个主要的西方国家（如英国、法国、德国、瑞士、西班牙、瑞典、意大利和比利时）。与此同时，他们的身份背景具有高度的同质性，多数都是律师身份出身。

关于仲裁员的背景是否影响到 ICSID 仲裁裁决，不同学者的研究给出了不同的答案，这些研究主要关注两个方面的变量：一是仲裁员的身份，即其国籍、年龄、语言、性别等个体因素，其中最引人注意的是国籍和其是否担任政府或企业法律顾问的职业身份；二是仲裁员的任职情况，即仲裁员的任命是由谁做出的，在仲裁庭中的身份是首席仲裁员还是普通仲裁员，是否多次担任仲裁员等。在关于这一主题较早期的研究中，Daphna Kapeliuk 认为，仲裁员的背景并没有使仲裁裁决产生不公正的偏好，因为仲裁员有维持其作为有经验且公正的专家的荣誉的动机。[1] 而 Gus Van Harten 则在后来对 140 起案件的分析的基础

---

[1]　See Daphna Kapeliuk, "The Repeat Appointment Factor: Exploring Decision Patterns of Elite Investment Arbitrators", *Cornell Law Review* 96, 2010, pp. 47-90.

上得出结论：投资条约仲裁在管辖权问题上存在系统性的不公，这种不公的根源在于投资条约仲裁非对称的结构。[1]研究者们多数将对仲裁员背景分析导向其对裁决公正性的影响，这种研究进路扩大了其结论的分歧，其原因一方面是缺乏足够透明的资料库，无法对仲裁员的背景做出全面详尽的分析，另一方面是缺乏客观标准，无法以一个学界公认的客观公正的指标体系来判断裁决是否公正。仲裁员在整个投资仲裁体制中的地位和职权以及蕴藏在仲裁条约中的价值取向等要素是影响仲裁员扩张 ICSID 管辖权的关键要素。

虽然对仲裁员的研究往往与仲裁裁决的公正性相联系，而得出的结论却又是互相矛盾的，但这并不影响我们对管辖权裁决中仲裁员利益偏好的判断。一方面，作为研究对象的裁决不限于管辖权问题。另一方面，对管辖权问题持有的态度或偏好并不必然可以归入不公正的裁决，只是仲裁庭在面对可能的裁决方向时在其裁量权的范围内选择了不同的解释方向。

二、仲裁员在管辖权问题上的裁量权

ICSID 公约给予了高度的裁量权，同时这种裁量权较少受到制约，这是 ICSID 仲裁管辖权扩张的基础。仲裁员据以审理案件的法律渊源包括 ICSID 公约和 IIAs。仲裁员缺乏必要的外部监督，从而使其具有高度的自由裁量权。

首先，仲裁庭拥有对其自身是否具有管辖权的裁决权。仲裁庭在裁决管辖权方面的权力是源于 ICSID 公约第 41 条的授权。

---

[1] See Gus Van Harten, "Arbitrator Behaviour in Asymmetrical Adjudication: An Empirical Study of Investment Treaty Arbitration", *Osgoode Hall Law Journal* 50, 2012, pp. 211-268.

该条由两款组成。其中第 41（1）条规定："仲裁庭应是其本身权限的决定人。"该条确定了 ICSID 公约采纳了自裁管辖原则（the Kompetenz-Kompetenz Doctrine），即由仲裁或者司法机构自行决定自己是否可以某类争端进行审理和裁判的权力。从公约的角度赋予了仲裁庭和仲裁员对管辖权的裁量权。第 41（2）条则是规定仲裁庭可以对争端一方提出的争端不属于中心管辖权范围的异议进行审查，并决定是否将其作为先决问题处理，还是与该争端大的是非曲直一并处理。ICSID《仲裁程序规则》更进一步确定了自裁管辖原则的实现方式，其中第 41 条第 2 款规定，在整个仲裁期间，仲裁庭可主动审议向其提交之争端或附带请求是否属于"中心"管辖范围和其本身之职权范围。而第 42 条第 4 款则规定，仲裁庭应审查尚存异议之"中心"管辖权和仲裁庭本身之职权，并且如它们有管辖权，应裁定意见书在事实和法律上有无充分根据。为此，仲裁庭在整个仲裁期间可传唤当事者到庭提出意见、提供证据，或作口头说明。

其次，仲裁庭的裁量权在 ICSID 公约的框架下很少受到制约。除了仲裁庭对自身管辖权的裁决外，公约中还有登记审查和裁决撤销程序两种机制排除不属于中心管辖的案件。其中，公约第 36 条对将登记审查的权力赋予了中心的秘书长，规定秘书长根据仲裁请求中所包括的材料，发现请求所涉及的争端显然在中心的管辖权范围之外，可以拒绝登记。但是，秘书长从未行使这一权力，其理由可能包括两个方面：①拒绝登记的条件较为严格和苛刻。秘书长只有在请求涉及的争端"显然"超出中心的管辖权范围才可以行使这一权力，然而正如前文提及，ICSID 公约和各类 IIAs 在管辖权实体问题上并未给出明确的界限，因此这里的"显然超出"也缺乏标准。②审查范围限于申请方提交的请求材料。申请方为了能够确保案件的裁决结果对其有利，在提交请求材料时会有所选择和保留，那些能够证明争端不属于 ICSID 管辖的材料没有机会被包含在请求材料中。这两方面原因导致登记审查制度形同虚设。

ICSID 公约第 52 条规定了裁决的撤销程序，秘书长可以根据当事方撤销裁决的请求，在仲裁员小组中任命 3 人组成专门委员会，"仲裁庭明显超越其权力"是其撤销裁决的理由之一，这里"明显超越权力"包括超越其管辖权。然而，裁决撤销程序并不能彻底解决管辖权扩张问题：①裁决撤销程序是在仲裁程序进行完毕之后，赋予当事方的救济程序，然而该争端已经经历了仲裁审理，并给当事方造成了时间和财务上的消耗，这种沉淀成本是很难为事后救济程序所补救的。②撤销裁决是由仲裁小组成员组成的专门委员会做出的。换言之，专门委员会与仲裁庭组成人员具有同质性，因此，专门委员会的组成方式并不能保证撤销程序不会出现如同仲裁程序同样的趋势。同时，不同专门委员会的组成人员的不同也导致难以通过消弭管辖权裁决的不一致性来维护 ICSID 仲裁的正当性。

仲裁员的自由裁量权与 ICSID 仲裁的程序结构有紧密的关系，其中首要的因素是 ICSID 仲裁案件大多数属于无默契管辖。在传统的商事仲裁中，争端双方依据其达成的仲裁条款或仲裁协议向仲裁机构提起仲裁，当事方之间提交仲裁的意思是明示的。而在 ICSID 仲裁中，存在大量的无协议仲裁。因此，在仲裁进行过程中，仲裁庭需要就当事方之间是否存在着将案件提交仲裁的意思以及当事方所提出的请求是否属于约定的仲裁事项范围做出裁决。

最后，ICSID 公约并没有采用判例法作为裁判的法律渊源，这也就意味着仲裁员的裁决只能对案件的当事方产生效力，而不能约束之后的裁决，即仲裁员并不能为 ICSID 立法。在实践中，仲裁裁决大量引用先前的裁决理由与结果，主要是用于条约的解释，在 Malaysian Historical Salvors，SDN，BHD（以下简称"MHS"）诉马来西亚案中，仲裁庭选择了 7 起案件的裁决作为案件审理的参考依据。[1]在其他的案件裁决中，仲裁庭也同样通过援引前案裁决作为裁决理由。但仲裁裁决中对先前裁决的引用并没有对仲裁员的权限产生实质性的约束，仲裁裁决对先前裁决的援引并非法律上的义务。仲裁庭倾向于在说明裁决理由的时候通过大量引用先前裁决作为论证的依据，说明 ICSID 公约和 IIAs 规范的模糊性给仲裁庭裁决带来了不确定性，而仲裁庭只有寻求先前裁决作为论证自己的裁决正当性的理由，从而为其裁决结果增添合法性和权威性。正如 MHS 诉马来西亚案裁决中所言：

ICSID 公约并未提供"投资"的定义而且在 ICSID 法理中也没有确立遵循先例的原则。从而，对其他仲裁庭所裁决的相似案例的审视（examination）会对选择这一问题的正确解决方式提供帮助。[2]

因此，无论是从缔约理念的转变、投资规则碎片化性质还是投资机制的视角上看，仲裁庭在对管辖权的裁决方面都具有高度自由的裁量权，而其最终落实为仲裁员的裁量权，因此仲裁员的利益偏好不可避免地会对仲裁结果产生影响。

---

〔1〕 Malaysian Historical Salvors，SDN，BHD v. Malaysia，ICSID Case No. ARB/05/10，Award on Jurisdiction，May 17，2007，para. 56.

〔2〕 Malaysian Historical Salvors，SDN，BHD v. Malaysia，ICSID Case No. ARB/05/10，Award on Jurisdiction，May 17，2007，para. 56.

三、仲裁庭的裁决偏好

ICSID 公约第 14 条对仲裁员的道德品质、法律资格和独立性提出了明确的要求。第 36 条中明确规定除非是经双方协议任命的独任仲裁员或仲裁庭的成员，否则大多数仲裁员不得为"争端一方的缔约国国民"和"其国民是争端一方的缔约国国民"，该条意图防止仲裁庭在做出裁决时存在对当事人的偏袒。即便如此，作为理性人和独立裁决者，仲裁员个体在管辖权问题上会产生基于个人利益或者法律观念的偏好，并进而影响或体现在仲裁裁决中，而独任仲裁员或者仲裁庭多数仲裁员的偏好则对裁决结果在总体上产生了倾向性影响。

从偏好产生的原因上看，我们可以将其区分为"基于认知的裁决偏好"和"基于利益的裁决偏好"两类。仲裁员由于其知识结构、价值取向、个人经验以及认知方式等因素，而产生的对于条约的认识和解释的偏向，是"基于认知的裁决偏好"，此类偏好与个案无关，可以说每位仲裁员由于其个人生活、教育和职业经历，存在着对于法律规范的先入之见，而仲裁员身份相近，也会导致其裁决整体的偏向。而仲裁员基于对以后选任的追求、由于其与案件或其当事方有特殊的联系，或者个人职业和身份利益的需要，而产生的对其裁决的影响，是"基于利益的裁决偏好"，此种偏好背离了仲裁员职务的中立性和独立性要求，影响了案件裁决的公正性。

（一）ICSID 仲裁结构特征的影响

从程序竞争的角度看，国际社会提供投资仲裁的机构不仅有 ICSID，还有国际商事仲裁机构、国际常设仲裁法院等机构，这些机构的并存带来了相互竞争的国际机制，也使得仲裁员在做出裁决时有必要考虑个人和机构的利益:一方面,仲裁员希望投资者未来会在相互竞争的多个争端解决集中选择 ICSID 仲裁机制;另一方面,仲裁员也希望自己在今后的案件能够获得更多的被选任为仲裁员的机会。

1. ICSID 仲裁结构特征带来了不同争端解决机制的竞争

ICSID 仲裁的结构特征对仲裁庭的裁决倾向具有很强的影响。ICSID 仲裁是一种非对称型的争端解决方式,表现为 ICSID 仲裁的申请方只能是投资者,即投资者可以根据投资条约提出针对国家的仲裁请求,而国家则除了在有限的情况下提出针对投资者仲裁请求的反诉外,不能提出针对投资者的仲裁请求。因此,ICSID 接受案件的数量取决于投资者的申请,而理性的投资者选择何种方式和哪个机构解决纠纷的依据首先是申请得到支持的可能性大小,包括案件是否能够得到受理和请求能否得到裁决支持。对仲裁机构而言,偏向于投资者的管辖权裁决有助于吸引更多的投资者在遇到争端时选择 ICSID 仲裁寻求救济。

不同争端解决机构之间的竞争虽然不是管辖权扩张的直接原因,但是在分析管辖权扩张现象时需要考虑的重要因素之一。在国际投资仲裁领域,并非只有 ICSID 一家机构提供国际投资争端解决机制。在竞争的过程中,机构的利益也会驱动仲裁员做出扩张管辖权的裁决,这种利益驱动同时也削弱了秘书长在审查请求阶段排除管辖权的动力。

2. ICSID 仲裁结构特征加剧了仲裁员的选任竞争

ICSID 仲裁的运行效果会强化仲裁员被反复选任的愿望:①仲裁工作为仲裁员带来的丰厚报酬激发了仲裁员对被反复选任的期望。据统计,ICSID 仲裁员根据案件审理地点可以获得每小时

375 美元到 700 美元的报酬。[1]丰厚的收入增强了仲裁员职位的吸引力。案件审理时间的长短和再次担任仲裁员都会增加仲裁员的收入。而扩张 ICSID 仲裁管辖范围既从整体上提升了仲裁员的任职机会，又增加了仲裁员在单个案件中的工作报酬。因此，仲裁员具有扩张 ICSID 仲裁管辖权的动力。②在 ICSID 已经受理的案件中，大多数被选任的仲裁员嗣后会被反复选任，因此尽管仲裁员名册中所列出的仲裁员相对较多，但能够获得实际选任的仲裁员只占较少的比例，这一现象加剧了仲裁员职务的竞争性。仲裁员不得不为了自己能够继续获得选任，而向当事人传达有利于他们的信息。在选任仲裁员的过程中，当事方往往通过以往仲裁员在裁决中体现出的对规则的理解而选择对自己有利的仲裁员人选。

在 ICSID 运作的实践中，仲裁员被重复选任的情况普遍存在。截至 2019 年 11 月，ICSID 仲裁员名录中列明的 722 名成员，有 457 名曾参与案件审理，其中 257 名参与审理 2 件以上，在这 257 人中又有 194 人参与了审理 3 件以上。而参与 11 件以上案件审理的仲裁小组成员仅有 71 人，占仲裁小组成员总数的 10%，但被选任总次数达到 1623 次，占总选任次数的 63%。因此，大多数仲裁案件是由少数被反复选任的仲裁员审理并做出裁决的。由此反映了实践中，仲裁员被选任的竞争是非常激烈的。

---

〔1〕 "Who Guards the Guardians?: The Conflicting Interests of Investment Arbitrators (27 November 2012)", available at https://corporateeurope. org/trade/2012/11/chapter-4-who-guards-guardians-conflicting-interests-investment-arbitrators.

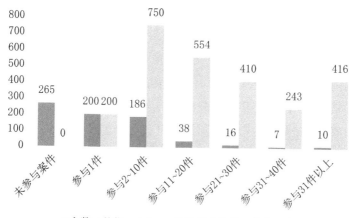

图 3-4　仲裁小组名册中的人员参与案件情况图[1]

　　仲裁员通过扩张管辖权的裁决，向投资者传达了其更容易利用 ICSID 仲裁的信息，从而能够吸引更多的投资者选择采用 ICSID 解决其面对的与东道国的争端，同时也向投资者传达了其对投资者保护的态度。同时，相对于实体裁决结果，管辖权裁决并非对争端做出的最终决定，与限缩管辖权直接导致投资者的实体请求不受审理的结果相比，扩张管辖权只是整体程序中的阶段性裁决。因此对仲裁庭而言，扩张仲裁管辖权的压力要远小于限缩管辖权。

　　（二）仲裁员身份的影响

　　投资条约仲裁体制的结构更类似于国内公法对政府行为的

_____

　　[1]　数据来源于 ICSID 网站的统计，载 https://icsid. worldbank. org/en/Pages/arbitrators/CVSearch. aspx，最后访问日期：2019 年 11 月 2 日。由于 ICSID 官方网站并未对每一次被选任的具体案件情况，如属于仲裁程序还是撤销程序，做出说明，因此，图 3-4 也未将被选任为仲裁员的情况单独列出，但总体上，被选任的案件中只有极微量的非仲裁程序，因此对分析结果的影响可以忽略不计。

司法审查。同时，该体制还解除了投资者在针对国家提起国际争端解决程序之前用尽当地救济的义务。在此基础上，该体制比那些一般要求用尽当地救济的国际争端解决机制相比更接近于国内司法审查。然而与承担审查政府行为的国内或国际法院不同的是，投资条约仲裁机制并没有纳入保障审理独立的制度。在国内或国际法院中常用来保障法官中立或独立的制度有：①任期保障：赋予法官较长任期直至终身任职，这种做法可以保证法官专注于案件审理，而不必担心职业生涯的不稳定；②选任保障：对特定案件中法官的选任规定客观标准，这种措施保证法官具有审理案件所必要的专业素养和道德水准；③专职要求：限制法官的外部报酬，这种要求保证法官不受外部利益的诱惑从而保持职业的中立性和廉洁性。相比之下，ICSID 仲裁员的选任和任职制度中缺乏职业公正性的保障，也因此，在仲裁员的选任上缺乏足够的制度约束，导致被选任的仲裁员由于其基于身份特征的利益偏好而产生扩张管辖权的裁决。

　　仲裁员的国籍和职业身份是可能影响其裁决偏好的重要因素。在所有参加过两次以上案件审理的仲裁小组成员中，其国籍国最多的是美国，排在前十位的国籍国还有：法国、英国、德国、瑞士、加拿大、墨西哥、西班牙、意大利、哥伦比亚，其中，仅有两国，即墨西哥和哥伦比亚为发展中国家，其余均为发达国家。[1]之所以出现这种状况，一方面是由于仲裁员是由当事方决定的，除首席仲裁员或独任仲裁员不能与当事方具

---

　　〔1〕　数据来源于 ICSID 官方网站的统计，载 https://icsid.worldbank.org/en/Pages/arbitrators/CVSearch.aspx，最后访问日期：2019 年 10 月 10 日。由于 ICSID 官方网站并未对每一次被选任的具体案件情况，如属于仲裁程序还是撤销程序，做出说明，因此，图 3-4 也未将被选任为仲裁员的情况单独列出，但总体上，被选任的案件中只有极微量的非仲裁程序，因此对分析结果的影响可以忽略不计。

有同一国籍外，通常情况下当事方会选择本国国民担任仲裁员，而投资者的国籍相对集中于发达国家，东道国国籍则较为分散。另一方面是由于发达国家的专业人士较多，且具有较丰富的国际投资仲裁经验。同时，从职业身份来看，ICSID 仲裁员同商事仲裁的仲裁员一样，都是兼职身份。大多数仲裁员具有律师和学者身份，他们在担任仲裁员之前或同时还可能担任着政府或企业的法律顾问。仲裁员的结构导致仲裁庭易受新自由主义影响，其裁判会偏向有利于投资者而促成管辖权扩张的方向。[1]同时仲裁员的这种多重任职也使其易受利益驱使，做出有利于与其关联的当事方的裁决，也会导致其受利益驱动。[2]

---

〔1〕 See Gus Van Harten, "Arbitrator Behaviour in Asymmetrical Adjudication: An Empirical Study of Investment Treaty Arbitration", *Osgoode Hall Law Journal* 50, 2012, pp. 211-268.

〔2〕 陈磊：《风险、激励与监管：ISDS 仲裁员的身份冲突及其化解》，载《国际商务研究》2017 年第 2 期。

第四章

ICSID 仲裁管辖权扩张的影响

多数研究者聚焦于 ICSID 仲裁管辖权扩张的消极影响。但是对于国际社会而言，无论从微观的当事方权益保护、中观的国际投资发展和宏观的国际法治秩序的角度，ICSID 仲裁管辖权的扩张都有着积极和消极两方面的作用。当然，"存在即合理"并不能作为对扩张管辖权裁决进行辩护的理由，但是对这一现象所带来的影响做全面的评估，是采取适当的应对措施的前提和基础。

第一节　ICSID 仲裁管辖权扩张对国际投资仲裁机制的冲击和挑战

从 21 世纪初开始，在接受 ICSID 仲裁条款的 IIAs 数量和 ICSID 受理案件数量不断增长的同时，国际投资机制也遭遇了一些挑战。投资规则受到来自由投资条约的谈判者、从业人员和学者们组成的小群体之外的人关注。ICSID 仲裁体制遭遇抵制：不少国家终止了其签署的 BITs，有些国家撤回了投资仲裁请求。之所以出现对 ICSID 公约如此强烈的反应，是因为 ICSID 实践带来的各种副作用，这是各国在搭建 ICSID 体制时所未能预料的，甚至与其追求的目标或者宗旨背道而驰。

一、引发了国际投资仲裁制度的合法性危机

"一致性"和"确定性"是法治的基本内涵:"一致性"要求法律规则在同等的情况下得到同样的适用,而"确定性"则意味着法律文本本身的明确性和司法裁判过程的客观性以及裁判结果的可预见性。[1]然而,仲裁庭在裁决过程中对管辖权的扩张带来了裁决结果的不一致,并且由于这种扩张是通过对 IIA 条款的解释实现的,因此冲击了条约文本本身的明确性。

管辖权扩张带来的裁决不一致性和不确定性带给了当事方,特别是作为被申请国一方的困扰,同时也导致了人们对 ICSID 仲裁合法性的质疑。Susan D. Franck 是最早关注这一问题的学者之一,她将不一致的裁决分为三类:①不同的仲裁庭就同一条约中的不同标准得出不同的结论;②根据不同的条约设立的不同的仲裁庭就相同的事实、相关的当事人和相似的投资权利得出不同的结论;③根据不同的投资条约设立的仲裁庭在审理具有相似的商业场景和投资权利的案件时得出相反的结论。[2]

在 ICSID 管辖权裁决的不一致方面,最典型的例证是两起 SGS 案,即 SGS 诉巴基斯坦案和 SGS 诉菲律宾案。两起案件都涉及保护伞条款的解释问题,但在 SGS 诉巴基斯坦一案中,仲裁庭认为保护伞条款不能将合同义务转化为条约义务,因此 ICSID 仲裁庭不能援引条约对该案取得管辖权,而菲律宾一案 ICSID 仲裁庭却得出了相反的结论。这两起案件由于主体的交叉

---

〔1〕 参见郇兴艳:《法的确定性与法治的实现》,载《延边大学学报(社会科学版)》2009 年第 6 期。

〔2〕 See Susan D. Franck, "The Legitimacy Crisis in Investment Treaty Arbitration: Privatizing Publlic International Law through Inconsistent Decisions", *Fordham Law Review* 73, 2005, pp. 1521–1626.

性、时间间隔较短和争端的内容相似性与同质性具有更强的可比性。因此这两起案件中的不一致更易引发人们对 ICSID 仲裁不公正的担忧。事实上，很多学者和实务界的人士正是由于受这两起案件的影响而质疑 ICSID 仲裁合法性或开始系统审视 ICSID 机制存在的问题。

在国际投资仲裁领域，"一致性"和"确定性"会带来"可预见性"和"可信赖性"。ICSID 管辖权裁决的不一致导致了当事方对裁决结果缺乏预期，同时也容易失去当事方，主要是失去东道国对 ICSID 的信任。对于东道国来说，最简单的处理方式就是彻底排除 ICSID 仲裁的使用。

管辖权裁决的不一致性可能使得同一争端由不同的仲裁庭裁决得出不同的结果。因此，投资者为了确保其利益能够得到更大的保护，可以通过股权和合同构造获得适用多个 IIA 解决其与东道国的同一争端的机会，由此产生了平行程序之间的冲突。

二、增大了产生平行程序的可能性

国际投资争端的解决方式并不限于 ICSID 仲裁，申请方既可以向 ICSID 申请仲裁，也可以寻求国内司法、外交保护或者其他方式得到救济。多种 ISDS 机制并存，可能会产生不同救济机制之间的管辖权竞合，同一争端或相互关联的争端同时寻求不同程序机制提供救济，从而产生平行程序。平行的程序包括同类的救济程序和不同的救济程序。同类救济程序的平行是指利用同一争端解决机制对同一或相关联的争端进行裁决。不同类救济程序的平行则包括两种：①适用不同的国际争端解决机制来解决同一或相关联的争端，如将同一争端提交 ICSID 仲裁和其他国际争端解决机制；②利用国内和国际的不同程序机制来解决同一或相关联的争端,如在国内法院和 ICSID 就同意争端提出申请。在实践中,产生管辖权竞合主要是在国内法院和 ICSID 仲裁之间。

ICSID 仲裁管辖权扩张虽然不是造成平行程序的全部或者根本因素,但可能会增加不同机构的管辖权竞合的概率,从而触动更多的平行程序。管辖权的扩张一般通过 MFN 条款、保护伞条款的扩张解释和岔路口条款的限缩解释实现,而这些方式都可能会增加触发平行程序的可能性。[1]

(一) MFN 条款扩张解释与平行程序的触发

同一国家在对外缔结的不同 BIT 中会在是否选择 ICSID 仲裁方面做出不同的选择。在采用了 ICSID 机制的 BIT 中会通过技术性的处理规避其他救济方式,一般是在条约中规定当事人选择条款和岔路口条款以避免,而在未采用 ICSID 机制的 BIT 中则会提供相应的救济方式,同时也没有设定选择条款的必要。因此在缔约国未作约定的情况下,仲裁庭将 MFN 条款扩大适用于程序问题,会使投资者在其母国和东道国的 BIT (即基础协定)中未规定 ICSID 条款的情况下,借助不同的 BIT 中的程序条款将争端提交 ICSID 仲裁。由于此时投资者母国所签订的 BIT 中规定其他救济方式的条文仍然有效,且缺乏选择排除条款,理性的投资者可能会首先利用基础协定中的争端解决条款寻求救济,在其请求未得到支持的情况下,再援引基础协定中 MFN 条款向 ICSID 提出仲裁申请,引发基础协定中的救济程序与 ICSID 程序平行。

---

〔1〕 刘梦非:《国际投资争端解决平行程序的触发条款实证研究》,载《法商研究》2018 年第 4 期。

（二）保护伞条款的扩张解释与平行程序的触发

投资者与东道国政府部门签订的投资合同与其母国和东道国签订的条约内容未必完全一致。对于投资合同义务，当发生争端时，投资者可以向国内法院提起诉讼或根据投资合同中约定的仲裁条款提起商事仲裁。而对于条约义务，投资者即可援引 BIT 中的 ICSID 条款提起仲裁。因此，仲裁庭根据保护伞条款将合同义务上升为条约义务时，投资者在可以依据合同向国内法院或商事仲裁机构提起仲裁的同时，也可以依据条约向 ICSID 申请仲裁。

（三）岔路口条款的限缩解释与平行程序的触发

岔路口条款的本意是在发生 ISDS 竞合的情形下，由投资者选择其中一种程序来解决争端，从而排除平行程序的出现。而仲裁庭通过将其受理的争端解释为与国内法院受理的争端不具有同一性，从而使其获得对该争端的管辖权，但这种不具有同一性的解释是仲裁庭将争端的目的、当事人和诉因进行不同解释而造成的，但这些争端具有实质上的同一性，例如，就政府对同一投资采取的行政措施分别以母公司和子公司的身份在国内法院起诉和在 ICSID 申请仲裁，就存在着同一争端被不同机构受理的现象。

（四）平行程序对国际投资争端解决机制的冲击

平行程序的出现是不同投资争端解决机制之间管辖权竞合的表现，同时平行程序的出现也加剧了国际投资法的碎片化。

首先，平行程序的出现导致了国际投资争端的升级。国际投资争端解决机制的目的是保障国际投资争端能够顺利得到解决，但在出现平行程序的情形时，原有的争端并未得到解决，而又出现了多个争端解决机制之间对同一争端同时适用的情况，即出现争端解决程序之间的冲突和竞争。

其次，平行程序的出现加剧了国际投资法律关系主体之间权利的失衡。由于投资者的申请是启动争端解决程序的唯一方式，因此平行的数个程序并非同时出现，投资者往往是在其请求未得到国内司法程序支持的情况下再向 ICSID 申请仲裁。因此，投资者能够获得多重权利的救济。而东道国则不仅需要承担多重平行程序所带来的程序性成本的增长，还需要应对可能出现的在某一程序中败诉的情况。因此，平行程序导致权利救济的天平向投资者方面倾斜。

最后，平行程序的出现会造成救济结果的冲突。数个平行的程序可能会对受理的同一争端得出不同的结论，从而引发裁决的承认与执行问题。国内司法和国际仲裁往往处于不同的法制环境并遵循不同的裁判逻辑。对于国内法院的法官而言，他们主要遵循国内法，成文法系的国家通常有着较为全面的立法，对所裁决的争端有着更具体的规定，普通法系国家的法官也会在多数领域面对作为法律渊源的较为丰富的判例，法官所需做的更多的是在个案裁判中适用法律。而 ICSID 仲裁庭则没有如此丰富的法律工具可以使用，除了 ICSID 公约、BIT 和少量国际习惯之外，基本没有可以作为裁判依据的其他法律渊源，而 ICSID 公约、BIT 和国际习惯本身也有待仲裁庭经过充分的解释，并弥补其规范之间的漏洞之后方能得以适用。同时，不同程序运作的目的和宗旨也有很人的差异。所以平行程序之间得出不同结论的概率非常高。

三、导致了对东道国投资管制权的侵蚀

管辖权的扩张必然意味着对缔约国权力的限缩，特别是对

作为被申请方的东道国主权的限制，这种限制表现为 ICSID 仲裁法律关系主体权利的失衡，体现在三个层面：一是仲裁机构的管辖权侵蚀了东道国在管制外资方面的主权；二是投资者获得救济的私权利超越了东道国属地管辖的公权力；三是资本输出国和资本输入国之间的平衡被打破。

在所有的国际争端解决方式中，都存在着争端解决机构与国家的关系问题。通过当事国在条约中或者当事方在投资协议中达成的合意，争端解决机构获得了对争端的管辖权，而其管辖权构成了对国家投资管辖权的限制。而在个案中，ICSID 仲裁管辖权的进一步扩张也就意味着加重了对国家管辖权的限制。具体来看，ICSID 仲裁管辖权与国家管辖权的一"进"一"退"具有双面性，即一方面，ICSID 管辖权的扩张侵蚀了传统上属于国家管辖的领域，从而导致了国家对这一现象的警惕与政策上的反制；另一方面，ICSID 管辖权的扩张在形式上符合 ICSID 条约规则的规定，在实质上又暗合国际经济全球化与投资自由化的需求，因此又存在其合理的一面。国家对 ICSID 管辖权扩张的态度会随着在不同场景下的身份转变而发生变化，既可能由于其资本输入国的身份或在个案中成为被申请人而反对 ICSID 管辖权的扩张，也可能由于其资本输出国的身份或个案中作为其国民的投资者向 ICSID 提出申请而支持其管辖权的扩张。但管辖权的过度扩张则导致其间微妙的平衡被打破。

管辖权的扩张损害了投资者和国家之间的权利平衡。投资者与东道国之间的关系是国际投资过程中最基本的关系，受到 ICSID 管辖权扩张最直接的影响。主权是国家固有的权利，并构成了包括国际投资法在内的国际法产生与演进的基础。缔约的过程也即主权者达成合意的过程。国家通过缔结条约赋予仲裁机构以受理投资者—东道国争端的管辖权，同时也就赋予了投资者仲裁请求权。从投资者权利和主权的关系来看，国家主权属于原生性权利，投资者的权利属于派生性权利，即投资者的权利是由国家在行使主权，在有关投资者待遇的国内立法和国际条约中赋予投资者的。然而管辖权的无序扩张意味着投资者的救济权超越了主权者的意图，从而导致"派生性的权利超越了原生性权力"。[1]

管辖权扩张实质上维护了旧的国际秩序。投资者、东道国与投资者母国这三者是国际投资法的基本主体，他们之间的关系是国际投资法调整的主要对象，其中 IIAs 的缔结者是国家，国家在缔约谈判过程中的博弈实际上就是国家利益的衡量与配置过程。然而，资本输入国和资本输出国存在着实质上的不平等，即资本输出国主要是发达的经济强国，而缔结条约的资本输入国则主要是发展中国家。尽管与 20 世纪相比，发展中国家对发达国家的资本输出的绝对值和相对值都有所增长[2]，但总体上发达国家和发展中国家的格局仍未发生根本性的变化。在双边博弈中，发达国家拥有对绝大多数发展中国家的谈判优势，发展中国家由于其综合国力较弱，对资本具有较强的需求，在缔约过程中，两类国家的意志体现程度不同，表现为在条约的宗旨和目的上更多强调保护投资者利益，在条约的约文中关于限制投资者请求权的条款则相对模糊。仲裁庭在判断管辖权的

〔1〕　Trinh Hai Yen, *The Interpretation of Investment Treaties*, Leiden, Brill Press, 2014, p. 2.

〔2〕　Roberto Echandi, "What Do Developing Countries Expect from the International Investment Regime?", in Jose E. Alvarez et al. eds. , *The Evolving International Investment Regime*: *Expectations*, *Realities*, *Options*, New York, Oxford University Press, 2011, pp. 61- 67.

范围时则以条约的目的来解释模糊的约文，得出的裁决扩张了管辖权的范围，从而放大了条约中对投资者利益的保护。

综上，管辖权的扩张对东道国利益造成了极大侵害，这种侵害表现在两个方面：一是东道国在应对仲裁时需要付出极大的成本并且要面对可能的败诉风险；二是东道国在管制外资方面的权力受到侵害。

四、各国的回应：卡尔沃主义的复兴

即使 ICSID 管辖权扩张对东道国利益造成了消极的影响，大多数国家出于引进外资和对稳定的国际环境的需要，并未对这种现象采取激烈的反应，而保持了容忍的态度。与 ICSID 公约签订时比，今天国际经济格局已经发生了较大的变化。资本流动状况愈加多样和复杂，发展中国家不再是单纯的资本输入国，也不再只是被动地接受国际格局中的各种安排，因此管辖权扩张对不同发展中国家的影响也有着较大差异。一部分发展中国家经济增长迅速，发展水平较高，已经开始迈入资本输出国的行列，因此管辖权扩张有助于保护这些国家的海外投资者，而另一部分国家则由于经济发展水平较低，处于资本单向流入的状态，管辖权扩张对其产生了较大的负面影响。还有一些国家在国际经济格局中处于边缘化的位置，对外资缺乏吸引力，也无力开展对外投资活动，因此管辖权扩张对其影响甚微。

但随着包括管辖权问题在内的 ICSID 体制性问题的累积和暴露，有些国家也开始试图摆脱 ICSID 对其管制外资权力的羁绊与规制，表现为开始在双边或者多边条约中对投资仲裁条款进行修改，甚至退出 ICSID 条约。其中以拉美部分国家的反响最为

强烈，这些国家希望全面采用国内救济解决国际投资争端。[1]
2007 年 4 月，在美洲玻利瓦尔联盟的第五次峰会上，尼加拉瓜、
玻利维亚和委内瑞拉宣布将退出 ICSID，以保障其管制其境内外
国投资的主权权利。厄瓜多尔也加入了玻利瓦尔联盟并发出通
知退出 ICSID 公约。与此同时，阿根廷和尼加拉瓜也有意退出
ICSID 公约。

　以上事实反映了在新自由主义兴起的过程中一度被国际社
会忽视的卡尔沃主义的主张在一些国家重新获得重视。卡尔沃
主义的主张包括两个基本出发点：内政不容干涉和绝对的国民
待遇。从不干涉内政角度出发，卡尔沃主义认为国家对外国投
资的管制属于一国内政的范畴，不应受到外国或者国际机构的
干涉，因此反对将国家管制措施交由外国法院或者国际司法机
构审查；而从绝对的国民待遇角度出发，卡尔沃主义认为，内
国国民在对国家管制措施存有异议时只能寻求内国行政或司法
救济，因此享有国民待遇的外国投资者也只能将其与东道国的
争端提交给国内行政或者司法机构审理，如果外国投资者可以
将争端提交国际仲裁，就实质性地享有了超国民待遇，造成国
内投资者与外国投资者之间地位的不平等。因此，卡尔沃主义
的逻辑结论是：投资者—东道国争端管辖权应该由国内机构排
他地行使，而国际争端解决机构不应当被赋予对此类争端的管
辖权。显然，卡尔沃主义的要求不仅是限制 ICSID 管辖权的扩
张，而是否定 ICSID 的管辖权。实践中，受到卡尔沃主义复兴
影响的国家并不必然直接退出 ICSID 公约，但会在 BIT 中对

---

　〔1〕 See Cremades, Bernardo M., "Disputes Arising Out of Foreign Direct Investment
In Latin America: A New Look at the Calvo Doctrine and Other Jurisdictional Issues", *Dispute
Resolution Journal* 59, 2004, pp. 78-84.

ICSID 和其他国际投资争端解决方式采取限制或者排除的安排。

卡尔沃主义复兴的迹象不仅出现在其诞生地——拉丁美洲，而且开始向世界其他地区蔓延。印度在 2011 年怀特工业案裁决后起草了新的 BIT 范本，削弱了其保护外资的特征。南非正在全面终止 BIT，其目标是通过国内救济的方式全面解决投资争端。虽然，印度和南非都不是 ICSID 公约的缔约国，但作为发展中国家中经济发展态势良好和国际地位较高的国家，他们的态度可以被视为代表了相当一部分发展中国家的趋势。截至 2017 年，印度尼西亚已经终止了其全部 64 件国际投资协定中的 17 份国际投资协定的效力，并意图在未来继续终止更多的国际投资协定。近些年来，菲律宾不再签署含有 ISA 条款的条约，其与日本签订的 FTA 就明确排除了 ISDS 条款。巴西开始讨论条约的合宪性问题。

受到卡尔沃主义影响的国家不仅有发展中国家，一些发达国家的立场和政策也因此发生变化，其原因在于这些国家也成为某些 ICSID 仲裁案的被申请方，从而感受到了 ICSID 管辖对国家外资管制权的侵蚀，特别是在案件中出现扩张管辖权的现象。澳大利亚于 2011 年发布的《贸易政策声明》就明确宣布在未来签订的 IIA 中排除 ISDS 条款，此种政策应是受菲利普·莫里斯仲裁案的影响。[1] 韩国则被卷入孤星基金（Lone Star）仲裁案，在 ICSID 仲裁后与巴西一样对条约的合宪性展开讨论，并在其国内引发广泛的公众关注。挪威也在其 BIT 范本所提供的平

---

〔1〕 Australian Government Department of Foreign Affairs and Trade. Gillard Government Trade Policy Statement: Trading Our Way to More Jobs and Prosperity, Investor-State Dispute Resolution, 载澳大利亚外交和贸易部网站: http://www.dfat.gov.au/publications/trade/.

衡解决方案无法满足利益各方的需求情况下停止签署新的BIT。

在一些新签订的IIAs中，也出现了对现有投资仲裁机制的不满限制甚至废止的趋势。比较典型的是欧盟在与加拿大和越南所签订的FTA中，试图以常设的国际仲裁法院取代ICSID仲裁机制，此种做法的目的是通过仲裁法院法官的常任性摆脱仲裁裁决中可能出现的不一致性，并以上诉程序对初审裁决进行纠偏，包括撤销超越管辖权而受理的案件。另一个相对缓和的做法出现在CPTPP中，其具体方式是冻结投资争端解决条款。在美国退出TPP谈判的背景下，谈判国在CPTPP部长声明的附件二中，列明了20条暂停的条款，其中第2条明确规定对TPP第九章中的"投资协议"和"投资授权"条款以及对违反"投资协议"和"投资授权"提起ISDS申请的条款被暂停，这意味着外国投资者不能因成员国政府违反了自然资源的开发利用协议或者基础设施建设等投资协议而提出投资仲裁。同时，CPTPP成员国还通过双边的换文或签署互惠协定的方式排除ISDS机制的适用，实践中各国的具体做法有三种：①完全排除ISDS机制的双边适用，如澳大利亚和新西兰的互惠协定、新西兰与秘鲁的换文；②要求适用ISDS机制前得到东道国政府的承认，如新西兰分别与文莱、马来西亚和越南的换文；③在部分领域排除ISDS机制的双边适用，如秘鲁在换文中排除外国投资者就秘鲁的烟草控制措施提起仲裁。[1]

卡尔沃主义的复兴反映了国家对ICSID机制较为激烈的反对态度。此种做法在一定程度上修补了ISDS机制的全面展开对国家权力的侵蚀，尽管其后果尚有待时间检验，其中有相当一

[1]　张生：《CPTPP投资争端解决机制的演进与中国的对策》，载《国际经贸探索》2018年第12期。

部分可以为未来国际投资仲裁机制的发展提供借鉴，如在条约中规定公共利益例外条款，排除 ISDS 机制对东道国保护公共利益措施的适用。与此同时，在资本国际流动如此频繁、各国经济联系如此紧密的今天，完全排除 ICSID 在内的 ISDS 机制，退回到投资的国内救济或者外交保护方式，这显然既对国家经济的稳定增长构成威胁，也无法为投资争端的解决提供合适的机制，甚至由于投资争端的重归政治化而将投资者与东道国之间的争端上升为国家之间的争端，从而带来争端加剧的危险。因此在 ISDS 机制内来化解管辖权扩张的危机是较为务实和有效的方法。同时，制度的完美性仅是人类的理想，对于国际制度的缺陷，更需要人们在客观和理性审视的基础上渐进解决。

第二节　ICSID 仲裁管辖权扩张对国际投资仲裁机制的促进与发展

尽管 ICSID 仲裁管辖权的扩张给国际投资仲裁机制带来了强烈的冲击，并引发了各国对此的激烈反弹，然而这一现象的出现也有其内在的逻辑，并在一定程度上顺应了国际投资发展的需求，同时也反映了国际争端解决机制发展的趋势。对此现象，如果仅仅看到其弊端，而对其对国际投资法影响的正面因素视而不见，显然无法形成对管辖权扩张现象的全面认识，从而造成对这一现象的全盘否定，更无从采取兴利除弊的适当措施。在实践中，ICSID 管辖权的适度扩张既反映了国际投资的发展方向，又推动了国际投资争端解决机制的充分利用，同时在解决争端的基础上弥补了国际投资条约体系存在的缺陷和漏洞。

一、顺应国际投资的发展趋势

仲裁裁决案件的基础是争端的发生，投资争端的起因则是国际投资的发展，因此可以说整个 ISDS 机制发展的社会基础是资本的跨境流动，ISDS 机制也必然随着国际资本流动的加速以及国际投资形式的变化而不断扩张。不同的 IIA 对投资所采取的不同定义方式反映了国际投资的发展和变化：

第一，国际投资的早期发展阶段，主要采用有形的物质财产形式，而且其种类是有限的。因此，可以采用基于资产的定义模式，即通过列举资产的种类来对投资的范围进行界定。然而随着经济和科技水平的发展以及市场主体在财产上创设出新的利用方式和随之出现新的权利种类，此种定义的方式已经不足以涵盖所有的资产种类，如无形财产在投资中所占比重越来越大，而且难以界定。因此，产生开放式和封闭式两种定义方法，前者对资产的种类做非穷尽的列举，后者则将资产的范围限定于所列举的范围。然而，开放式的列举不代表投资范围的无限，封闭式的列举则无法适应国际投资发展的要求。因此，在对资产进行定义的前提下，开放式的定义需要仲裁庭对其在个案做出限制，封闭式的列举也需要仲裁庭灵活运用其解释权将可能出现的投资形式的变种纳入既有的投资范围内。

第二，由于资产界定的不确定性，一些 IIA 开始采用以企业为基础的定义，即通过列举企业的创设和经营活动而对投资的范围进行界定。此种定义方式的成立是因为国际直接投资的核心特征是涉及企业经营管理权的活动，从这个角度来看，国际投资即跨境进行的新设或并购企业并开展经营的活动。然而，与基于资产的定义一样，随着企业行为的扩展，一方面，基于企业的定义会突破传统的直接投资范围，如将对企业的贷款作为投资的类型，以使其能够获得充分的保障；另一方面，对于新出现的企业行为类型，IIA 并未能够及时更新将其纳入，而此时仲裁庭在管辖权方面同样需要采用适当的解释方法将其纳入既有的条款中。

ICSID 仲裁管辖权的扩张在投资定义问题上有两重发展方向：一是横向领域的扩张，即从某一专业领域扩张到相邻的领域。横向领域的扩张通常表现为投资概念的泛化，即将某些传统并非投资的问题解释为投资。二是纵向深度的推进，即投资内涵的变化。纵向的扩张在 ICSID 的发展中表现为直接投资概念的弱化，从而导致对投资的定义从传统的仅涉及管理控制权而在海外建立公司或者企业的活动，扩展到某些传统上被视为间接投资的领域，如非股权投资的方式。对于前一种方式，需要采取更加谨慎的态度来进行分析，因为容易发生越界的风险。而对于后一种方式，则可以适度地包容，因为它在很大程度上反映了国际投资发展的趋势，是对原有投资的变通适用，而非突破投资的界定，有利于促进投资，从而在整体上促进东道国利益，尽管在个案中东道国可能会由于仲裁庭的裁决遭受一定损失。

二、推动国际投资争端的化解

在 ICSID 出现之前，投资争端的解决主要依靠国内司法和外交保护的方式解决。从国际法的角度来看，这两种做法都具有单边性。投资者在东道国法院起诉时，会担心受到不公正的待遇，实际上由于东道国法治的不健全，此种情况时有发生。而投资者母国对其海外投资提供外交保护，则更可能将投资争端上升为国家之间的政治争端。但这两种处理方式在早期是能够满足投资争端解决需求的。在国际经济全球化发展的初期，投资的数量和规模较小，投资的形式较为单一，而且投资多在法治较为健全且具有相近的意识形态的西方国家之间进行。在此背景下，国际投资争端的数量较少，国际社会没有建立常设的投资争端解决机制的需求。因此，在第二次世界大战之前，国内司法和外交保护是解决国际投资争端的主要途径。

二战后，在非殖民地化运动蓬勃发展的形势下，西方国家的内部市场缩小，为了获取廉价原料、维持产品销售市场，西方国家的部分对外投资开始向原殖民地国家转移。而新独立国家的经济基础差、社会发展水平较低、法治不够完善，这些都导致投资风险的增大和投资争端的增多。因此，仅靠国内司法不足以保障投资者权利，而在新独立国家独立自主意识高涨的情况下过多使用外交保护的方式容易引发国家间的政治对立。所以，投资争端的解决此时开始转向依据 BIT 并利用国际仲裁等方式。因而虽然发达国家相互间的投资远远超过发达国家向发展中国家的投资，但早期的 BIT 缔约方仍主要在发达的资本输出国和发展中的资本输入国之间，而 ICSID 出现在殖民地独立高峰期的 20 世纪 60 年代也具有现实发展的逻辑：宏观上投资和投资争端的发展确定了国际投资争端解决的基本方向是由国内迈向国际，最终形成专门的多边解决机制。但在 ICSID 出现早期，其受理案件的数量非常少，其原因在于选择 ICSID 的 BIT 数量较少，以及发达国家投资者间的争端仍然主要依靠国内司法解决的因素。

从 1990 年代开始，ICSID 仲裁受案的数量增长迅速，其原因在很大程度上是由于新自由主义在全球的扩展，BIT 数量增多并接受 ICSID 仲裁条款，而接受新自由主义的仲裁员更倾向于扩张 ICSID 仲裁庭的管辖权，从而使更多的争端能够通过 ICSID 解决。这固然限制了国家对外资的管治权。但如果这种管辖权的扩张能够通过一定制度性方式加以确认或者限制，则可以有效地降低国际投资争端解决的政治色彩，从而促进国际经济法制的发展。

第五章
ICSID 仲裁管辖权扩张的对策

ICSID 管辖权问题的核心是投资者权益和东道国权力的平衡，即一方面要赋予投资者充分的程序性权利来保障其在东道国的投资，另一方面又要尊重东道国的主权，而这两者之间的平衡点就应当是 ICSID 仲裁管辖权的边界。确定管辖权边界的目的并非为了消灭管辖权扩张的现象，而是通过在一定程度上限制仲裁庭的自由裁量权防止管辖权扩张带来的危害，同时又能够给仲裁庭根据国际投资发展和外资保护的趋势而保留一定的裁量空间。因此仅仅设定管辖权的边界是无法实现这一目标的，还需通过更具体的分析，来寻找完善 ICSID 仲裁管辖权的方向和路径。从整体上看，在这一方面的可行路径包括仲裁庭的实践、裁决审查制度的健全以及 IIA 条款的完善。

第一节　设定 ICSID 仲裁管辖权的实践做法

为 ICSID 仲裁管辖权设立一个绝对确定的实体标准是非常困难的，但在抽象和开放的 ICSID 公约条款基础上，对 ICSID 仲裁管辖权设置进一步的限制是可能的。ICSID 仲裁实践中也出现了对 ICSID 仲裁管辖权的限制性解释，仲裁庭也希望为 ICSID 设定更明晰的实体标准。仲裁庭在审理案件的过程中一直不断地进行着对 ICSID 管辖权设定实体标准的努力。通过裁决将其标准不断明确，以使个案中的管辖权边界清晰明了。而这种实践为人们反思 ICSID 仲裁管辖权的限度提供了样本。仲裁庭对其管辖权设定的限制条件主要表现在为"投资"定义设置认定标准和对各类条款在适用时的解读。

一、对投资定义的限制

在案件裁决中，仲裁庭非常重视重构对投资定义的限制。首先，大多数仲裁庭都采用双钥匙孔标准（double keyhole approach）作为对"投资"的基本限制。双锁孔是要求引起争端的"投资"既要符合 ICSID 公约的要求，也要符合 BIT 对"投资"的定义。但由于 ICSID 并没有对"投资"提出明确的定义，因此，双锁孔标准实际上是要求仲裁庭根据 BIT 的条款来判断引起具体争端的投资是否为仲裁庭管辖的对象。但 BIT 中"投资"概念条款的模糊性进一步将确定投资定义的责任转移给了仲裁庭。

在仲裁实践中，Fedax 诉委内瑞拉案和 Salini 诉摩洛哥案的裁决引起了人们更多注意，两起案件的仲裁庭均对投资存在的特征提出了一整套标准。具体而言，在 Fedax 诉委内瑞拉案中，仲裁庭将"持续一定的时间、固定的利润和回报、承担一定的风险、相当数额的投入和对东道国发展的贡献"作为判断投资的标准。仲裁庭进而在裁决中具体论述了在该案中如何采纳这五项指标作为判断"汇票"是否构成投资的标准："投资的持续性在这种情况下满足了关于合同需要跨越合同缔结的财政年度的法律要求。利润和回报的规律性也为在几年的时间里支付利息的时间表所满足。投资数量承诺也相对充足。风险也如同已经解释的那样得到承担。并且最重要的是，正如据以发行有关金融票据的法律所特别要求的，在交易和东道国的发展之间有

着明显的紧密联系。根据案件的特定事实，上述交易符合投资的基本特征。"〔1〕

但在该案中由于仲裁庭最终是以主观主义解释方法来认定"投资"，因此，仲裁庭所列举的标准并未发挥实质上的限制作用。〔2〕Fedax N. V.诉委内瑞拉案管辖权裁决的意义在于通过对"投资"的特征进行限定的做法为后来的裁决提供了可资借鉴的思路。但从影响力角度来看，之后的 Salini 案裁决更具标本的意义。

Salini 案源起于两家意大利公司在摩洛哥进行的公路建设工程。1994 年 8 月，摩洛哥负责建设、维护和经营公路的国有企业 ADM 发出建设连通拉巴特和菲斯的公路的要约，意大利的 Salini Costruttori S. p. A. 与 Italstrade S. p. A. 两家公司中标了其中一段 50 公里长的工程。工程比合同规定多花四个月时间完工。两家公司认为这是由于恶劣天气、项目更改等非公司自身的因素造成的，因此与 ADM 就工程款的结算产生争议，于是向 ICSID 提出仲裁申请。

Salini 诉摩洛哥案仲裁庭认为，虽然之前几乎没有一起案件裁决提到 ICSID 公约第 25 条中投资的含义，但是认为"与投资直接相关"的争端的要求被当事方同意淡化的认识是不准确的。相反，ISCID 此前的案例和法律的起草者一致认为作为中心管辖权客观条件的投资要求应当得到尊重。〔3〕在这一认识的基础上，

〔1〕　Fedax N. V. v. The Republic of Venezuela, ICSID Case No. ARB/96/3, Decision of the Tribunal on Objections to Jurisdiction, July 11, 1997, para. 43.

〔2〕　Fedax N. V. v. The Republic of Venezuela, ICSID Case No. ARB/96/3, Decision of the Tribunal on Objections to Jurisdiction, July 11, 1997, para. 21, 43.

〔3〕　Salini Costruttori S. p. A. and Italstrade S. p. A. v. Kingdom of Morocco, ICSID Case No. ARB/00/4, Decision on Jurisdiction, July 23, 2001, para. 52.

仲裁庭在管辖权裁决中对"投资"设定了四项指标作为判断标准，并针对该案的具体情况做了论述：

（1）**资本的投入**（contributions）。投入在这里显然是指资金或者资产的投入。仲裁庭认为，在该案中，作为申请方的意大利的两家公司使用了专有技术，提供了完成工程所必要的设备和合格的人员，在建设工地装配了生产工具，获得了使其可以购买完成工程必需品和支付工人工资的贷款，并且他们同意以中标总额的1.5%的固定比例提供银行担保，在完成中标项目的最后阶段，固定以产生争议的合同价款的3%来确定担保。[1]这些都表明意大利以货币、实物和企业的形式做出了投入。

（2）**一定的存续期间**（a certain duration）。关于存续期间，仲裁庭采用了 Christoph Schreuer 所援引的原则，认为原则上投资时间最短应当维持2年~5年。而该案中合同履行期为32个月，并延期到36个月，符合投资的时间要求。[2]

（3）**风险的存在**（an element of risk）。仲裁庭认为，在该案中，风险源自合同的本质。申请方详细列出了一份在履行合同时所承担风险项目的表单。其中，包括发包方贸然终止合同和在计价方式不变的情况下变动合同、因摩洛哥法律修改造成劳动力成本的潜在增加、施工期间其财产发生事故或者损害、由于同时施工的其他工程的协调所带来的问题、可能由于不可抗

---

[1] Salini Costruttori S. p. A. and Italstrade S. p. A. v. Kingdom of Morocco，ICSID Case No. ARB/00/4，Decision on Jurisdiction，July 23，2001，para. 53.

[2] Salini Costruttori S. p. A. and Italstrade S. p. A. v. Kingdom of Morocco，ICSID Case No. ARB/00/4，Decision on Jurisdiction，July 23，2001，para. 54. 裁决书中同时注明了相关学说。In D. Carreau，Th. Flory，P. Juillard ed.，Paris：Droit International Economique，3rd，1990，pp. 558-578. Christoph Schreurer，Commentary on the ICSID Convention，*ICSID Review-Foreign Investment Law Journal*，Volume 11，Issue 2，Fall 1996，pp. 318-492.

力造成无法预见的事故并因此无法提起赔偿请求，以及如果出现工程量不超过合同总价 20% 的增减导致无法求偿的风险。[1]

（4）对东道国经济发展的贡献（a contribution to the economic development of the host state）。仲裁庭认为，在大多数国家，基础设施建设工程是由国家或者其他公共机构承担的任务，对于公路工程项目无需质疑其是否服务于公共利益，其本身就具有公共性。同时，意大利公司能够向投资东道国提供所完成工程有关的专有技术。[2]这些都表明了合同所涉及的项目对摩洛哥经济发展是有助益的。

与 Fedax N. V. 诉委内瑞拉案以主观主义的方式使裁决中所认可的相关的标准被架空不同，Salini 诉摩洛哥案裁决中体现了客观主义的取向，为投资定义的判断设定实质性限制的指标。两案尽管最终的结论一致，都认为案件所涉及的合同事项符合 ICSID 公约对"投资"的要求，但是其演绎的进路却完全不同。对于 ICSID 体制来说，Salini 诉摩洛哥案反映了在经历了诸多裁决中投资定义的不确定性之后，仲裁庭意欲通过明白的条件将之明确下来的努力。

Salini 诉摩洛哥案仲裁庭所确定的四项指标的投资判断标准被称为"Salini 标准"。在这之后，该标准被某些仲裁庭采纳，但在使用时对这一标准有时会发生一些变化。有些仲裁庭在使用该标准时将其修改为三项指标，如 Saba Fakes 诉土耳其案的仲裁庭采用了前三项指标，而没有将"对东道国经济发展的贡

---

〔1〕　Salini Costruttori S. p. A. and Italstrade S. p. A. v. Kingdom of Morocco, ICSID Case No. ARB/00/4, Decision on Jurisdiction, July 23, 2001, para. 55.

〔2〕　Salini Costruttori S. p. A. and Italstrade S. p. A. v. Kingdom of Morocco, ICSID Case No. ARB/00/4, Decision on Jurisdiction, July 23, 2001, para. 56.

献"作为判断投资的指标。[1]有些仲裁庭采用五项指标，如 Joy Mining Machinery Limited 诉埃及案中，除了上述四项指标外，还加上了"利润和回报的规律性"，实际上与 Fedax N. V. 诉委内瑞拉案采用的指标相同。[2]还有的仲裁庭采用了由六项指标构成的判断标准，如 Phoenix Action Ltd. 诉捷克案中，在 Salini 标准的基础上还附加了"资产必须秉善意投入"和"符合东道国法律规定"两项指标。[3]无论是与 Salini 诉摩洛哥案裁决保持一致，还是对其做出了某种改变，诸多裁决对该案裁决以客观方式对管辖权做出限定的方法是持有接受态度的。

但并非所有的仲裁庭都接受以 Salini 标准作为判断投资的依据。在 Abaclat 等诉阿根廷案中，仲裁庭就明确表示不会参照 Salini 标准的内容。[4]在 M. C. I. Power Group, L. C. and New Turbine, Inc. 诉厄瓜多尔案中，仲裁庭更明确表示"为了判断投资的存在而考量某些仲裁先例中时，其要求……必须仅作为例证而不必作为投资存在的要求的要素来考虑"。[5]在 Biwater Gauff (Tanzania) Limited 诉坦桑尼亚案中，仲裁庭认为必须在每起案件中都采用"死板教条的，或过于严格的"Salini 标准的根据。[6]

---

〔1〕 Saba Fakes v. Republic of Turkey, ICSID Case No. ARB/07/20, Award, July 14, 2010, paras. 110-114.

〔2〕 Joy Mining Machinery Limited. v. Arab Republic of Egypt, ICSID Case No. ARB/03/11, Award on Jurisdiction, August 6, 2004, para. 53.

〔3〕 Phoenix Action, Ltd. v. Czech Republic, ICSID Case No. ARB/06/5, Award, April 15, 2009, para. 116.

〔4〕 Abaclat and others v. Argentine Republic, ICSID Case No. ARB/07/5, Decision on Jurisdiction and Admissibility, August 4, 2011, para. 364.

〔5〕 M. C. I. Power Group, L. C. and New Turbine, Inc. v. Republic of Ecuador, ICSID Case No. ARB/03/6, Award, July 31 2007, para. 165.

〔6〕 Biwater Gauff (Tanzania) Limited v. United Republic of Tanzania, ICSID Case No. ARB/05/22, Award, July 24, 2008 , para. 312.

不同仲裁庭对 Salini 标准的不同态度反映了由仲裁庭来为"投资"定义设定明确标准的做法具有一定的合理性，在 ICSID 公约未作规定而 BIT 中的"投资"定义又存在模糊性的情况下，由仲裁庭来设置标准以给"投资"更确定的含义是留给国际投资仲裁机制的唯一进路。从仲裁庭的思路出发，Salini 标准的支持者对"投资"定义普遍持有一种客观主义的态度，认为 ICSID 公约中的"投资"是有客观标准的，仲裁庭的目的在于说明这些客观标准，而不是把他们留给条约缔约国或者合同当事方来任意约定。正如在 Joy Mining Machinery Limited 诉埃及案中，仲裁庭所言："从仲裁管辖权的目的来看，争端当事人不能根据合同或条约界定投资，其中有些并不符合 ICSID 公约第 25 条的客观的要求。"[1]

Salini 标准在仲裁中引发的分歧有其现实的基础，从支持者的角度看：一方面，缔约国在缔约过程中放弃了其为投资设定标准的机会，只能由仲裁庭来弥补；另一方面，由仲裁庭来弥补管辖权方面的瑕疵也是符合 ICSID 的设立目的。作为一个为了解决投资者和东道国之间的投资争端而提供调解和仲裁便利的机构，其裁决合法性的基础是其对相关争端具有管辖权，当 ICSID 公约和 BIT 未能提供充分的管辖权根据，只能由仲裁庭在具体的裁决中做出弥补。从反对者的角度来看，由仲裁庭设定管辖权标准的方式与 ICSID 仲裁的性质相悖，因为管辖权的标准正是为了限制当事方和仲裁庭对投资仲裁的滥用，而且从 ICSID 公约的本意来说，公约在投资定义上的缺失，正是因为其意欲将这一问题交给缔约国或者当事方之间来商定。因此 ICSID 管辖权的边界并非要管辖所有与投资有关的法律争端，而是各

---

〔1〕 Joy Mining Machinery Limited v. Arab Republic of Egypt, ICSID Case No. ARB/03/11, Award on Jurisdiction, August 6, 2004, para. 50.

国同意提交仲裁的法律争端。

实践中，仲裁庭与专门委员会在 Salini 标准的认识问题上也存在分歧，因此出现仲裁庭适用 Salini 标准所做出的排除其管辖权的裁决被同样采用 Salini 标准的专门委员会撤销的情况。在 MHS 诉马来西亚案中，申请人 MHS 与马来西亚政府签订了在马六甲海域打捞一艘 1817 年沉没的英国货船"戴安娜"号的协议，同时提供清洗、修复和登记工作。该案焦点在于，当事方之间所签订的打捞协议及申请人为履行协议所支出的费用是否属于"投资"。独任仲裁员参考了 Salini 标准，以目的解释的方法对 ICSID 公约中的投资进行了解释，认为"判断一项活动是否为国际投资取决于该活动能否促进东道国的经济发展"，该案中的打捞协定没有给马来西亚带来明显的物质利益，而是文化和历史的利益，且该协议不像基础设施或金融基础设施项目那样给东道国带来持续的利益，因此不属于 ICSID 公约第 25 条第（1）款中的投资。[1]然而该裁决后来为 ICSID 专门委员会所撤销，其理由在于：①裁决只考虑了 ICSID 公约中的投资界定，而马来西亚—荷兰 BIT 中对投资采取了宽泛界定，该案中的合同应属于 BIT 第 1 条第 1 款"投资定义"中的"财产"范围，因为其包含了对金钱和具有财产价值的合同履行的请求权、知识产权以及根据合同打捞行为可享有商业优惠；[2]②裁决将"对东道国的重大贡献"作为确定"投资"的标准，排除了额度较小的投资，而 ICSID 谈判过程中的草案否决了以投资额方

---

〔1〕 Malaysian Historical Salvors, SDN, BHD v. Malaysia, ICSID Case No. ARB/05/10, Award on Jurisidiction, May 17, 2007, para. 125, 144, 145.

〔2〕 Malaysian Historical Salvors, SDN, BHD v. Malaysia, ICSID Case No. ARB/05/10, Decision on Annulment, April 16, 2009, para. 60.

面的货币底线和投资持续时间的要求，仅留下了未作定义的"投资"给缔约国协商确定投资定义。[1]专门委员会认为就 ICSID 公约所给出的"直接由投资引起的法律争议"仅能将简单的买卖和短时间的商业交易行为排除在"投资"范围之外。[2]

二、对 MFN 条款的限制

Maffezini 诉西班牙案中将 MFN 条款解释为适用于程序性事项，这种观点并没有为仲裁庭普遍采用。在 Salini 诉约旦案中，就对 MFN 条款的适用采用了限制的做法。该案与 Salini 诉摩洛哥案类似，同样的两家意大利公司在约旦中标了一座大坝建设项目，发包方为约旦水利部和约旦河谷管理局。项目完工后，双方因工程款结算发生纠纷。意大利公司据此提请 ICSID 仲裁。意大利—约旦 BIT（以下简称"意约 BTT"）第 9 条第 3 款虽然规定，在 6 个月的和平协商期满后，争端仍无法解决的，投资者可以选择将争端提交拥有领域管辖权的缔约国法院或者 ICSID 解决，但其第 2 款对第 3 款权利做出了限制，即在投资者和缔约国的一个实体签订了投资协议的情况下，则应当适用投资协议中规定的程序解决争端。约旦认为，工程承包合同中第 67 条规定，合同双方约定争端应当优先由约旦王国有权管辖的法院审理，除非双方当事人同意将争端提交仲裁。由于缺乏此种同意，争端应当由提交约旦法院审理。[3]申请方则在其请求中援

---

〔1〕 Malaysian Historical Salvors, SDN, BHD v. Malaysia, ICSID Case No. ARB/05/10, Award on Jurisidiction, May 17, 2007, para. 80（C）.

〔2〕 Malaysian Historical Salvors, SDN, BHD v. Malaysia, ICSID Case No. ARB/05/10, Award on Jurisidiction, May 17, 2007, para. 69.

〔3〕 Salini Costruttori S. p. A. and Italstrade S. p. A. v. Hashemite Kingdom of Jordan, ICSID Case No. ARB/02/13, Decision on Jurisdiction, November 9, 2004, para. 72.

引了意约 BIT 第 3 条中的 MFN 条款，虽然该条款并未明确是否适用于程序性事项，申请方特别提出在 Meffezini 诉西班牙案中，仲裁庭裁定 MFN 条款可以适用于程序性事项。[1]约旦则一方面指出 MFN 条款不能适用于程序性事项，另一方面提出根据国际法院的实践，Meffezini 诉西班牙案的裁决不能约束本案的仲裁庭，并更进一步提出"即使假设 MFN 条款理论上能够适用于争端解决条款，它也不能对抗公共政策因素"。[2]仲裁庭在考查了国际法院审理的 Ambatielos 案和 Meffezini 诉西班牙案对于 MFN 条款的适用，认为本案中的案情与前两案是不同的："事实上，意约 BIT 第 3 条并不包括任何将其扩展到适用于争端解决的条款。它并未设想'协议的所有权利或所有问题'。进而，申诉方无法提出任何它可以用以主张当事方的一般意图是将 MFN 条款适用于争端解决的内容。恰恰相反，意约 BIT 第 9（2）条明确表示为使此类争端根据投资合同确定的程序解决，将投资者和国家当事方的合同争端排除出 ICSID 管辖权。"[3]促使仲裁庭做出这种判断的动因，正如其在对 Meffenzini 裁决分析中所表示的，是由于其担心"条约选购"风险的不确定性导致条约难以得到正确适用。[4]仲裁庭在此案中仅仅是为防止实践中可能出现的滥用而采取了谨慎的做法，但并未从一般法理的角度来解释为什么 MFN 并不适用于争端解决事项。

---

〔1〕 Salini Costruttori S. p. A. and Italstrade S. p. A. v. Hashemite Kingdom of Jordan, ICSID Case No. ARB/02/13, Decision on Jurisdiction, November 9, 2004, para. 102.

〔2〕 Salini Costruttori S. p. A. and Italstrade S. p. A. v. Hashemite Kingdom of Jordan, ICSID Case No. ARB/02/13, Decision on Jurisdiction, November 9, 2004, para. 103.

〔3〕 Salini Costruttori S. p. A. and Italstrade S. p. A. v. Hashemite Kingdom of Jordan, ICSID Case No. ARB/02/13, Decision on Jurisdiction, November 9, 2004, para. 118.

〔4〕 Salini Costruttori S. p. A. and Italstrade S. p. A. v. Hashemite Kingdom of Jordan, ICSID Case No. ARB/02/13, Decision on Jurisdiction, November 9, 2004, para. 115.

与 Salini 诉约旦案不同，Plama 诉保加利亚案则从更具一般性的角度提出了 MFN 条款适用范围的规则。该案缘起于塞浦路斯的一家公司 Plama 对一家保加利亚炼油公司 Euro Energy Holding OOD（收购后改名为"新 Plama"）股份的收购。在仲裁申请中，Plama 认为保加利亚政府、国家立法和司法机关以及其他公共机构和部门有意对新 Plama 的经营制造了大量麻烦并且拒绝或不合理地推迟改正措施，对其炼油业务造成了实质性损害，并直接对 Plama 的声誉和市场价值产生了负面影响。[1]Plama 认为保加利亚—塞浦路斯 BIT（以下简称"保塞 BIT"）第 3 条规定的 MFN 条款适用于争端解决事项，并主张据此享有保加利亚—芬兰 BIT 中的争端解决待遇。仲裁庭认为保塞 BIT 中的 MFN 条款不能被解释为同意将争端提交 ICSID 仲裁。仲裁庭首先指出，由于保塞 BIT 第 3 条的 MFN 条款并未明确表示其是否包含保加利亚缔结的其他条约中的争端解决条款，因此包含或者不包含都不符合解释的同类原则（the ejusdem generis principle）。[2]在此基础上，仲裁庭逐一考查了申请方提出的请求，并提出了其裁决的理由：

（1）从文义解释角度，尽管保塞 BIT 第 3 条包括了 MFN 条款在经济共同体或联盟、关税同盟或自由贸易区方面的例外，似乎可以判定其包括争端解决条款，但在 MFN 条款第 2 款中使用"权益"（privileges）一词又可被视为表明 MFN 条款仅与实

〔1〕　Plama Consortium Limited v. Republic of Bulgaria, ICSID Case No. ARB/03/24, Decision on Jurisdiction, February 8, 2005, para. 21.

〔2〕　Plama Consortium Limited v. Republic of Bulgaria, ICSID Case No. ARB/03/24, Decision on Jurisdiction, February 8, 2005, para. 189.

· 195 ·

体权利保护有关，而将争端解决程序排除在外。[1]

（2）从上下文的角度，虽然可能支持申请方的主张，但由于根据其他应当考虑的解释要素，上下文并不能单独证明当事方的意图，而且也在 BIT 谈判过程中形成的证据也无法证明申请方的主张。[2]

（3）从目的和宗旨的角度，保塞 BIT 的目的和宗旨是"为缔约国投资者在另一缔约国领土内的投资创造优惠条件"。根据在 1965 年《执行董事会关于 ICSID 公约的报告》中提出的"设立解决国家与外国投资者的争端的机构能够成为在那些希望吸引投资的国家之间提升互信氛围并因此促进国际私人资本流动的重要步骤"以及联合国贸易和发展会议（United Nations Conference on Trade and Development，以下简称"UNCTAD"）1990 年代中期对 BIT 的研究中包括的相同用语，申请方认为，争端解决安排与外国投资者的保护是有关的。但仲裁庭认为，这些在法律上都不足以做出保塞 BIT 的缔约国意图将 MFN 条款包括在其他条约中订立的仲裁条款的结论。仲裁庭特别意识到 Ian Sinclair 爵士的警告："不适当的强调条约的'目的和宗旨'会鼓励选择解释的技术方式，更有甚者，会否定对缔约国意图的依赖。"[3]

仲裁庭并不局限于对申请方的反驳，而是在将 BIT 放在其缔结的历史背景中进行综合考量基础上进一步做出判断。首先，仲裁庭发现，保加利亚在国内政治制度发生变化后的 1990 年

---

[1] Plama Consortium Limited v. Republic of Bulgaria, ICSID Case No. ARB/03/24, Decision on Jurisdiction, February 8, 2005, para. 191.

[2] Plama Consortium Limited v. Republic of Bulgaria, ICSID Case No. ARB/03/24, Decision on Jurisdiction, February 8, 2005, para. 192.

[3] Plama Consortium Limited v. Republic of Bulgaria, ICSID Case No. ARB/03/24, Decision on Jurisdiction, February 8, 2005, para. 193.

代，在 BIT 中采用了更加自由主义的争端解决条款，包括诉诸
ICSID 仲裁。然而，由于保加利亚和塞浦路斯在 1998 年在对 BIT
进行修改的谈判未能达成协议，双方并没有就其 1987 年保塞
BIT 中的争端解决方式做出进一步安排。而双方对修改争端解决
条款本身展开谈判的行为本身也表明原条约 MFN 条款并不能适
用于其他 BIT 中的争端解决条款。[1]其次，仲裁庭认为，虽然
自 1980 年代以来传统的母国提供投资者外交保护的方式逐渐为
投资者针对东道国提起仲裁所取代，但这并不能动摇以缔约国
的协议作为仲裁的基本前提，而且此种协议应当是"明确"
（clear）和"毫不含糊"（unambiguous）的，其表现在 BIT 的框
架中，仲裁协议是由东道国在投资争端发生前在 BIT 中规定，
后来为投资者接受。[2]最后，仲裁庭认为缔约国在双边或者多
边条约中约定了特定的争端解决程序的情况下，除非缔约国明
确表示同意，才可能适用 MFN 条款援用其他条约中的争端解决
方式，这是今天被广泛接受的仲裁条款独立性的组成部分，即
"争端解决条款通常与相关的条款本身构成了一个协议"。[3]

　　Daimler 诉阿根廷案援用了 Plama 诉保加利亚案对 MFN 的裁
决。德国公司 Daimler 在阿根廷 1990 年代初采取了包括货币政
策在内的一系列改革措施后，决定在阿根廷的投资信贷领域进行
投资，并购了一家当地公司，改组为 Daimler Chrysler Services, Ar-
gentina S. A.（DCS）主要业务包括向阿根廷梅赛德斯－奔驰公司

---

　　[1]　Plama Consortium Limited v. Republic of Bulgaria, ICSID Case No. ARB/03/
24, Decision on Jurisdiction, February 8, 2005, para. 195.

　　[2]　Plama Consortium Limited v. Republic of Bulgaria, ICSID Case No. ARB/03/
24, Decision on Jurisdiction, February 8, 2005, para. 198.

　　[3]　Plama Consortium Limited v. Republic of Bulgaria, ICSID Case No. ARB/03/
24, Decision on Jurisdiction, February 8, 2005, para. 212.

在该国生产的汽车的分销商和购买者提供信贷，并经营非汽车类的资本业务。2001 年，阿根廷遭遇新一轮金融危机，其为遏制危机采取了一系列措施，Daimler 认为这些措施对 DCS 的经营造成了灾难性的损失，因此向 ICSID 提起仲裁。Daimler 认为德阿 BIT 中的 MFN 条款可以适用于程序性事项，从而使其可以援引阿根廷与其他国家所签订的 BIT〔特别是智利—阿根廷 BIT（以下简称"智阿 BIT"）〕中的争端解决条款。仲裁庭在该案中首先对条约解释方法进行了分析，认为正确履行其解释的使命就要满足两重标准：一是要考虑与条约所陈述的目的和宗旨保持一致，二是要与缔约国双方为实现其目的和宗旨的具体法律框架相适应。〔1〕同时缔约国的同意构成了所有国际条约的基础，其对实体待遇条款、MFN 条款和争端解决条款同样有效，具有同等的拘束力，因此所有条约应当无差别地采用同样的解释原则。〔2〕VCLT 也十分明确地强调了同意在条约法中扮演的角色，在其第 31（1）条中虽未明确使用"同意"一词，但其中的"善意"即表明仲裁庭应该受缔约国协议的法律框架的约束。〔3〕仲裁庭在此援引常设国际仲裁法院的结论，即没有当事国的同意不能将争端提交国际争端解决机制。〔4〕仲裁庭在回顾 Ambatielos 案以及货币黄金案后特别提出："在前述国际法院的法院惯例中，国家可以选择与其所选择的国际投资有关的任何

---

〔1〕 Daimler Financial Services AG v. Argentine Republic, ICSID Case No. ARB/05/1, Award, August 22, 2012, para. 167.

〔2〕 Daimler Financial Services AG v. Argentine Republic, ICSID Case No. ARB/05/1, Award, August 22, 2012, para. 168, 169.

〔3〕 Daimler Financial Services AG v. Argentine Republic, ICSID Case No. ARB/05/1, Award, August 22, 2012, para. 173.

〔4〕 Daimler Financial Services AG v. Argentine Republic, ICSID Case No. ARB/05/1, Award, August 22, 2012, para. 174.

争端解决方式。他们也完全可以在 BIT 的框架内决定将 MFN 条款扩展适用于其国际争端的解决。但这种选择不能由仲裁员推定或者人为地编造，而只能从当事国意图的明确表达中得出。"[1]

基于上述分析，该案仲裁庭认为它所承担的主要任务就是识别在 1991 年德国和阿根廷为"促进和相互保护投资"而签订的 BIT 中的双方真实的意图。[2]在这种认识的指引下，仲裁庭开始具体地分析德国和阿根廷在条约中表现出来的意图。争端双方争议的焦点是能否根据 MFN 条款援引智阿 BIT 的 6 个月期限，而绕开德阿 BIT 中规定了争端发生后 18 个月内应先提交国内法院解决而不得直接将争端提交国际投资仲裁的问题。

仲裁庭首先分析了德阿 BIT 第 10 条的 ISDS 条款，指出德阿 BIT 第 10 条的争端解决条款是强制性的，体现在条约在约文中反复采用了"应当"（shall）的表述，因此第 10 条规定的是缔约国的义务而非选择性事项。[3]同时，第 10 条的表述中存在明显的顺序，即其第（1）至（4）款中不同争端解决方式具有前后连续的关系。[4]另外该条第 3 项还采用了"如果—那么"（if-then）的措辞。此处也没有给出可选择的事项。[5]这些都表明两国的意图是当事方将争端在提交国际投资仲裁时需要满足先

---

[1] Daimler Financial Services AG v. Argentine Republic，ICSID Case No. ARB/05/1，Award，August 22，2012，para. 176.

[2] Daimler Financial Services AG v. Argentine Republic，ICSID Case No. ARB/05/1，Award，August 22，2012，para. 178.

[3] Daimler Financial Services AG v. Argentine Republic，ICSID Case No. ARB/05/1，Award，August 22，2012，para. 180.

[4] Daimler Financial Services AG v. Argentine Republic，ICSID Case No. ARB/05/1，Award，August 22，2012，para. 182.

[5] Daimler Financial Services AG v. Argentine Republic，ICSID Case No. ARB/05/1，Award，August 22，2012，para. 183.

决条件。仲裁庭针对该案强调："由于申请方没有满足阿根廷同意国际仲裁的前提条件，其对 MFN 条款的主张也不能提交仲裁庭。"[1]仲裁庭认为存在着这样一条规则和先例：希望提出 MFN 请求的申请人必须首先满足基础条约项下的国际争端解决的先决条件。

之后，仲裁庭又对德阿 BIT 第 3 条规定的 MFN 条款进行了分析。仲裁庭认为虽然在同类规则和待遇的具体含义方面并不存在具体的裁决规则，而缔约国对于 BIT 条款是否适用于争端解决程序的意图也不明确。[2]但德阿 BIT 中明确表示给予"在其领土内的"（in the territory）投资以 MFN 待遇，即只有投资者在缔约国领土范围的权利可以适用 MFN 条款，而国际仲裁几乎毫无例外地发生在缔约国领域外，因此不能适用 MFN 条款。[3]再者，根据罗马法"明示其一排除其他"原则（expressio unius est exclusion alterius），一旦 BIT 中列举了例外，则未列举的待遇均应适用 MFN 条款。在德阿 BIT 中虽已经列举了例外，但这种例外并不表明缔约国意图将 MFN 条款适用于国际仲裁事项。一方面，德阿 BIT 中规定的 MFN 待遇的例外均为"东道国领域内"所给予的各种待遇；另一方面，不可否认的是在 IIA 中所做出的 MFN 待遇的所有类型的例外均是缔约国直接给予外国投资的待遇，而不包括由这些待遇引起的投资者—国家争端。[4]

　　〔1〕　Daimler Financial Services AG v. Argentine Republic, ICSID Case No. ARB/05/1, Award, August 22, 2012, para. 200.

　　〔2〕　Daimler Financial Services AG v. Argentine Republic, ICSID Case No. ARB/05/1, Award, August 22, 2012, para. 216, 224.

　　〔3〕　Daimler Financial Services AG v. Argentine Republic, ICSID Case No. ARB/05/1, Award, August 22, 2012, para. 228.

　　〔4〕　Daimler Financial Services AG v. Argentine Republic, ICSID Case No. ARB/05/1, Award, August 22, 2012, para. 238, 239.

仲裁庭在裁决中还考虑了比较条约与基础条约谁更优惠的问题，指出申请人认为比较条约比基础更优惠的观点是主观的，指出由于国际仲裁成本更高、耗时更多等因素，将来的申请方也许会认为国内解决方式比国际仲裁更优惠。[1]仲裁庭最后又回到了对缔约国签订 BIT 的目的和宗旨的考察，认为问题不在于是否允许申请方援用比较条约中的全部或者部分 ISDS 条款以更好地保护和促进投资，也不在于申请方是否有这么做的意愿，而在于缔约国在签订 BIT 时愿意以哪种方式来促进和保护投资，这种问题不是简单用序言中的表示就可以回答的，只能通过缔约国在 BIT 中表达的意愿来回答。[2]

三、对保护伞条款的限制

在保护伞条款方面，ICSID 仲裁庭也做出了一些限制性的案例，比较典型的有 SGS 诉巴基斯坦案、Joy Mining Machimery Limited 诉埃及案、EL Paso Energy International Company（以下简称"EL Paso"）诉阿根廷案等，其中最为经典的当属 SGS 诉巴基斯坦案。

SGS 诉巴基斯坦案是 ICSID 受理的第一起需要解决保护伞条款问题的案件，该案的案情与 SGS 诉菲律宾案基本一致，只是在前案中仲裁当事方签订的是装船前检验合同（Pre-Shipment Inspection Agreement，以下简称"PSI"），在后案中仲裁当事方之间涉及的是 CISS 合同。SGS 诉巴基斯坦案仲裁庭在 2003 年 8

---

〔1〕 Daimler Financial Services AG v. Argentine Republic, ICSID Case No. ARB/05/1, Award, August 22, 2012, para. 238, 245.

〔2〕 Daimler Financial Services AG v. Argentine Republic, ICSID Case No. ARB/05/1, Award, August 22, 2012, para. 238, 259.

月 6 日做出管辖权裁决，而 SGS 诉菲律宾案仲裁庭则是在 2004 年 1 月 29 日做出管辖权裁决。两份裁决前后相隔不到半年，案情也基本相同，但其结果却截然相反，提供了保护伞条款的分别采用扩张和限制解释的最佳的比较范本。仲裁庭在 SGS 诉菲律宾案的裁决中，认可了保护伞条款具有将投资者与东道国所签订的投资合同中的义务转化为缔约国间的条约义务的效果，从而具有对合同请求的管辖权。而在 SGS 诉巴基斯坦案中，仲裁庭则认为保护伞条款不具有前述效果，而仲裁庭根据巴基斯坦—瑞士 BIT（以下简称"巴瑞 BIT"）只具有对条约请求的管辖权，没有对合同请求的管辖权。SGS 诉巴基斯坦案因此给我们提供了一个限制保护伞条款适用的范例。

依据 PSI 的规定，任何根据或者有关合同的争端、分歧或者请求或者违反合同、终止合同或合同无效都可以根据巴基斯坦当时生效的《领土仲裁法》提起仲裁。巴基斯坦提出，其国内仲裁庭已经根据 PSI 在申请方提起 ICSID 仲裁之前成立，而且国内仲裁庭是依据双方当事人在 PSI 中自由协商达成的协议，因此请求 ICSID 仲裁庭拒绝申请方的请求。[1]而 SGS 提出巴瑞 BIT 第 11 条构成了"保护伞条款"的规定，该条款将原本合同义务上升为了条约义务，因此巴基斯坦对合同的违反构成对 BIT 的违反。[2]根据巴瑞 BIT 中的 ISDS 条款，SGS 对违反条约义务的行为具有申请 ICSID 仲裁的权利，因此 SGS 有权依据

---

〔1〕　SGS Société Générale de Surveillance S. A. v. Islamic Republic of Pakistan, Decision of the Tribunal on Objections to Jurisdiction, ICSID Case No. ARB/01/13, August 6, 2003, para. 2.

〔2〕　SGS Société Générale de Surveillance S. A. v. Islamic Republic of Pakistan, Decision of the Tribunal on Objections to Jurisdiction, ICSID Case No. ARB/01/13, August 6, 2003, para. 98.

保护伞条款将违反 PSI 的行为作为违反 BIT 的行为申请 ICSID 仲裁。

仲裁庭认为，在同类事项上 BIT 的争端解决条款优先于 PSI 的争端选择条款，国际争端解决方式优先于国内仲裁。BIT 意图通过授予投资者国际法上的实质权利，如将争端提交国际仲裁审理的权利，来促进和保护投资并保障他们的公平待遇。[1]因此，在该案中仲裁庭将焦点集中在巴瑞 BIT 第 11 条的保护伞条款是否能将合同诉求转化为 BIT 诉求？仲裁庭指出，解决这一问题，应当从对第 11 条的措辞解读开始，依照其上下文并考虑该条和作为整体的巴瑞 BIT 的目的和宗旨，找出其通常意义。[2]仲裁庭从三个角度对此做了分析：

（1）从条款和条约的目的和宗旨角度，采用常用关于条约解释的习惯国际法规则，面对 PSI 中有效的仲裁选择条款，并不能找到支持将单纯依据合同提出的请求升级为依据 BIT 提出的请求的理由。[3]因为，一方面 BIT 的约文并没有明确采用申请方所认为的意思，第 11 条本身只有一句话，不足以支持申请方观点。[4]另一方面，就国际法领域被广泛接受的原则而言，

〔1〕 SGS Société Générale de Surveillance S. A. v. Islamic Republic of Pakistan, Decision of the Tribunal on Objections to Jurisdiction, ICSID Case No. ARB/01/13, August 6, 2003, para. 106.

〔2〕 SGS Société Générale de Surveillance S. A. v. Islamic Republic of Pakistan, Decision of the Tribunal on Objections to Jurisdiction, ICSID Case No. ARB/01/13, August 6, 2003, para. 164.

〔3〕 SGS Société Générale de Surveillance S. A. v. Islamic Republic of Pakistan, Decision of the Tribunal on Objections to Jurisdiction, ICSID Case No. ARB/01/13, August 6, 2003, para. 165.

〔4〕 SGS Société Générale de Surveillance S. A. v. Islamic Republic of Pakistan, Decision of the Tribunal on Objections to Jurisdiction, ICSID Case No. ARB/01/13, August 6, 2003, para. 166.

也没有明白和确定的证据表明缔约国有此意图。[1]

（2）从条约解释的结果角度，接受申请方对第 11 条的解读会产生东道国和投资者之间利益的不平衡。首先，第 11 条会将无数的设定国家义务包括单方面义务的政府合同和国内法纳入其中，对它们的违反都构成了对 BIT 的违反；其次，申请方对第 11 条的观点使得 BIT 第 3 条到第 7 条的实体义务都成为冗余，因为如果东道国对合同或国内法律法规的违反就足以构成缔约国对条约的违反并承担国际法上的责任，那么就不需要证明该国违反条约上的实体义务了；最后，这种解读的结果使投资者可以任意摆脱在与政府达成的合同中商定的争端解决条款的束缚，选择对自己有利的争端解决方式，而这种解读的利益仅惠及投资者，并非双边的。[2]

（3）从条约的约文结构角度，第 11 条在上下文中的位置与申请方的解释不符。第 11 条并没有和规定缔约国实体义务的第 3 条到第 7 条放在一起。而是放在了第 8 条 "代位原则"、第 9 条 ISDS 条款、第 10 条 SSDS 条款和第 12 条最后条款之间。[3]这种顺序表明第 11 条并非第 3 条到第 7 条那样是对实体义务的规定。[4]

---

〔1〕 SGS Société Générale de Surveillance S. A. v. Islamic Republic of Pakistan, Decision of the Tribunal on Objections to Jurisdiction, ICSID Case No. ARB/01/13, August 6, 2003, para. 167.

〔2〕 SGS Société Générale de Surveillance S. A. v. Islamic Republic of Pakistan, Decision of the Tribunal on Objections to Jurisdiction, ICSID Case No. ARB/01/13, August 6, 2003, para. 168.

〔3〕 SGS Société Générale de Surveillance S. A. v. Islamic Republic of Pakistan, Decision of the Tribunal on Objections to Jurisdiction, ICSID Case No. ARB/01/13, August 6, 2003, para. 169.

〔4〕 SGS Société Générale de Surveillance S. A. v. Islamic Republic of Pakistan, Decision of the Tribunal on Objections to Jurisdiction, ICSID Case No. ARB/01/13, August 6, 2003, para. 170.

仲裁庭在做出上述分析的基础上，提出对第 11 条适宜的解释应当审慎地遵循其字面含义，按照"如有疑义，从轻解释"（in dubio pars mitior est sequenda）原则进行。[1]这也就意味着，如果要将保护伞条款解释为将合同义务上升为条约义务，必须有缔约国清晰明确的意思表示。

为了增强其论证的说服力，仲裁庭还针对认为拒绝该案申请方提出的请求会导致第 11 条变成"纯粹说理性的"，提出在这种情况下，保护伞条款仍然具有其规范价值（normative value）。一方面，无论在国内法还是国际法层面，在条约中确认缔约国受制于并应当遵守合同、法规及其他国内法的做法本身就具有重要的规范价值。另一方面，我们不能排除在特定情况下，由于缔约国如同保护伞条款规定的那样持续不断地向另一缔约国的投资者担保履行合同，存在着违反一国与另一国投资者的合同义务构成违反条约义务的可能性。[2]这也解释了保护伞条款存在的意义。

Joy Mining Machinery Limited 诉埃及案和 EL Paso 诉阿根廷案的裁决受到了 SGS 诉巴基斯坦案较大的影响，这两起案件均采纳了 SGS 诉巴基斯坦案的做法，同时仲裁庭的裁决也有着自己的特点。在 Joy Mining Machinery Limited 诉埃及案中，仲裁庭对合同的性质进行了认定，认为该案中争端是由银行担保金的发放纠纷引起的，因此该合同属于纯粹的商事合同，由此引发

〔1〕 SGS Société Générale de Surveillance S. A. v. Islamic Republic of Pakistan, Decision of the Tribunal on Objections to Jurisdiction, ICSID Case No. ARB/01/13, August 6, 2003, para. 171.

〔2〕 SGS Société Générale de Surveillance S. A. v. Islamic Republic of Pakistan, Decision of the Tribunal on Objections to Jurisdiction, ICSID Case No. ARB/01/13, August 6, 2003, para. 172.

的纠纷只能根据合同中的条款确定，而不能转化为条约纠纷。[1]只有在明确违反条约的权利和义务或者严重违反合同危及条约对投资的保护时，保护伞条款才能产生将合同争端转化为条约争端的效果。[2]

在 EL Paso 诉阿根廷案中，一方面，仲裁庭在管辖权裁决中复述了 SGS 诉巴基斯坦案中的观点，即把保护伞条款解释为可以将合同请求转化为条约请求会带来两重后果：①所有的请求都可以被解释为条约请求；[3]②条约对实体保护标准的规定归于无用。[4]因此，这种转化需要缔约国明确的意思表示。[5]另一方面，仲裁庭接下来还就 SGS 诉菲律宾案裁决与 SGS 诉巴基斯坦案的不同裁决分析，特别是反驳了 SGS 诉菲律宾案裁决对巴基斯坦案裁决的批评。这种批评包括两点：一是其用语表明了保护伞条款应具有将合同义务转化为条约义务的作用；二是如果不具有将合同义务转化为条约义务的效果，则保护伞条款不具有其所应具有的深远意义。[6]本案的仲裁庭则认为菲律宾案裁决为了单一条款具有意义而使整个条约失去用处，是不可

〔1〕 Joy Mining Machinery Limited v. Arab Republic of Egypt, ICSID Case No. ARB/03/11, Award on Jurisdiction, August 6, 2004, para. 79.

〔2〕 Joy Mining Machinery Limited v. Arab Republic of Egypt, ICSID Case No. ARB/03/11, Award on Jurisdiction, August 6, 2004, para. 81.

〔3〕 EI Paso Energy International Company v. Argentine Republic, ICSID Case No. ARB/03/15, Decision on Jurisdiction, April 27, 2006, para. 72.

〔4〕 EI Paso Energy International Company v. Argentine Republic, ICSID Case No. ARB/03/15, Decision on Jurisdiction, April 27, 2006, para. 73.

〔5〕 EI Paso Energy International Company v. Argentine Republic, ICSID Case No. ARB/03/15, Decision on Jurisdiction, April 27, 2006, para. 74.

〔6〕 EI Paso Energy International Company v. Argentine Republic, ICSID Case No. ARB/03/15, Decision on Jurisdiction, April 27, 2006, para. 75.

取的。[1]之后，仲裁庭采用了非常独特的视角，对国家在与投资者签订投资合同时的身份进行了分析，认为必须区分国家是作为主权者还是作为商人签订合同。如果国家是作为主权者违反义务，则可以"保护伞条款"采用条约规定的 ISDS 条款；如果国家只是作为商人与投资者签订商事合同，则"保护伞条款"不能产生同样的效果，双方只能依据合同中约定的方式解决投资争端。[2]

四、对仲裁庭实践路径的反思

与管辖权扩张的裁决不同，在本节所选择的案例中，仲裁庭的裁决体现了对投资概念树立客观标准和在 MFN 条款与保护伞条款中寻求缔约国意图的努力，仲裁庭的这一实践给出了确立 ICSID 管辖权界限的实践路径。

一方面，仲裁庭在实践中对管辖权边界的探究是确立管辖权的范围必然且有效的途径。"徒法不足以自行"，任何制度的运行最后都离不开执行者的行为抉择。仲裁庭在个案中对自己裁量权的审慎使用是防止管辖权过度扩张的直接保证。即便有着条约的明确界定，但这些条约的适用效果仍然取决于仲裁庭的解释。因为，任何法律的适用过程，本质上都是裁判者进行解释的过程，因为法律的适用要求将法律规范与特定的案件事实相连接，而法律的解释就是法律规范与案件事实的媒介行为。[3]

---

[1] EI Paso Energy International Company v. Argentine Republic, ICSID Case No. ARB/03/15, Decision on Jurisdiction, April 27, 2006, para. 76.

[2] EI Paso Energy International Company v. Argentine Republic, ICSID Case No. ARB/03/15, Decision on Jurisdiction, April 27, 2006, para. 79.

[3] [德] 卡尔·拉伦茨：《法学方法论》，陈爱娥译，商务印书馆 2003 年版，第 193 页。

另一方面，对仲裁庭自我限制管辖权的依赖并不能消除造成管辖权过度扩张的根本动因，因为这种做法是将制度的确定性建立在仲裁员的自觉性基础上。但仲裁员在其对个案进行分析并做出裁决时，自身就具有对案件事实和条约约文的不同理解，这种理解可能背离客观性和公认的公正的要求，即使仲裁员从最中立和不偏私的角度也无法绝对避免产生主观认识的偏差，更遑论前文所述的仲裁员利益偏好所造成的在解释方面所进行的价值选择。所以，对仲裁员的依赖并不意味着可以放弃在完善约文和设定合理程序上的努力。

第二节　厘清 ICSID 仲裁管辖权的条约进路

哲学解释学的创立者之一加达默尔指出："所要理解的意义只有在解释过程中才能具体化和臻于完善，但这种解释工作完全受文本的意义所制约。不管是法学家还是神学家，都不认为应用任务可以摆脱文本的制约。"[1]因此，约文含义的明确化依赖于文本内容和解释工作两个方面。ICSID 仲裁庭之所以能够在裁决中对管辖权要素作扩大的解释，其根本原因在于 IIA 条款中的 ISDS 条款规定不明确。而要消除这一现象，一方面是约文的完善，需要缔约方在缔约过程中使用更加精确的条约用语，以消除管辖权要素的含义不明；另一方面是解释的进行，缔约方可以设计出一套更具有实用性的条约的补充解释机制，以保障条约的解释符合缔约方意图。

---

〔1〕〔德〕汉斯-格奥尔格·加达默尔：《真理与方法——哲学诠释学的基本特征》（上卷），洪汉鼎译，上海译文出版社 1999 年版，第 427 页。

一、IIAs 缔约技术的发展：含糊概念的相对确定

早在 ICSID 谈判的过程中，起草委员会就开始寻求为 ICSID 管辖权寻找外部界限（outer limits），当时的主要关注点在于"投资"的定义。在一份起草委员会的备忘录中就有这样的记载："第一部分（指第 25 条第 1 款）的目的并不是界定事实上发生的向中心机构提出请求权的条件，而是显示中心根据当事方的同意拥有管辖权所能达到的'外部界限'。即使有着此类同意，中心机构不能超越这些外部界限。"[1]

然而，各国在缔约过程中最终选择了放弃在 ICSID 公约中将投资定义具体化的努力。这种缺憾唯有在各类 IIAs 中加以弥补。因此，就国际投资的条约体系而言，ICSID 只是提供了一个程序性的宏观框架体系，而其内容则等待 IIAs 来填充。前文述及，目前 BIT 对"投资"的界定主要采用"定义加列举"的方式。问题在于由于投资形式处于不断发展中，而且即使同一种投资在不同的情境中，也会因时因势采取各种灵活做法，缔约国为了保护投资利益或吸引外国投资，无论是采用定义法、列举法还是两者叠加的方法通常会让约文内容保持一定的开放性。同时任何一个 IIA 的投资定义最终都需要经过仲裁庭的解释才能在个案中得到适用，而这种解释是否会产生扩张管辖权的效果也取决于仲裁庭的意图。

从缔约技术的角度，各国在约文设计的过程中，都面临着"开放"和"封闭"的取舍问题，缔约国难以在具有更广包容

---

〔1〕 "Documents Concerning the Origin and the Formulation of the Convention on the Settlement of Investment Disputes between States and Nationals of Other States", *History of the ICSID Convention*, Volume II-1 (1968), para. 44, p. 566.

性的条款和更精确限制的条款之间取得平衡，即一方面要保持约文对投资的界定能够适应国际投资发展变化的张力；另一方面又要通过约文切实限制包括 ICSID 在内的 ISDS 机构的管辖权，防止裁决权被滥用和国家权益受到侵害。

ICSID 仲裁的实践促使各国对条约内容进行反思，在 IIA 的缔约实践中，发展出了一套相对有效的限制"投资"定义的方法，对"投资"的定义确定产生了较好的效果：

（1）授权国内法界定"投资"，即在 IIA 的约文中将投资界定为依据缔约国的法律和法规投入的各种财产。因此，仲裁庭在确定争端的客体要件时，需要适用国内法律法规。在中国对外签订的 BIT 中多用此种措辞，最常见的措辞如 1992 年中国—哈萨克斯坦 BIT 第 1 条所规定："'投资'一词系指依照接受投资缔约一方的法律和法规在其领土内所投入的各种资产，尤其是：……"德国—菲律宾 BIT 也采用了同样的投资界定方法，其第一条规定："'投资'一词意指每一缔约国根据各自的法律和法规接受的任何资产，特别是，但不限于：……"在涉及该条的 Fraport AG Frankfurt Airport Services Worldwide（以下简称"Fraport"）诉菲律宾的两起案件中，仲裁庭即根据该条做出了拒绝受理的裁决。在 Fraport 诉菲律宾第二案的裁决中，仲裁庭通过对该条及上下文中"接受（accepted）"[1]"法律和

---

〔1〕"关于第 1（1）条'被接受的'一词的'一般含义，仲裁庭同意被申请方提及的根据牛津词典该词含义为'满足的''可接受的'以及'通常被认为正确的或有效的'。然而，任何形式的接受必须'根据'东道国的'法律和法规'在有效的范围内并且在被接受的范围内支持第 1（1）条投资的标准遵守东道国法律。换言之，第 1（1）条整个句子的解读不是使接受的行为必须符合东道国法律合法化而是使投资必须根据该法被接受合法化。"Fraport AG Frankfurt Airport Services Worldwide v. Republic of the Philippines（II），ICSID Case No. ARB/11/12，Award，December 10，2014，para. 323.

法规"〔1〕以及"根据……"〔2〕等用词的具体含义的分析,得出结论:受到 BIT 保护的投资应当符合缔约国国内法的规定。仲裁庭进而认为,根据"干净的手"原则,违法的投资不属于 BIT 保护的范围。"干净的手"原则是指寻求救济的人就其寻求救济的事项没有做出违法的行为,即"要求赔偿的当事人本身必须有双干净的手"(A party who asks for redress must present himself with clean hands)。〔3〕因此,如果投资违反了国内法,仲裁庭可以根据该原则拒绝受理。由此可见,在授权国内法界定投资的情况下,可以充分保护东道国的利益,东道国可以通过制定或修改国内法,将自己不认可的投资方式排除在外。但正因如此,容易导致投资者和国家之间的利益平衡偏向另一个极端,使得 BIT 保护投资的宗旨和目的落空。

(2)穷尽列举投资形式。在 BIT 中也存在着对投资采取完全封闭式的界定方法,此种方法一般采用穷尽列举式的界定方

---

〔1〕 "关于'上下文',其他 BIT 条款确认对于被赋予 BIT 保护的投资的合法性要求。因此,第 2(1)条规定每一个缔约国,除了促进在其领域内的投资外,还应当承认'依照第 1 条第 1 项,根据其宪法、法律和法规'的投资。此外,承认根据宪法、法律和法规的投资可以仅仅解释为意指被承认为 BIT 保护的投资必须符合东道国法律。"Fraport AG Frankfurt Airport Services Worldwide v. Republic of the Philippines(Ⅱ),ICSID Case No. ARB/11/12,Award,December 10,2014,para. 324.

〔2〕 "至于投资'根据东道国法律做出'或'与东道国法律一致',分别根据 BIT 第 3(3)条和第 8 条给予投资最惠国待遇和将 BIT 保护延伸至 BIT 生效前的投资。要求符合东道国法律仅限于这两种情形几乎不可能与在 BIT 反复提及东道国法律相协调,而是与指出给予 BIT 保护的投资符合此种法律的一般要求相协调。"Fraport AG Frankfurt Airport Services Worldwide v. Republic of the Philippines(Ⅱ),ICSID Case No. ARB/11/12,Award,December 10,2014,para. 325.

〔3〕 American Commissioner Hassaurek,Ecuadorian-United States Claims Commission(1862),cited by Bing Cheng,*General Principles of Law as Applied by International Courts and Tribunals*,1953 p. 156. Fraport AG Frankfurt Airport Services Worldwide v. Republic of the Philippines(Ⅱ),ICSID Case No. ARB/11/12,Award,December 14,2014,para. 328.

法，其中的典型代表是加拿大 2004 年 BIT 范本，其对"投资"并未做出一般的定义，而是直接将投资限定于"如下文所做出或获得的投资"，之后详尽列举了 9 种投资形式，并同时将"在一缔约国领土内的公民或企业向另一缔约国企业出售货物或提供服务签订的商务合同"和"除了在第 4 项和第 5 项列明的贷款意外，与商业交易有关的任何信用扩展"排除在投资之外，并最后将所有未在第 1 项至第 9 项中列明的金钱请求权都排除在外。根据该范本，投资的范围是在封闭列举的范围内。综合而言，加拿大的 BIT 将"投资"限定于和投资企业相关的类型，但有些国家，特别是发达国家认为这一类型过于狭隘，因此很少接受在条约中采取这种方式。[1]

实践表明单纯的正向界定法不足以产生足够的确定性，而需要一方面以概念和列举的方式对投资的范围给予一个概括的确定，另一方面以"正反结合"的方式才能在对管辖权进行界定时保持开放性与精确性的平衡。因此在缔约时应当尽量争取将上述方式综合使用，即一方面通过开放性的概念和列举使更多的投资形式能够被纳入 ICSID 仲裁管辖，并给予仲裁庭一定的裁量权，使其可以根据国际投资形式的发展，适度调整其管辖权的范围。另一方面缔约国应当将其不欲赋予 ICSID 管辖权的投资类型明确列出，包括违反国内法的投资和特定范围或形式的投资等。具体到约文设计上，在开放式列举的同时，明确指出："投资不包括下列情形：……"

2018 年 3 月 8 日，日本、澳大利亚等亚太 11 国在美国退出后签署的《全面与进步跨太平洋伙伴关系协定》是试图对投资

---

〔1〕 祁欢：《国际投资协议实践中的"投资"定义及范围的演变和思考》，载《国际法学论丛》2012 年第 1 期。

的定义给出一个更加精确的界定的范例。CPTPP 第 9.1 条采取了"定义+列举"的办法。CPTPP 对投资的定义一定程度上体现了仲裁实践的发展，该条规定"投资是指投资者直接或间接拥有并控制的具有投资的特征的任何资产，其投资特征包括资本或其他资源的投入，对所得或利润的预期，或者风险的承担。"[1]该条定义中的投资特征，除了未规定存续期间外，基本上与 Salini 标准是一致的。CPTPP 对投资的列举也非常具体，资包括："①企业；②企业的股份、股票和其他形式的参股；③债券、公司债券、其他债务工具和贷款；④期货、期权和其他衍生产品；⑤交钥匙、施工、管理、生产、特许权、收入分享和其他类似合同；⑥知识产权；⑦根据一方法律授予的许可证、授权、许可和类似权利；⑧其他有形或无形、动产或不动产，以及相关产权，如留置权、抵押、质押和租赁。"[2]但即使在这种情况下，仲裁庭对所列举形式仍然具有可以通过其解释加以扩张的空间。约文中采用的"其他形式的参股""其他金融衍生产品""其他类似合同""类似权利"等用语，仍然具有相当的模糊性。

2019 年 11 月签署的《美国—墨西哥—加拿大协定》（Agreement between the United States of America, the United Mexican States, and Canada, USMCA）第 14.1 条[3]与 CPTPP 第 9.1 条约文类似，这两条都明确将"司法或者行政行为中的命令或判

---

〔1〕　此段译文参考了韩立余主编：《〈跨太平洋伙伴关系协定〉全译本导读》（上），北京大学出版社 2018 年版，第 214 页。

〔2〕　此段译文参考了韩立余主编：《〈跨太平洋伙伴关系协定〉全译本导读》（上），北京大学出版社 2018 年版，第 214 页。

〔3〕　美国贸易代表处网站，载 https://ustr.gov/sites/default/files/files/agreements/FTA/USMCA/Text/14-Investment.pdf，最后访问日期：2019 年 12 月 20 日。

决"排除在投资之外。但 USMCA 同时沿袭了 NAFTA 第 1139 条的规定,规定两类货币请求权不属于投资,即源于"缔约一方境内之国民或企业向缔约另一方境内企业销售货物或提供服务的商业合同"和"与商事交易有关的信用拓展,如贸易融资,但不包括第(d)项所指的贷款",这一规定体现了 USMCA 和 NAFTA 对投资定义上的沿袭关系,同时也反映了各国在面对"投资"定义不确定所带来的被诉风险时的积极应对。这一做法的效果具体如何,此种定义方法是否能够使不同案件的仲裁庭在裁决中采取体现同一仲裁法理还有待现实提供答案。

与"投资"界定相比,涉及 ICSID 公约中管辖权的其他要件的条款的界定在约文措辞上并不困难:对投资者同样可以采用排除法,限制甚至杜绝投资者通过股权重构来进行条约选购或法庭选购。而对于 MFN 条款是否适用于程序性事项、岔路口条款适用时同类争端的范围以及保护伞条款是否具有将合同义务上升为条约义务等问题,也可以在条约中列明。但需要注意的是,在 IIA 谈判过程中,不同国家的实力差距导致部分国家倾向于模糊化的表达。如在将约文含义明确化的过程中,实力较弱的资本输入国未必能实现其限制 ICSID 机制管辖的目标,由此宁可保持现状。更关键的是,约文含义的模糊是历史遗留问题,而在现有的 IIAs 尚未到期的情况下,缺乏重新订约的契机,当下数以千计的 BITs 重新修订会是一个漫长的过程。因此,在相当长的一段时间里,各国需要解决的首要问题是如何保障 ICSID 仲裁庭对管辖权的裁决符合缔约国在 IIAs 中的真实意图,因而需要建立一个健全且有效的条约解释机制。

二、缔约国解释权的行使：模糊措辞的逐步明晰

西方法谚有云："法律一经制定，就已经落后于时代"。由于缔约技术的限制和国际投资形势的发展，IIAs 的含义需要在实践中不断加以确定化，而条约解释的主要方向是对缔约者意图的探索。仲裁方式强调的是当事方的意思自治，包括将当事方的协议作为提起仲裁的基础，因此仲裁庭的解释工作应当将探究缔约国意图作为首要的目的。但实践中，仲裁庭对约文解释的裁量权很少受到缔约国意图的限制。如前文所述，约文的模糊性给了仲裁庭较大的裁量空间，而条约的解释规则又未能施与仲裁庭足够的约束力。因此，为使约文的含义能够明确，建立缔约国对条约提供有效解释的机制就是必要的。

但在 ICSID 体制中，缔约国的解释难以直接约束仲裁庭。ICSID 公约对仲裁庭审理案件的法律依据在第 42 条做出了规定，依据该条，仲裁庭首先依据"当事人双方协议的法律规范"做出裁决，在没有此种协议的情况下，则仲裁庭可以适用"作为争端当事国的缔约国的法律"以及"可以适用的国际法规范"，仲裁庭还可以在双方同意的情况下依据公平正义原则裁决。而该条虽然要求仲裁庭在法无明文规定或者含义不清时仍要做出裁决，但并没有对仲裁庭在这些情况下如何解释规范做出规定，也没有要求仲裁庭接受缔约国的解释。因此，在谢业深诉秘鲁案中，尽管中国和秘鲁都认为，双方签订的 BIT 并不适用于中国香港地区居民，但仲裁庭仍然援引该条约作为行使管辖权和做出仲裁裁决的依据。更常见的是，一旦案件进入仲裁庭审理阶段，即使缔约国发现仲裁庭在管辖权问题上做出了扩张解释，双方也很难达成协议。此时，对约文的统一理解需要让位于缔

约国或其投资者的利益。因此，缔约国需要在 ICSID 体制之外
对获得行使解释权的依据，在理论上和实践中，缔约国的解释
权来自两个方面，即通过条约机制所进行的联合解释和 VCLT 所
规定的嗣后解释机制。

（一）通过条约机制进行的联合解释

有些条约在其约文中直接规定缔约国有权对条约进行解释，
并且该解释对仲裁庭有拘束力。此种规定消解了对缔约国协议
效力的怀疑，同时也避开了国内法所设定的程序要求，因为在
国内法中往往规定缔约国只能通过修订或另订新约的方式才能
产生有约束力的协议。[1]

USMCA 延续了 NAFTA 中关于自由贸易委员会（Free Trade
Committee，以下简称"FTC"）对条约的解释权的有关规定，
其第 30.1 条规定 FTC 由缔约国的部长或其指派人员组成，第
30.2（2）条赋予 FTC 的职权中包括："……（e）需求解决可
能由于条约的解释和适用引起的分歧或争端；（f）颁布对协定
条款的解释。"需要注意的是，在第（f）项下有一个注释："进
一步明确，委员会发布的解释对于根据第十四章（投资）和第三
十一章（争端解决）建立的法庭和专家组有约束力。"作为部长
级的委员会，FTC 的解释实际上代表了各国政府对约文的共同理
解，因此 USMCA 通过该委员会建立起了缔约国联合解释的机制。

从实践的效果来看，这种联合解释发挥了对仲裁庭解释的
限制作用。UNCTAD 的统计数据表明，截至 2018 年底，根据
NAFTA 裁决案件中，国家作为被申请方胜诉的案件有 26 件，

---

[1] L. Johnson, M. Razbaeva. State Control over Interpretation of Investment Treaties, 载哥伦比亚大学网站：http://ccsi.columbia.edu/2014/04/state-control-over-interpre-tation-of-investment-treaties/.

而作为申请方的投资者仅胜诉 10 起。虽然影响案件结果的因素很多，但 NAFTA 对条约解释权的特殊规定也起到了重要的作用。[1]这里的胜诉并不仅指管辖权，但也说明联合解释对裁决的结果包括管辖权裁决的结果有较大的影响力。

在一些 BIT 中，缔约国也就联合解释问题达成了协议，如中国—加拿大 BIT（以下简称"中加 BIT"）第 18 条规定："……缔约双方可采取双方共同决定的任何行动，包括制定与采用补充本协定第三部分中适用的仲裁规则，以及发布有约束力的对本协定的解释。"该条约第 20 条同时规定，如果投资者向仲裁庭提出仲裁申请，而作为被申请方的缔约国根据该条约的第 33 条第 3 款中列明的缔约国基于审慎原因所采取或维持的合理措施提出抗辩，则仲裁庭应向缔约双方寻求关于此问题的书面报告，等待缔约国的金融服务主管部门就仲裁庭的请求进行磋商，以达成该书面报告并提交给投资者与国家间仲裁庭。但若在缔约双方的金融服务主管部门在 60 天内不能就此达成一致，则应设立国家与国家间仲裁庭，将此问题提交给该仲裁庭裁决并将裁决结果转交投资者与国家间仲裁庭。

中加 BIT 的做法的效果等同于在投资者—国家间仲裁之前增加了一道先决程序，使仲裁庭在对缔约国对投资者的管理措施进行审查之前，要首先接受缔约国的解释，换言之，缔约国可以通过联合解释限制仲裁庭对此类案件的管辖权。

（二）VCLT 第 31（3）条确立的嗣后解释

VCLT 对缔约国在条约达成后的解释权做了规定，依其第 31（3）条规定，在解释的过程中："应与上下文一并考虑者尚有：

---

[1] 参见 UNCTAD 官网：https://investmentpolicy.unctad.org/investment-dispute-settlement/.

(a) 当事国嗣后所订关于条约之解释或其规定之适用之任何协定；(b) 嗣后在条约适用方面确定各当事国对条约解释之协定之任何惯例；……" 该条中的第 (a) 项与第 (b) 项这两项可视为 VCLT 对缔约国嗣后解释权的确认，嗣后解释权的形式包括嗣后协定和嗣后惯例两种。VCLT 第 31 (3) 条中并未对嗣后协定和嗣后惯例的法律效力做出规定，只是将其作为与上下文一并考虑的因素，而 VCLT 并没有直接赋予此种解释以必然的法律拘束力。如果想要采用缔约国嗣后解释的方式对 ICSID 仲裁庭的裁决做出限制，缔约国应当在条约中明确载入赋予嗣后解释以对条约解释和适用具有法律拘束力的条款。

1. 嗣后协定

嗣后协定不要求满足任何形式要求，只要缔约国通过共同的行为表现出他们对条约的共同理解即可。具体来看，嗣后协定可以采取多种方式，包括由缔约国签署的对 BIT 解释的补充议定书、外交换文或口头声明。美国曾经和东欧的八个国家采取外交换文的方式对他们所签署的 BIT 进行解释，其目的是确保这些国家加入欧盟时条约内容能够与欧盟法保持一致。如美国大使向立陶宛递交了两份外交文书，每一份文书就条约中的一个问题进行了解释。在第一份换文中，两国就 BIT 第 9 条第 1 项归档的 "缔约国保留采取其认为必要的保护根本安全利益的措施的权力" 中的 "根本安全利益" 做出了解释，将立陶宛作为欧盟成员国而产生的利益包含在内。而在第二份换文中，美国表示 BIT 第 2 条第 6 项有关业绩要求的限制不适用于从诸如建立农产品的销售组织及其市场稳定效果所获得的收益。而立陶宛外交部则在之后的一份文书中统一做出了答复，表明其同意美国对根本安全例外和限制业绩要求的解释。

嗣后协定也可以用于解释与管辖权有关的事项。如在 Siemens 诉阿根廷案的管辖权裁决做出后，阿根廷和巴拿马通过换文的形式建立了双方对 MFN 条款的统一理解，换文以"解释性宣言"的方式声明其并未且从未意图将 BIT 中的 MFN 条款适用于争端解决条款。[1]

2. 嗣后惯例

VCLT 并未对嗣后惯例的具体形式做出规定，但按照嗣后惯例的认定需要能够证明存在着对条约的某种解释的通常做法。国际法委员会认为嗣后的惯例范围广泛："……不仅包括在国际或国内层面旨在适用条约的官方行为，包括尊重或保证条约义务的履行，除此之外，还包括关于条约解释的官方声明，如在外交会议上、法律争端解决过程中，或国内法庭法官的声明；由条约引起的官方通信；或为实施条约的目的颁布的国内法或达成的国际协定，即使在国内或国际层面任何特定的适用行为发生之前……"[2]

因此，嗣后惯例的形式主要是缔约国的单方行为。如同样在 National Grid PLC 诉阿根廷案中，关于 MFN 条款的适用范围，仲裁庭认为其既没有收到任何证据证明"在所有时间节点，条约的缔约方均认可此种性质的解释"（指 MFN 条款不适用于争端解决程序），也没有收到任何证据表明阿根廷在其签署的另外 50 多件条约中均采取了其与巴拿马嗣后协定类似的解释。仲裁庭认为，可以从英国官方同期做出的"MFN 条款适用于争端解

---

〔1〕　National Grid PLC v. The Argentine Republic, UNCITRAL, Decision on Jurisdiction, June 20, 2006, para. 85.

〔2〕　U. N. , *Report of the International Law Commission on its Sixty-Fifth Session: Held at the United Nations Office, Geneva*, from 6 May to 7 June 2013 and from 8 July to 9 August 2013, A/68/10（2013）, pp. 35-36.

决"的声明推导出结论，关于阿根廷在 MFN 条款适用范围的立场并非确定的。仲裁庭得出结论，条约的缔约国的惯例表明他们在这一问题上的态度是不确定的，因此仲裁庭将继续考虑"待遇"可否被理解为适用于争端解决机制。[1]在 SGS 诉巴基斯坦案的裁决中，瑞士认为仲裁庭狭隘地解释了"保护伞条款"，从而推导出仲裁庭没有管辖权的后果，因此向 ICSID 副秘书长提交一信件并附了三页纸表明其对仲裁庭裁决和条款解释的反对。[2]

以上的单方声明是在争端发生前或仲裁裁决后做出的，国际法委员会所提出的"法律争端解决过程中的官方声明"，还包括被申请方或在缔约国中的非争端当事国在争端解决过程中提交的意见。但在 ICSID 长期的实践过程中，被申请方或非争端当事国的声明并未得到重视。仲裁庭倾向于引用前案的裁决，而非国家的声明来为自己的裁决寻求支持。同时，ICSID 的不透明性也阻碍了这些声明的公开适用。越来越多的条约要求仲裁请求、审理和裁决的公开进行，且国家主动公开其意见摘要，这些情况推动了未来各国使用意见摘要的形式确定条约标准的内容并减少对其解释和适用的不确定性。[3]因此，这些惯例会发挥越来越大的作用。

除了相对正式的提交意见的方式外，缔约国在政府网站上

---

〔1〕 National Grid PLC v. The Argentine Republic, UNCITRAL, Decision on Jurisdiction, June 20, 2006, para. 85.

〔2〕 ICSID Tribunal's Interpretation of BIT Article 11 Worries Swiss, 19-2 *Mealey's International Arbitration Report* 1 (February 2004).

〔3〕 L. Johnson, M. Razbaeva. State Control over Interpretation of Investment Treaties, 载哥伦比亚大学网站：http://ccsi. columbia. edu/2014/04/state-control-over-interpretation-of-investment-treaties/.

发布声明和对另一条约缔约国的立场的默认方式也是形成嗣后惯例的方式，这两种方式在实践中较少采用。由于大多数国家和条约所牵涉的 ISDS 案件并不多，因此这两种嗣后惯例形成的解释也很少在仲裁中被采用。与单方声明相比，这两种方式更适合对条约含义进行微调的解释，也即可能在条约含义的理解存在细微差异的情况下进行解释。[1]

3. 缔约国解释对 ICSID 仲裁管辖权的制约

从条约解释理论角度，缔约的解释无论是主观还是客观解释，其目的都是使原本模糊的条约约文清晰化。在这一点上，主观主义和客观主义的观点没有根本区别，只是在所要解释清楚的对象到底是缔约者的意思还是约文本身这一问题上产生了分歧。但是从缔约者意思和约文含义的关系角度看，约文是缔约者意图的外在表现，缔约者的意图要通过约文表示出来，因此约文和缔约者意思是表与里的关系，而从适用的角度，两者在本质上是同一的。条约的形成是缔约国通过谈判使其意思接近，最终达成一致的过程，也即我们通常所说的"意思表示一致"或"协商一致"的过程。而条约的效力当然来自国家之间的意思一致或协议。因此，在确定条约的含义时，缔约国表述于约文的目的是解释者所要探究的实际内容。主观解释和客观解释的区别只是解释侧重于约文表述出的意思，还是侧重于缔约国的实际意思。但无论采取何种解释规则，条约效力的根源是国家的一致意思，条约的解释应当以缔约国的共同意思为最高准则，无论仲裁庭的裁量空间有多大，它必须止步于缔约国

---

〔1〕 L. Johnson, M. Razbaeva. State Control over Interpretation of Investment Treaties, 载哥伦比亚大学网站：http://ccsi.columbia.edu/2014/04/state-control-over-interpre-tation-of-investment-treaties/.

的共同意思为其确定的边界。

仲裁庭可以对约文进行解释，当缺乏缔约国的一致解释时，仲裁庭也需要通过其对解释方法的运用从主观或客观或目的的角度阐释其对条约约文的理解。此时，仲裁庭的解释不是取代了缔约国的意思，而是表明了缔约国的共同意思。但一旦缔约国做出了一致解释，约文本身的模糊性就随之消散了，缔约国的共同意思已经经由国家本身的行为表示出来，仲裁庭就必须遵循这种意思表示。

但是嗣后解释对仲裁庭的限制是有较大局限的：①嗣后解释的存在是以缔约方达成共识为前提条件的，然而共识形成的过程却常常止步于现实的利益考量。在仲裁申请提出后，由于东道国和另一缔约方的投资者利益冲突已经显现，缔约国之间达成共识，从而提出对条约联合解释的可能性大为下降。②在扩张管辖权的裁决，仲裁庭并未表现出接受嗣后解释制约的意思。在前面所分析的各类扩张管辖权的裁决中，仲裁庭会根据条约约文、参考前案的裁决、探寻缔约意图，但很少在其中发现缔约国的嗣后解释在裁决推理中的作用。这是因为一方面嗣后解释出现的概率较低，另一方面即使出现缔约国的嗣后解释，仲裁庭也并无遵守的压力。

第三节　确定 ICSID 仲裁管辖权的程序路径

ICSID 仲裁管辖权的扩张主要是反映在仲裁庭的裁决中，而这种扩张首先是仲裁庭扩大解释 ICSID 管辖权各要素的结果。作为自裁管辖权，程序上的调整也是解决管辖权问题的关键所在，甚至是比实体问题更具根本性和可行性的方式。除了仲裁庭自身的裁决外，ICSID 公约针对管辖权问题设计了两套程序，首先是在仲裁登记时，如果秘书长根据请求中所包含的材料，发现此项争端显然在"中心"的管辖权之外，则可以拒绝登记。但这种权利并未在实践中被行使，也未起到事前预防仲裁裁决中管辖权扩张的作用。因此对当事方来说，事后的救济方式就是必不可少的。

一、当事方应对扩张管辖权裁决的救济方式

传统的商事仲裁可以通过国内司法程序进行外部审查，ICSID 仲裁却不存在着体制外的救济措施，目前当事方无法撤销或者阻碍 ICSID 裁决的执行。当事方针对仲裁庭扩张管辖权的裁决，只能 ICSID 体系内申请撤销裁决。根据 ICSID 公约第 52 条之规定，任何一方可以根据下列一个或几个理由，向秘书长提出书面申请，要求撤销裁决：①仲裁庭的组成不适当；②仲裁庭显然超越其权力；③仲裁庭的一个成员有受贿行为；④有严重的背离基本的程序规则的情况；⑤裁决未陈述其所依据的理由。在这五项中，仲裁庭扩张管辖权的裁决当然属于"仲裁庭显然超越其权利"的范畴。因此，任何一方可以据此向秘书处提出撤销裁决的申请，但该项申请须在做出裁决之后 120 日内提出。

撤销程序由 ICSID 行政理事会主席从仲裁小组中任命三人组成专门的委员会审理，委员会有权根据第 52 条规定的理由撤销裁决或裁决中的任何部分。对委员会成员的选任有着与仲裁员不同的要求：①委员会的成员不得为做出裁决的仲裁庭的成员，并不得具有与这些成员相同的国籍；②委员会的成员不得为争端一方国家的国民或其国民是争端一方的国家的国民，也不得为上述任何一国指派参加仲裁员小组的成员；③委员会的成员不得在同一争端中担任调解员。这些要求是为了保障委员

会的决定相对于仲裁裁决的独立性，避免委员会的决定受到仲裁员、调解员以及作为争端当事方的投资者及其母国或东道国的影响。

从统计数据看，撤销程序的利用率和成功率都不高。如果以每十年作为一个统计单位，即将 1971—1980 年、1981—1990 年、1991—2000 年、2001—2010 年和 2011—2019 年分别统计，其做出裁决的案件数分别为 4 件、9 件、18 件、96 件和 181 件，而同期审理完结的撤销程序案件数分别为 0 件、4 件、2 件、26 件和 59 件，被撤销裁决的案件数为 0 件、3 件、1 件、8 件和 6 件。汇总来看，ICSID 仲裁裁决的总案件数为 308 件，而审结的撤销案件数为 91 件，占裁决案件总数的 29.54%；被撤销裁决的案件数为 18 件，占裁决案件总数的 5.84% 和审结的撤销案件总数的 19.78%，其撤销裁决的成功率非常低。

当然，撤销程序的成功率低可能是由于 ICSID 仲裁裁决的质量较高，撤销委员会认为应当拒绝撤销申请。但撤销申请数的增长又从另一角度表明，当事方对案件裁决结果的不满在上升，其利用撤销程序的意愿也在增长，然而，撤销成功率的下降却带来了另一重隐患，即当事方对撤销程序的不满上升，进而威胁到撤销程序的权威性和正当性。

表 5-1　撤销程序分期情况统计表

时期（年份）	裁决案件数（件）	审结的撤销案件		被撤销裁决的案件		
		数量（件）	占裁决案件比例	数量（件）	占审结的撤销案件比例	占裁决案件比例
1971—1980	4	0	0	0	0	0

续表

时期（年份）	裁决案件数（件）	审结的撤销案件		被撤销裁决的案件		
		数量（件）	占裁决案件比例	数量（件）	占审结的撤销案件比例	占裁决案件比例
1981—1990	9	4	44.44%	3	75%	33.33%
1991—2000	18	2	11.11%	1	50%	5.56%
2001—2010	96	26	27.08%	8	30.77%	8.33%
2011—2019	181	59	32.60%	6	10.17%	3.31%
合计	308	91	29.55%	18	19.78%	5.84%

从撤销案件的实践看，以仲裁庭超越管辖权为由提出撤销裁决申请的案件占到了相当的比重，其中有相当一部分是与阿根廷有关的。这些案件一般涉及以下几类问题：

第一，管辖权的竞合。针对同一争端，BIT 规定了 ICSID 条款，投资者可以据此将争端提交 ICSID 仲裁，而同时投资者与东道国所签署的协议中又约定了其他的争端解决方式，如选择了国内法院或者商事仲裁机构来解决投资争端，此时 ICSID 仲裁庭仍然依据 BIT 行使了管辖权，当事方会根据 ICSID 公约第52（2）条之规定请求撤销委员会以仲裁庭显然超越其权力为由撤销裁决。1984 年 Klöckner Industrie-Anlagen GmbH and others（以下简称"Klöckner"）申请撤销其诉喀麦隆一案的裁决，这是 ICSID 第一起撤销案件，其中就涉及数个争端解决条款的竞合。在该案中，喀麦隆与申请方的母国德国签署的《协议议定书》约定将案件提交 ICSID 仲裁，而申请方与被申请方签署的《管理合同》则约定将争端提交 ICC 管辖。该撤销委员会最终得出结论认为仲裁庭超越管辖权，该争端问题应当依照《管理合同》规定交由 ICC 管辖而非 ICSID 仲裁。[1]

第二，关于"投资"的定义。"投资"的定义是判断 ICSID 仲裁庭管辖权的基础。2006 年的 Patrick Mitchell 诉民主刚果案中涉及申请方在其母国美国账户上的动产和其他资产的性质，申请方认为这些资产都属于 BIT 的投资范围，由其引发的争端可以提交 ICSID 仲裁。被申请方则认为这些资产属于初始投资的报酬，并没有按照 BIT 的约定被再投资于民主刚果境内，因此其只有一些要素在 BIT 的投资保护范围，但 ICSID 仲裁庭却认为这些活动及其相关的经济价值符合 BIT 和 ICSID 公约中的投资定义，从而认为其具有对该争端的管辖权。撤销委员会认为仲裁庭将未再投资的报酬解释为属于投资范畴属于明显超越权限，因而撤销了仲裁庭的裁决。[2]

第三，"投资者"的界定。对 ICSID 裁决中属人管辖权的质疑也被当事方用于作为申请撤销裁决的理由。在 2007 年的 Hussein Nuaman Soufraki（以下简称"Soufraki"）诉阿联酋案中，申请人 Soufraki 同时拥有加拿大和意大利的国籍。由于加拿大尚未加入 ICSID 公约，因此申请人依据意大利—阿联酋 BIT（以下简称"意阿 BIT"）向 ICSID 提出仲裁请求。仲裁庭认为，其有权在国籍问题上根据事实和法律进行分析和判断，而不仅是接受国家的国籍证书。据此仲裁庭认为 Soufraki 在该案中不应当为

---

[1] Klöckner Industrie-Anlagen GmbH and others v. United Republic of Cameroon and Société Camerounaise des Engrais, ICSID Case No. ARB/81/2, Decision On the Application for Annulment Submitted by Klöckner Against the Arbitral Award Rendered on October 21, 1983, para. 4-108. *ICSID Review-Foreign Investment Law Journal* 1, 1986, pp. 89-144.

[2] Patrick Mitchell v. Democratic Republic of Congo, ICSID Case No. ARB/99/7, Decision on the Application for Annulment of the Award, February 9, 2004, para. 23-48.

意大利国籍，从而导致意阿 BIT 不适用于该争端。在该案中，Soufraki 认为国籍问题不属于仲裁庭审查的范畴，因此该仲裁庭超越了权限。但撤销委员会的最终决定认为在该案中仲裁庭并非明显超越权限，而是未能陈述裁决理由，即仲裁庭未能分析为何其有权确定当事方是否具有某国国籍。

第四，合同条款的解释。CMS Gas Transmission Company（以下简称"CMS"）诉阿根廷一案的仲裁庭认为，被申请方违反了公正和公平待遇标准以及美国—阿根廷 BIT 中所谓的"保护伞条款"。阿根廷就此提出撤销请求，仲裁庭通过对公司股东的索赔请求行使管辖权而明显超越权限。撤销委员会认为，CMS 必须被视为双边投资条约意义上的投资者，因为它对双边投资条约所涵盖的 TGN 进行了资本投资。主张阿根廷违反双边投资条约符合 ICSID 仲裁庭的管辖。

在实践中，撤销程序并不能彻底消弭扩张管辖权的裁决及其带来的影响，这一程序本身就带有与扩张管辖权的一样的特质，造成其裁决的不一致性，对国际仲裁机制造成冲击，这种现象的出现不仅没有解决仲裁裁决中存在的问题，反而由于两重程序问题的叠加而加剧了 ICSID 制度的危机。如果仅对仲裁程序存有疑义，还可以通过撤销程序加以纠正，但如果撤销程序仍然不能消弭人们对 ICSID 合法性的担忧，此种担忧就会从针对仲裁程序而蔓延到针对整个 ICSID 体制。具体而言，撤销程序中的不一致性表现为：

第一，不同案件的撤销委员会就相似的案情及其裁决做做出了不同的撤销决定，非但没有消除仲裁庭裁决的不一致性，而且造成了仲裁庭和撤销委员会裁决双重不一致性的叠加，当事方更加无所适从。

2002 年的 Compañía de Aguas del Aconquija S. A. and Vivendi Universal S. A. （以下简称 "Vivendi"）诉阿根廷案是较早涉及这类问题的撤销案件。该案中，申请方的母国法国与阿根廷所签订的 BIT 约定可以将相关争端提交 ICSID 仲裁，而申请方 Vivendi 与阿根廷土库曼省特许经营合同则约定双方的争端应交由当事人在该合同中选择的地方法院审理。仲裁庭认为，合同中的争端解决条款并不妨碍条约中的争端解决条款的适用，因为合同项下的索赔与条约项下的索赔性质不同，应予区分，但合同中选择的地方法院拥有优先解决合同项下索赔的机会。撤销委员会则认为本案中违反合同的行为与违反条约的行为密切相关，无法区分，因此仲裁庭对土库曼省的行为没有管辖权，该案应交由地方法院来审理。[1]

在 2010 年 Enron Creditors Recovery Corporation and Ponderosa Assets，L. P. （以下简称 "Enron"）诉阿根廷一案中，撤销委员会则做出了与 Vivendi 诉阿根廷案相反的决定。与 Vivendi 诉阿根廷案一样，在 Enron 诉阿根廷案中同样出现了投资者与阿根廷所签署的许可证协议中争端解决条款约定将争端提交当地法院诉讼解决。而委员会对申请方据此提出仲裁庭明显超越权限的请求做出了拒绝决定，其理由是条约争端不同于合同争端，不能因为合同中存在着法院选择条款，而否定 ICSID 仲裁庭对违反条约行为的管辖权。[2]

---

〔1〕 Compañía de Aguas del Aconquija S. A. and Vivendi Universal S. A. v. Argentine Republic，ICSID Case No. ARB/97/3，Decision on Annulment，July 3, 2002，para. 110–115.

〔2〕 Enron Creditors Recovery Corperation and Ponderosa Assets，L. P. v. Argentine Republic，ICSID Case No. ARB/01/3，Decision on the Application for Annulment of the Argentine Republic，October 7, 2008，para. 113–121.

第二，对当事方而言，撤销委员会审查的裁决范围缺乏可预期性和确定性。撤销委员会在对不同案件做出决定时，对自己权限范围的认定不同，从而在某些案件中，倾向于限制自己的解释权，并没有对裁决的内容进行审查，而是直接由于权限拒绝做出撤销决定，从而削弱了对仲裁庭裁决审查的力度。而在另一些案件中，则倾向于全面分析裁决的各项依据和内容。

在 CMS 诉阿根廷案中的撤销裁决中，撤销委员会明确提出自己对该案裁决的审查是有限的，因此其不能取代仲裁庭对法律和事实问题的裁决，其撤销决定权应当限于 ICSID 公约第 52 条的规定："通过对裁决的考量，委员会鉴识出一系列的错误和缺陷。裁决包含着明显的法律错误，裁决存在着缺漏和省略，所有这些都被委员会鉴识出并加以强调。然而，委员会意识到自己只能行使根据 ICSID 公约第 52 条所授予的狭隘且有限的管辖权。这一授权的范围只允许在某种特定条件存在时将撤销裁决作为一种选择。如上所述（前第 136 段），在这种情况下，委员会不能简单地以自己关于法律的观点及对事实的理解取代仲裁庭的观点和理解。"[1]

在 2010 年的 Rumeli Telekom A. S. and Telsim Mobil Telekomunikasyon Hizmetleri A. S.（以下简称"Rumeli"）诉哈萨克斯坦案中，撤销申请人认为非法投资不属于 BIT 和《外国投资法》保护范围，因而 ICSID 仲裁不具有管辖权。撤销委员会以该主张超越了公约的授权为由拒绝了这一主张，因为："撤销委员会不是上诉庭，因而在其有限的职责范围内，无权分析当事方提

---

[1]　CMS Gas Transmission Company v. Argentine Republic，ICSID Case No. ARB/01/8，Decision of the AD HOC Committee on the Application for Annulment of the Argentine Republic，September 25, 2007，para. 158.

出的证据的证明力。对与申请人提出的撤销申请相关的 Rumeli 在哈萨克斯坦电信的投资目的在于推动其在全球范围内欺诈的证据的深入分析超越了委员会的权限范围。事实上，这也就是为什么裁决只能因较为明显超越权限而被撤销的理由。缺乏管辖权应从裁决的表面证明而不应当要求委员会考量提交给仲裁庭的证据。只要裁决的方式是合理且站得住脚的，即使委员会发现其对于争议的法律观点存有不同意见，委员会也不会撤销裁决。然而在此处管辖权问题不依据法律问题而是依据证据的解读，对撤销委员会而言推翻仲裁庭对于向其提交的证据所做的论断是不正确的。"[1]

　　上述两案均体现了撤销委员会自我限权的意图，即将其对仲裁裁决的审查权严格限定在第 52 条规定的事项范围内，并且其撤销决定主要考量的是仲裁程序问题，从而将实体问题排除在撤销委员会之外。但在 Azurix Corp. 诉阿根廷案、Continental Casualty Company 诉阿根廷案以及前文所述的 Klöckner 诉喀麦隆案和 Patrick Mitchell 诉民主刚果案中，撤销委员会都对仲裁裁决进行了更全面的审查，既涉及仲裁过程中的程序问题，又涉及案件的实体问题。但是一方面，两种不同的做法呈现在不同案件的撤销程序中，加深了人们对 ICSID 合法性的质疑，另一方面，总体来看，限权是撤销委员会更常见和普遍的做法，由于撤销委员会严格将自身权力限制在程序领域，其在审查仲裁庭裁决是否扩张了管辖权方面的作用就是极为有限的，因为审查 ICSID 仲裁庭是否具有案件的管辖权需要在个案审理过程中对争端事

---

〔1〕 Rumeli Telekom A. S. and Telsim Mobil Telekomunikasyon Hizmetleri A. S. v. Republic of Kazakhstan, ICSID Case No. ARB/05/16, Decision of the AD HOC Committee, March 25, 2010, para. 96.

实是否含有第 25 条管辖权的实体要素进行分析，而多数撤销委员会认为根据公约规定其权限仅限于对程序性事项进行审查，无法对初审裁决是否符合公约第 25 条的规定进行审查。

第三，撤销程序的制度缺陷导致其无法承担起为当事方提供有效对抗不当裁决的救济职能，撤销程序并未能给当事方提供对抗管辖权扩张的有效途径。

这一方面体现在撤销委员会的组成方式不能保证撤销委员会决定的中立性和独立性。由于行政理事会主席只能在仲裁小组名单中选择委员会成员，因此无法避免仲裁员和委员在身份上的混同，即其可能在一起案件中担任仲裁员，而在另一起案件中担任委员，从而使撤销决定受到仲裁裁决的影响，这种影响使得撤销裁决的公正性受到了质疑。[1] 与此同时，影响仲裁员管辖权的因素仍然对撤销委员会成员有着重要的影响，其中包括委员会同样希望能够再次获得选任，因此他们在裁决中同样要表现出自己胜任委员会的工作，从而避免对其被再次选任为委员的机会产生消极影响。[2]

另一方面，撤销程序加大了当事方的仲裁成本。委员会通过撤销程序做出的决定并非终局性的，因为撤销决定只是使仲裁裁决丧失效力，为解决争端，当事方可以重新提起仲裁或者寻求其他的争端解决途径。而如果当事方重新提起仲裁，其裁决仍然可能进入撤销程序。二次仲裁和二次撤销程序的比例在撤销案件中是非常常见的现象。Klöckner 诉喀麦隆案、Vivendi

---

[1] 韩秀丽：《论〈ICSID 公约〉仲裁裁决撤销程序的局限性》，载《国际法研究》2014 年第 2 期。

[2] David D Caron, "Framing the Work of ICSID Annulment Committee", *World Arb. & Mediation Rev.* 6, 2012, p. 175.

诉阿根廷案、Enron 诉阿根廷案等案件都经历了二次撤销程序。虽然在实践中，二次撤销并未得到普遍支持，但理论上是存在着二次撤销甚至多次撤销的可行性的。

综上所述，ICSID 撤销程序作为 ICSID 当事方所能寻求的唯一救济途径，存在着诸多问题和局限性。而问题的症结在于撤销程序制度对其宗旨和性质的设定，即撤销程序是在维护 ICSID 仲裁裁决终局性的前提下，保障程序的公正性。因为，"一裁终局" 所带来的效率和较低的争端解决成本是商事仲裁制度与诉讼最显著的区别，而 ICSID 仲裁则脱胎于商事仲裁制度。所以，ICSID 仲裁的撤销制度只是在仲裁制度中赋予当事方有限的救济权，这种救济制度需要区别于上诉制度，否则就会冲击仲裁的效率性。然而，如上所述，撤销程序在制度设计的限制在实践中并未给投资争端解决带来充分的效率，却存在着诸多弊端，由此成为 ICSID 改革中为人们所重点关注的领域之一。[1]

二、ICSID 仲裁管辖权复核程序的完善路径

作为一个 "自治的"（autonomous）或者 "自足的"（self-contained）的体系，当事方对扩张管辖权的裁决所能寻求的救济是有限的且是机制内的，即其只能向 ICSID 秘书长提出撤销请求，通过撤销程序获得救济。而撤销程序自身的不足使得这唯一的救济程序对当事方来说也未必可靠。各国因此寻求对国际争端解决程序进行改革，从而能够提供一个稳定可靠且独立公正的 ICSID 仲裁裁决的审查渠道。

---

[1] See Gabriel Bottini, "Present and Future of ICSID Annulment: The Path to an Appellate Body?", *ICSID Review—Foreign Investment Law Journal* 31, 2016, pp. 712-727.

（一）局部修补式：ICSID 和 UNCITRAL 的规则修订模式

针对国际投资仲裁长期实践中出现的各种问题，国际社会提出了不同的改革方案。其中，ICSID 在 2016 年 10 月正式启动新一轮 ICSID 规则修订工作，并于 2018 年 8 月 3 日发布了《关于 ICSID 规则修订建议的工作文件》。此次 ICSID 规则的修订已经是 ICSID 成立五十年以来，对其规则的第六次也是最大的一次修订，其内容涉及一系列规则和条例，包括《行政和财政条例》《请求规则》《ICSID 仲裁和调解规则》《ICSID 附加便利仲裁和调解规则》以及《ICSID 附加便利事实发现规则》。规则和条例的修订属于 ICSID 行政理事会的职权范围，而不需要通过缔约程序进行，因此相较公约的修订更为便利。同时，此次修订主要针对的是在程序运行过程中由于仲裁庭的解释以及仲裁规则的不协调（如规则所使用的不同语言之间存在着歧义）而造成的裁决结果不一致的现象，同时降低仲裁成本和时间耗费，提高仲裁效率也是此次修订的重要目标。但规则和条例的修订不涉及对 ICSID 基本条款的更改，更无法对管辖权条款存在的问题做出更正。

在 ICSID 启动改革措施的同时，UNCITRAL 也在促进 ISDS 改革，并成立了专门负责投资人与国家间争议解决制度改革的第二工作组。2014 年 7 月 9 日，UNCITRAL 审议通过了《联合国投资人与国家间基于条约仲裁透明度公约》（又称《毛里求斯透明度公约》，以下简称"UNCITRAL 透明度公约"），该公约同年 12 月在联合国大会获得通过，次年 3 月在毛里求斯路易港开放供各国签署。2017 年，UNCITRAL 透明度公约正式生效。此后，UNCITRAL 仍然继续进行 ISDS 机制改革工作，2018 年 10 月，第三工作组秘书处在工作组第三十六届会议上提出了一份《投资人与国家间争议解决制度的可能改革》的说明，详细列举了在 ISDS 改革中关切的问题，包括与"投资人与国家间争议解决法庭仲裁裁决的一致性、连贯性、可预测性和正确性有关的关切"，"与仲裁员和裁定人有关的关切"和"与投资人与国家间争议解决案件费用和延续时间有关的关切"。UNCITRAL 所关切的问题与管辖权裁决密切相关，这些问题或是促成管辖权扩张裁决的动因，或是管辖权扩张裁决作为其因素之一，而对 ICSID 仲裁体制造成的负面影响。然而，尽管 UNCITRAL 将建立一个常设性的争议解决机构和建立投资人与国家间仲裁裁决的上诉机制作为其改革选项之一，但到目前为止，其改革议题尚未触及 ISDS 结构性的调整。[1]

作为一种部分修补的改革模式，ICSID 对规则的修订以及 UNCITRAL 到目前为止的改革举措仍然主要反映了渐进主义者的主张，他们普遍认为 ISA 仍然是最可行的选择，而现在对 ISDS 的批评则过分夸大了其缺点。因此，他们主张维持现有的争端解决机制，只需进行最温和的改革以消除人们对特定问题的担心。[2]支持这一主张的国家包括日本、智利、美国和墨西哥等。美国的 2012 年 BIT 范本中的 B 章就基本上是对 ICSID 公约和规则以及 UNCITAL 规则的部分改进。以 TPP 为例，其改进主要体现在直接限制投资仲裁管辖权范围和间接限制投资者的请求权两个方面。前者是指在美国退出后，CPTPP11 国冻结了

---

〔1〕 联合国国际贸易法委员会第三工作组，《第三十四届会议临时议程说明》，2017 年 9 月 15 日，A/CN.9/WG.Ⅲ/WP.141，第 2~3 页。需要注意的是 UNCITRAL 也在讨论将对 ISDS 系统性的改造作为 ISDS 可能的改革之一，将来不排除其会向这个方向做出努力，只是目前除了在透明度方面，其深入探讨的问题仍是局部的和对规则而非条约的改造。

〔2〕 Robert. A., "Incremental, Systemic, and Paradigmatic Reform of Investor-State Arbitration", *American Journal of International Law* 112, 2018, pp. 410-432.

条约中与投资授权和投资协议有关的条款，因此与之有关的争端不能提交包括 ICSID 在内的国际仲裁机构。后者是指通过规定仲裁时效和避免选择法庭等条款，限制投资者的请求权。

（二）另起炉灶式：欧盟的国际仲裁法庭模式

在国际投资仲裁改革的诸多方案中，欧盟的改革路径引起了国际社会的广泛关注。欧盟采用了另起炉灶的模式来重构国际投资仲裁法庭，即在 ICSID 体系之外重新构建一个独立的国际投资争端解决体系，欧盟所提出的建立常设国际投资仲裁法庭制度是这一模式的典型代表。该提议最早出现于 2015 年末欧盟委员会公布的其与美国《环大西洋贸易和投资伙伴协定》（Transatlantic Trade and Investment Partnership，以下简称"TTIP"）投资章节草案中，其后欧盟在与加拿大修订的《欧盟与加拿大综合经济贸易协定》（The EU-Canada Comprehensive Economic and Trade Agreement，CETA）及与越南签订的《欧盟与越南投资保护协定》（The EU-Vietnam Free Trade Agreement，以下简称"EVIPA"）中也对此作了相同的规定。以欧盟发布的 TTIP 草案为例，欧盟的主张是建立一个包含初审法庭和上诉法庭在内的常设国际投资法庭，与 ICSID 仲裁相比，该法庭的相关规定更加严格，为了避免出现与 ICSID 仲裁同样的问题，而对法官任职条件和程序做出了不同的规定。投资法庭的法官任命权由 TTIP 项下的专业委员会行使，其中初审法院有 15 名法官，上诉法院有 6 名法官，专业委员会有权以 3 的倍数为限增减法官的人数．在初审法庭和上诉法庭中，拥有欧盟、美国和第三国国籍的法官分别占总人数的 1/3，并以拥有第三国国籍的法官作为主审法官。同时规定，法官在任职期间不能担任任何投资争端当事方的律师或者法律顾问。

此种模式是在 ICSID 体制之外建立一个独立的国际投资法庭，代表了系统改革者（systemic reformers）的主张，持这一观点的人认为 ISDS 可以保持投资者在国际层面对国家提出请求，但现行的 ISA 在处理这些请求方面时具有严重的缺陷，因此他们支持推行更重大的系统性的改革，以一个全新的多边投资法庭和上诉机构取代 ISA。

这一改革的优点在于常设法官的选任可以保证裁决的一致性，而对主审法官国籍和法官任职期间兼职的限制，则是为了保障法官的独立性与中立性，保证裁判的公正。但新建国际投资法庭的模式不足之处也非常明显：

第一，国际投资仲裁法庭采用的是另起炉灶的改革方式，其难度远大于在既有制度上的修订。欧盟在推行国际投资仲裁法庭的过程中采用了双边条约的形式，也延缓了其为国际社会普遍接受的时间。目前，除了已经完成的 CETA 和 EVIPA 中采用了国际投资仲裁法庭来解决投资者与国家之间的争端外，TTIP 谈判由于特朗普当选总统已经陷入僵局。因此，此种推进方式相对比较缓慢。

第二，国际投资仲裁法庭的司法属性也增加了推行的难度。作为常设国际机构，与 ICSID 提供一个包括诸多人员的仲裁小组名单供当事方选择不同，欧盟提议设立的国际投资仲裁法庭任命的法官是常任的，而且人数较少，同时又设置了上诉法庭，使其具有更强的司法属性而非仲裁属性，不易为各国所接受。一方面这种设置方式与仲裁的终局性相冲突，另一方面缺乏对仲裁员的选择权也容易导致各国对仲裁庭的中立性产生怀疑。

第三，这种方式并未避免 ICSID 体制在管辖权方面存在的缺陷。因为，从欧盟目前所公布的双边条约或者文本草案来看，包括 CETA 和 TTIP，其对"投资"和"投资者"的方面并未给出比之前各国所签订的双边条约更严格的定义，而这种模糊性意味着仍然存在法庭做出扩张管辖权裁决的可能性。

（三）回归传统式：废止投资者—国家争端解决方式

面对国际投资仲裁所带来包括管辖权裁决引发的各种问题，包括巴西和南非在内的部分国家采取了最为保守的态度。作为所谓的"范式转换者"，他们认为 ISDS 忽视了国家的公共利益，将国家的公共政策交由国际机构审查，因此现有的体制具有无法改变的缺陷，因而需要全盘替代。他们要求彻底废除投资仲裁，完全拒绝授予投资者针对国家的国际请求权，而无论这种权利是向仲裁庭还是国际法院提起。在废止现行的 ISDS 体制之后，他们提出回归以当地救济、外交保护和国家间争端解决等国际法提供的传统救济方式。

巴西从未批准包含有 ISDS 条款的投资协定，近些年来它开始签署鼓励使用选择性争端解决机制的《合作与投资便利协定》，该协定包含如通过缔约国设立的联合委员会任命的官员调解解决争端以及最终允许国家与国家之间而非投资者与国家之间的仲裁。南非在 2012 年开始终止投资条约的进程并于 2015 年在其国内通过《投资保护法》，该法赋予包括调解和国内诉讼在内的国内救济程序以优先性。南非可能同意对单个投资争端提交国际仲裁，但是要受用尽当地救济的限制并且也可以被国家与国家间的仲裁所取代。[1]

---

〔1〕 See Anthea Roberts, "The Shifting Landscape of Investor-State Arbitration: Loyalists, Reformists, Revolutionaries and Undecideds", *EJIL*: *Talk*!, available at https://www.ejiltalk.org/the-shifting-landscape-of-investor-state-arbitration-loyalists-reformists-revolutionaries-and-undecideds.

但是在国际投资已经成为全球经济增长的重要动力的时代，必然要求与投资相适应的争端解决机制，而正是在传统的国内救济和国家间争端解决机制无法适应国际投资发展需求的背景下，以 ICSID 为核心和代表的 ISDS 机制才应运而生。因此重返传统的做法与国际投资发展趋势相悖。与此同时，回归传统的做法也缺乏各国支持的现实基础，在多数发展中国家加大开放力度，以吸引外资来促进经济发展的情况下，接受 ISDS 被视为改善投资环境的重要方面，各国很难在 BIT 中排斥 ISDS 条款。由于这种模式偏重国内救济途径，因此外资所能获得的保护手段和程度取决于东道国的法治状况，即东道国是否具有较为健全和完善的外资保护法律体系、其司法机关是否具有独立性以及审判程序是否公正高效。因此，由于投资者对大多数发展中国家的法治发展缺乏信任，此种模式很难在发展中国家推广。而作为主要资本输出国的发达国家为了保护其海外投资利益，也基本不会接受这一模式。[1]

三、混合模式的 ISDS 机制：促进 ICSID 仲裁机制改革的共识

ISDS 改革的模式之争在本质上反映的是不同国家在国际投资领域的国家利益分歧以及以此为基础发展出的各国价值观的冲突。一方面，资本输出国希望能够为其海外资本提供更充分的保护，包括为其提供多元化的保护方式。另一方面，资本输入国希望在保持对外资的吸引力的同时，能够更充分地保障其主权不受侵蚀，可以在涉及公共利益和政策问题上有更广泛的

---

〔1〕 王彦志：《国际投资争端解决机制改革的多元模式与中国选择》，载《中南大学学报（社会科学版）》2019 年第 4 期。

自主权，并以一种对裁决结果更有控制力的方式解决与投资者发生的争端。这两种利益和价值之间截然两分，很难让持不同观点的国家完全接受对方的主张。因此，在同类国家集团内部可以接受某一种改革模式，不同国家之间却很难就改革达成共识。

一种务实的做法是，在部分国家之间采用他们相互认可的国际投资争端解决机制，而从一般性的角度，应当在 ICSID 基础上构建新的能够为国际社会普遍接受的 ISDS 机制，其中"仲裁+常设上诉机构"的混合模式可以作为 ICSID 改革的基本方向。"混合模式"的基本内容是在保持 ICSID 仲裁程序不变的情况下，设立一个常设的上诉机构，其中上诉机构法官的数量有限，而其任职时间较长，且对参与案件的审理无需经过当事方的选任。这一模式的核心是 ICSID 撤销委员会向上诉机构的转变。此种转变包括三个方面的重要内容：①通常撤销委员会只能全部或部分撤销裁决，而上诉机构则可以直接改判。②撤销委员会成员是由当事方在仲裁员名册中选择的，而上诉机构的成员是缔约国通过高度透明的程序被选出来的。在此过程中，审查机制的政策和目标会得到充分的讨论，从而使上诉机构的裁判的法理基础更加清晰。③如前所述，仲裁小组的成员是否能够成为撤销委员会成员需经当事方的选择，而上诉机构的成员类似于法官，其是否能够参与某个案件取决于程序规则自身的运作，如全庭审理则全体成员均可参与，在部分成员参与案件审理的情况下，其参审人员的选择也取决于由程序规则确定的机构内参审人员选择机制，而不是受当事方制约。

"混合模式"的建议最早由 ICSID 于 2004 年提出，其最初构想是建立一个涵盖所有 ICISD 和非 ICSID 的 ICSID 投资仲裁上诉便利机制，美国和加拿大等国也曾经在一些 IIA 谈判过程中讨论建立双边上诉机构的可能性，虽然由于未得到成员方积极响应而放弃了该建议，[1]但这一建议的基本内容仍然可以为未来 ISDS 改革提供借鉴。

首先，从改革的可行性角度分析，尽管对混合模式的改革存在着各种质疑和批判的声音，但 ICSID 是目前被广泛接受的 ISDS 体系，截至 2024 年 1 月，有 165 个国家签署 ICSID 公约，其中 158 个国家已经递交批准书从而成为公约的正式缔约国。

这已经是国际社会在国与国之间和投资者与东道国之间投资关系以及国际投资争端解决问题上达成的最大共识。不仅如此，ICSID 体制的运作是建立在 3000 多件 BIT 的基础上，数量巨大的 BIT 接受了 ICSID 仲裁作为解决国际投资争端的基本方式，如果采取急进的改革措施，无论是重新建立一个常设的国际仲裁法院，还是完全退回到传统的国内救济和外交保护相结合的方式，都面临着对大量条约进行修改或者废止的工作，其工作量是非常巨大的。在面对这样复杂的 ISDS 体系，以 ICSID 为核心内容对 ISDS 体制进行改革是最为简洁和有效的方式。因此，尽管 ICSID 秘书长 Meg Kinnear 于 2018 年在美国国际法学会年会（America Society of International Law，以下简称"ASIL"）上所作的演讲《程序、政策和进程：寻找投资者与国家争端解决规则改革共识》（*Policy and Progress：Seeking Consensus in ISDS Rules Reform*）中提出在 ICSID 当前的改革中："工作稿不会提议上诉机制或常设仲裁庭。这是当前 UNCTAD 和 UNCITRAL 正在讨论

---

[1] Parra A. R., *Advancing reform at ICSID*, in Jean E. Kalicki, Anna Joubin-bret eds., *Reshaping the Investor-State Dispute Settlement System：Journeys for the 21st Century*, Leiden, Brill Nijhoff Press, 2015, pp. 574-577.

的主题，这一改革方向上的共识尚未产生。"〔1〕这是由于 ICSID 目前进行的是对《仲裁程序规则》的修改，而非 ICSID 公约的修改，而建立上诉机制或者常设仲裁庭势必需要对后者进行大幅度修改，而修改公约的共识的形成需要一个相对较长的过程。但在可以预见的未来，修改公约以建立 ICSID 上诉机制的可能性在不断增强。

其次，从改革的目标来分析，ISDS 改革的起因是由于以 ICSID 为主的国际投资仲裁机制缺陷的暴露，即过度扩张管辖权裁决带来的投资者权利和东道国公共利益的失衡，裁决不一致和不确定造成的合法性危机，以及缺乏裁决复核机制造成的程序缺陷。因此评价改革主要看其是否实现了以下三个方面的目标：公平、稳定和效率。公平是指实现国际投资关系参与者之间的权益平衡，裁决不偏袒任何一方；稳定是指不同仲裁庭所做出的裁决应遵循相同的裁判法理，同类案件会得到相同或者近似的裁决结果；效率是指不能因改革带来仲裁费用支出和时间消耗的过度增长。以 ICSID 体制为基础进行改革保证了改革的进程是对既有体系的逐渐改良而非革命性变化，在维护其仲裁特征的基础上，引入具有司法特性的上诉机制，通过任命数量有限的常设上诉法官，可以为裁决的逻辑一致性和价值中立性提供更有力的保证。同时，在选择上诉机构法官的过程中，审查机制的政策和目标会得到充分的讨论，从而使上诉机构的裁判更

---

〔1〕　由于 ASIL 并未公布该演讲的正式稿，此处引用的是厦门大学博士生曾建知的翻译稿，《程序、政策和进程：寻找投资者与国家争端解决规则改革共识——ICSID 秘书长关于投资者与国家争端解决规则改革的演讲》，该翻译稿被公开发表的只是演讲的部分内容，载一点资讯网：http://www.yidianzixun.com/article/0J1Dadhs，最后访问日期：2019 年 1 月 1 日。

具有可预测性。[1]

最后，从改革的路径角度分析，伴随着国际投资的大量增多，各国在面对 ISDS 时进入了所谓"无知之幕"状态（a veil of ignorance）[2]，即其在 ISDS 中可能扮演的角色是不确定的，国家在订立 ISDS 条款时并不确定其将来主要承担的是作为东道国的被申请方还是作为支持申请方的投资者母国身份。身份的不确定性带来了利益的不确定性，这种态势有利于推动各国选择在投资法的目标定位上保持平衡的改革路径，进而在国际投资法领域确立单一的原则——法治责任原则。[3]这一原则要求各国在某一类国际事务中遵循一种统一的规范，在国家责任的承担上保持一致性，破除国际投资法的碎片化现象。与国际社会法治化进程的需求相呼应，常设上诉机构的机制通过对仲裁裁决的审查，以相对较为统一的裁判法理做出维持、撤销或更改的裁决，推进了 ICSID 程序最终结果的一致性，并对初审的仲裁裁决产生了制约和指引的效果。

"初审仲裁加常设上诉机构"显然是以 WTO 的争端解决机制为模板的改革选项。两者的相同点是在案件的初审阶段，都由当事方在人数众多的名单中选择人员组成审理案件的法庭（专家组／仲裁庭），而在初审裁决做出后，均可向由常设法官组成的上诉机构提出申请，由上诉机构对初审裁决进行审查。但

---

[1]　Gabriel Bottini, "Present and Future of ICSID Annulment: The Path to an Appellate Body?", *ICSID Review—Foreign Investment Law Journal* 31, 2016, p. 726.

[2]　[美] 约翰·罗尔斯：《正义论》，何怀宏、何包钢、廖申白译，中国社会科学出版社 1988 年版，第 131~135 页。

[3]　Sergio Puig and Gregory Shaffer, "Imperfect Alternatives: Institutional Choice and the Reform of Investment Law", *American Journal of International Law* 112, 2018, p. 361.

有学者认为，WTO 的争端解决机制的"专家小组加上诉机构"模式的效率依赖于 WTO 以多边条约构建的中心化机制。而与 WTO 完全相反，国际投资法体系是通过数以千计的双边协定搭建起来的，因此无法保证争端解决的效率。[1]这种异议有其道理，但并不能构成阻碍采用此种模式的充分理由：首先，ISDS 改革的起点就是因为仲裁机制的无中心化特性导致的裁决不一致问题，上诉机构的设立则为确立裁决一致性提供了制度上的保证。其次，虽然国际投资体系主要是由 BIT 构成的，但是由于条约内容的基本一致，特别是多数都选择了 ICSID 仲裁方式，因此这些条约实际上形成了一个以 ICISD 仲裁条款为核心内容的多边条约网络，形成了一个有共同指向的内敛的体系，而上诉机构则是在这一体系中添加一层核心要素，助力完成体系的中心建构。最后，ICSID 以及 WBG 的组织机构及其职能为 ICSID 裁决的权威性及其执行提供了组织保障，也即从组织法角度弥补了通过双边方式构建起来的国际投资争端的解决缺乏中心化的机制问题。同时，ICSID 通过设立常设上诉机构会促成其中心化机制的形成，从宏观的角度看，ICSID 虽然没有采用判例法，但上诉机构裁决会对初审的仲裁庭形成非正式的"软"约束，再辅之以 IIA 对管辖权规定的完善，最终形成一个从实体到程序，从约文到实践的完善的管辖权规则体系。

虽然长期以来被视为国际社会的模范机制，但从 2019 年 12 月 11 日开始，由于印度籍法官辛格和美国籍法官格雷厄姆的任

---

[1] See Nicolette Butler, "*In Search of a Model for the Reform of International Investment Dispute Resolution*: *An Analysis of Existing International and Regional Dispute Settlement Mechanisms*", in Jean E. Kalicki and Anna Joubin-Bret, eds., *Reshaping the Investor-State Dispute Settlement System*: *Journeys for the 21st Century*, Leiden, Brill Nijhoff Press, 2015, pp. 351-380.

期届满，WTO 上诉机构只剩中国籍法官赵旭一人，不能满足最低由 3 名法官参与审理并做出裁断的要求，因此无法再审理新的上诉案件，陷入停摆状态。原因是 WTO 上诉机构法官的任命遵循 WTO "协商一致"的表决规则，而在新任法官的遴选问题上，美国始终持有异议，从而导致新法官无法产生。WTO 上诉机构的危机提醒改革者们，ICSID 上诉机构应当建立一个完善的选任机制以避免出现类似的机构停摆现象。ICSID 公约规定的理事会表决机制既不同于 WTO 的"协商一致"，也不同于 IBRD 的"加权表决加绝对多数"，而是采取了简单多数的方法，即 ICSID 公约第 7 条第 2 款所规定的"除本公约另有规定之外，理事会的所有事项应以多数票做出决定"，因此可以防止美国单方面或少数大国联合反对即会造成上诉机构组成人员不足的现象。

由于上诉机构的常设性和司法性，应当保证其成员广泛的代表性，使其能够如同国际法院的法官一样代表"世界各大文化及主要法系"，因此可以仿效国际法院法官的产生办法，将地域文化法系相近的国家编入同一国家团体，每一国家团体推举一名候选人，并由 ICSID 的理事会就候选人进行表决。为了增强上诉机构的权威性，可以在选举上诉机构成员的表决中引入 IBRD 的加权表决制，同时为避免遭遇与 WTO 同样的危机，其选举应在加权之后采取简单多数通过。加权表决可以增加大国在决定上诉机构人选过程中的权力，从而确保机构裁决的拘束力，简单多数通过又能防止由于部分大国的反对而造成上诉机构成员人数不足而停摆的危机。

第六章
中国与 ICSID 管辖权扩张

中国于 1990 年 2 月 9 日签署 ICSID 公约，1992 年 7 月 1 日批准加入该公约，1993 年 1 月 7 日向 ICSID 交存批准加入书，1993 年 2 月 6 日 ICSID 公约对我国正式生效。自此，ICSID 仲裁方式成为我国对外签订的以 BITs 为主的 IIAs 重要内容。从缔约实践到 ICSID 仲裁实践，我国对待 ICSID 的立场和策略已经经历了多次转变，而这些转变的动力在于中国经济社会的快速发展及由此带来的国际投资的双向激增和面对国际法立场的变化。在面对 ICSID 管辖权扩张的问题上，我国应当在历史和当下的双重视角中，采取现实主义的措施，审慎选择应对之策。

第一节　中国对 ICSID 仲裁管辖权的接受

中国自 1978 年开始实施改革开放的基本国策，截至 2023 年底已经签订了 146 部双边 BITs，29 部载有投资条款的其他条约，在全球所有国家中仅次于德国，从而构建了第二大投资条约框架，而在这些条约中多数载有 ISDS 条款。中国对 ICSID 的态度是随着中国改革开放的进程而不断发展的，大体上经历了三个历史时期，从 20 世纪 70 年代末开始逐渐打开国门，到 20 世纪 90 年代成为 ICSID 成员国，再到 21 世纪全面接受 ICSID。

一、不予接受阶段（1982—1989 年）

1982 年中国与瑞典签订了第一个 BIT，其中并未对 ISDS 做出规定，而仅规定了缔约国之间的争端采取特设仲裁庭的方式，次年与德国签订的 BIT 中仍无 ISDS 条款。1984 年中国与法国签订的 BIT 中第一次纳入了 ISDS 条款，此后，在我国所签订的其他 BITs 中均包含了 ISDS 条款。但在整个 20 世纪 80 年代，中国对外签订的 BITs 都未接受 ICSID 仲裁，在这一时期主要体现为：①一部分双边或多边投资条约没有规定 ISDS 条款，除了已经提及的与瑞典所签订的 BIT（中国—瑞典 BIT）外，在与德国、蒙古国所签订的 BITs 中也缺少 ISDS 条款。在条约中仅有解决缔约国争议的条款。这三部条约签订时间较早。②在我国与其他国家签订的 BIT 中虽然写入了 ISDS 条款，但通常选择采用专设仲裁庭的方式来解决投资者与缔约国之间的争端，同时专设仲裁庭适用的案件也只限于征收或国有化产生的补偿款额争端。

从时代背景看，这一时期我国在 BITs 中不接受 ICSID 仲裁的原因既有客观因素，也有主观因素：①从制度层面来看，当时中国尚未签署 ICSID 公约，同时与我国缔约的相对方中有相当一部分也不是 ICSID 的缔约国，不存在接受 ICSID 管辖的制度前提。②从需求层面来看，国门初开，我国对外经济合作的主要形式是"三来一补"，以货物贸易为主，外国直接投资规模较小，同期的投资争端也比较少，因此缺乏利用 ICSID 解决争端的迫切的现实需要。③从意识层面来看，一方面，我国缺乏缔结 BITs 和采取多边机构方式解决投资争端的历史经验，无论在国际法院或是常设国际仲裁法院，我国均未作为原告和被告参与过诉讼或仲裁。另一方面，我国政府认为在国际社会中，国家拥有绝对的主权豁免，个人没有国际法主体地位，而在 ICSID 仲裁中，投资者与东道国作为平等主体参与到仲裁程序中，这与我国传统的意识形态认识不符，认为接受 ICSID 会有损国家主权。④在对 ICSID 态度问题上，还需要考虑的一个因素是，投资者是私法主体，而在投资者—国家争端中，国家是以投资管理者的公法主体身份出现的，《中华人民共和国行政诉讼法》是在 1989 年制定的，此时才确立行政管理相对人对行政主体的诉权，而将国家作为诉讼或仲裁当事人的做法无论在意识还是制度层面都超越了此前我国社会和主流法治思想的发展。从 BITs 中规定可提交专设仲裁庭的案件类型限于征收或国有化产生的补偿款额争端也可以佐证，我国政府并不接受将政府管制投资的行为提交仲裁机构判断的做法。

这一时期我国虽然并不接受 ICSID 对投资争议的管辖，但在 1984 年中法之间签订的 BIT（中国—法国 BIT）之后两国总理之间的换文中已经出现了对未来两国均成为 ICSID 公约成员国情况下，就 ICSID 对投资争议的管辖另行协商的条款，有了态度上的松动。此后，中国在与新加坡、科威特、瑞士、斯里兰卡、英国、马来西亚、新西兰等八国缔结 BITs 时也采取了类似的做法。

二、有限接受阶段（1990—1997 年）

中国于 1990 年 2 月 9 日签署了 ICSID 公约，并在 1993 年 1 月 7 日向世界银行总部 ICSID 交存了批准加入书，正式成为 ICSID 成员国。中国政府在加入 ICSID 公约时根据第 25（4）条对该公约的适用提出了保留，即中国只在涉及征收和国有化的赔偿数额争端的案件中接受 ICSID 的管辖权。而从正式加入之时到 1998 年，中国所签订的 BITs 在 ISDS 条款中都列入了该项保留的内容，因此这一时期中国虽然已经接受了 ICSID 对投资争端案件的管辖，但也仅限于较狭窄的案件范围内。

究其原因，一方面，我国的对外开放程度扩大，对外资的需求日益增长，同时外国投资数额也不断提高，为营造良好的投资环境，吸引更多外资进入，有必要加入 ICSID 公约；另一方面，尽管在意识形态领域我国对多边国际机构解决争端的方式接纳度提高，但仍然对 ICSID 全面管辖投资争端持谨慎态度，而将 ICSID 管辖权限定在征收或国有化产生的补偿款额的争端方面，则可以有效防止 ICSID 对我国外资管制措施做出裁决。

在采用有限接受 ICSID 管辖权的 BIT 条款措辞上，有以下三种模式：

第一，直接规定：直接在条约中明确规定只将涉及"征收或国有化产生的补偿款额的争议"可以提交 ICSID 仲裁；如与西班牙签订的 BIT（中国—西班牙 BIT）中，首先规定"缔约一方的投资者与缔约另一方之间有关第 4 条中的征收补偿款额的争议，在提出书面通知该项争议之后 6 个月内未能友好解决，应提交国际仲裁"，在之后规定的国际仲裁的方式中包括了双方指定的独任仲裁员、依照双方协议指定的专设仲裁庭、依照UNCITRAL 设立的专设仲裁和 ICSID 仲裁。

第二，间接援引：虽然未在 BIT 的 ISDS 条款中直接规定只将"征收或国有化产生的补偿款额的争议"提交 ICSID 解决，但其中使用了"依照接受投资缔约一方成为公约成员国时的条件"这样的措辞，如与土耳其签订的 BIT（中国—土耳其 BIT），由于中国在加入 ICSID 时提出了保留，因此 ICSID 管辖的争议限于保留的范围内。

第三，协议适用：在 BIT 条款中规定"征收或国有化产生的补偿款额的争议"可以提交 ICSID 仲裁，若要将其他争议提交 ICSID 仲裁则应征得当事方同意。其典型的表述方式为："如涉及征收补偿款额的争议在诉诸本条第 1 款的程序后 6 个月内仍未能解决，可应任何一方的要求，将争议提交 1965 年 3 月 18 日在华盛顿开放签字的《关于解决国家和他国国民之间投资争端公约》下设立'解决投资争端国际中心'仲裁。缔约任何一方的投资者与缔约另一方之间有关任何其他事项的争议，经争议双方同意，可以提交专设仲裁庭。"[1]

从适用的效果来看，三种模式的 ISDS 条款虽然都对 ICSID 管辖的案件范围做了限制，但后两者具有更大的灵活性，特别是在协议适用的模式中，在一般性地将征收或国有化产生的补偿款额的争议纳入 ICSID 仲裁管辖的同时，也为逐案协商 ICSID 管辖权提供了空间。

虽然在该阶段我国签订的 BITs 中已经部分接受了 ICSID 管辖权，但在这一时期，在 ICSID 中并未有涉及中国的仲裁案件。其原因可能有两个：①这一时期进入我国的外资享受了较高的待遇，在很多领域中外资实际上享有的是超国民待遇，因而减少了争议发生的概率，或者说，外资所获得的利益抵消了其在争议领域内的损失；②我国在 ISDS 条款中部分接受 ICSID 管辖权，要求投资者对于征收或国有化行为本身的争议提交东道国法院解决，但投资者很少会将征收或国有化产生的补偿款额的争议分离出来独立处理，这样做既不经济，技术上也很难实现，因为征收或国有化补偿款额的认定与征收或国有化行为的事实密切相关，将两者分别处理，延长了争议解决的时间和成本，

---

〔1〕　中国—智利 BIT 第 9 条第 3 款。

也很推翻东道国对征收或国有化产生的补偿款额的认定。

三、全盘接受阶段（1998 年至今）

1998 年中国在与巴巴多斯签订的 BIT 第 9 条中，明确规定"缔约一方的投资者与缔约另一方之间任何投资争议"，自争议一方自另一方收到有关争议的书面通知后 6 个月内不能达成协商解决的，可以提交根据 ICSID 公约或者根据 UNCITRAL 仲裁规则设立的仲裁庭中的任意一个加以解决。从该 BIT 的缔结至今，中国所签订的 BITs 中 75%以上都采用了全面接受 ICSID 仲裁的条款，即不再局限于征收和国有化的赔偿数额争端案件。原先与瑞典和德国签订的 BITs 中没有写入 ISDS 条款，这一时期我国也通过与其签订议定书和订立新约的方式接受了 ICSID 仲裁管辖。

究其原因，首先是中国对外开放格局的变化，1998 年我国确定了"引进来"和"走出去"战略，开启了全面开放的进程，接受 ICSID 对投资争端的管辖权既可以增强对外资的吸引力，也可以更好地保护本国海外投资。

（一）关于受理的争议范围

同样是全面接受 ICSID 管辖，但在 BITs 的表述中，还是有一些措辞的不同，而从字面意义上看，接受 ICSID 管辖的范围有一些微妙的区别，如"因履行本协定下与投资有关的义务所产生的争议"[1]可解释为仲裁仅针对"违反协定的义务""就投资有关的任何争议"[2]"任何有关投资的争端"[3]"在缔约另一方领土

---

〔1〕 中国—巴巴多斯 BIT 第 9 条。
〔2〕 中国—德国 BIT 第 9 条，中国—突尼斯 BIT 第 9 条，中国—瑞典 BIT 第 6 条，中国—葡萄牙 BIT 第 9 条，中国—法国 BIT 第 7 条。
〔3〕 中国—芬兰 BIT 第 9 条。

内的投资产生的任何法律争议"〔1〕"涉及缔约一方在本协定中与缔约另一方投资者某项投资有关的义务的争议"〔2〕"缔约一方投资者和缔约另一方间产生法律争议"〔3〕等。这些措辞的不同为当事方在争端提交 ICSID 时的管辖权争议埋下了伏笔。

（二）为 ICSID 仲裁设置了前置程序

在全面接受 ICSID 的同时，除了要求投资者在争议发生后，要与缔约方首先进行友好协商外，通常还将用尽东道国国内行政复议程序作为提起 ICSID 仲裁申请的前置程序。其缔约方式有两种：①前置程序作为双边要求，即任一缔约方的投资者就其与另一缔约方的投资争议在向 ICSID 提出仲裁申请前，都必须首先用尽国内行政复议程序。在中国与巴巴多斯、刚果（布）、塞浦路斯、缅甸、特立尼达和多巴哥、圭亚那、赤道几内亚、马达加斯加、保加利亚、法国、印度、马里、乌兹别克斯坦、日韩、坦桑尼亚等国签订的 BITs 中采取了这一做法。②前置程序作为单边要求。在与瑞典所签订的 BITs 中，仅规定中国可以要求相关投资者在将争端提交 ICSID 仲裁程序前用尽中国法律法规所规定的国内行政复议程序，而并未赋予瑞典提出相应要求的同等权力，即中国投资者在向 ICSID 提交仲裁时无需用尽瑞典的国内行政复议程序。

为防止行政复议久拖不决，损害投资者权益，在有些条约的 ISDS 条款中还对复议期限做出了限制，如在与瑞典和保加利亚签订的 BITs 中，均对行政复议期限做了规定，超期未能做出

---

〔1〕　中国—刚果（布）BIT 第 9 条，中国—塞浦路斯 BIT 第 9 条，中国—荷兰 BIT 第 10 条，中国—缅甸 BIT 第 9 条，中国—西班牙 BIT 第 9 条。

〔2〕　中国—特立尼达和多巴哥 BIT 第 10 条，中国—圭亚那 BIT 第 9 条。

〔3〕　中国—比利时卢森堡 BIT 第 8 条，中国—马达加斯加 BIT 第 10 条。

复议决定的，投资者可以直接向 ICSID 提出仲裁申请。对复议期限的时间则在不同条约中有不同的约定，在中国与瑞典和日韩签订的 BITs 中，该期限为自行政复议申请受理之日起不得超过 3 个月；在中国—保加利亚 BIT 中，该期限则为 4 个月。

（三）岔路口条款的变化

由于国际仲裁、国内司法救济和国内行政程序存在管辖范围重合的可能性，所以从 1984 年中国—法国 BIT 开始，在 ISDS 条款中就包含了"岔路口条款"，以防止管辖权竞合所带来的一系列问题。当事人可以在不同争端解决方式中做出选择，但同时也只能选择一种争端解决方式。20 世纪我国所签订的 BITs 中的岔路口条款还呈现出了终局性的特点，即当事人的选择是不可变更和不可逆的，选择某一争端解决方式意味着绝对放弃其他解决方式。但进入 21 世纪后，中外 BITs 中的岔路口条款发生了变化，一方面如前文所述，将行政复议程序作为前置程序，不再处于岔路口条款的备选程序范围内；另一方面是在一定程度上突破了当事人选择的终局性，这是影响更大的一种转变，投资者在选择其他争端解决方式后，仍然可以在一定条件下选择 ICSID 仲裁。我国最早在与荷兰签订的 BIT 中采取这一做法，其第 10 条第 2 款规定：

投资者可以决定将争议提交有管辖权的国内法院。如有关中华人民共和国领土内的投资的法律争议已提交给有管辖权的国内法院，该争议只有在相关投资者已经从国内法院撤诉后方可提交国际争议解决。如果争议与在荷兰王国领土内的投资有关，投资者可以选择在任何时候将争议提交国际争议解决。

此后，中国在与瑞典、芬兰、瑞士等国签订的 BITs 中也采用了类似做法，即投资者从国内法院撤诉后可以将争议提交

ICSID 仲裁。

表 6-1　中外 BITs 中 ISDS 条款〔1〕

时期 （年份）	ISDS 条款			
	未规定 ISDS 条款	专设仲裁庭 管辖	有限接受 ICSID 管辖	全面接受 ICSID 管辖
1980—1989	3	18	0	0
1990—1997	0	41	15	1
1998—2014	0	6	2	30
合计	3	65	17	31

四、中外 BITs 中的 ICSID 仲裁管辖权条款分析

经过四十余年的缔约实践，在中国对外签订的 BITs 中，基本上形成了一套成熟的 ISDS 条款及其争端解决模式，即在缔约另一方投资者和缔约方之间发生投资争议时：①将友好协商作为其他争端解决方式的前置程序，一般设立 6 个月的协商期，期满协商不成的，投资者可以诉诸其他争端解决方式；②当事人具有争端解决方式的选择权。在协商不成的情况下，当事方可以选择国内法院或者国际仲裁解决纠纷。

在 ICSID 仲裁管辖权的问题上，除了在各个时期对于争议范围的不同外，还需要依据 BITs 的不同条款，来分别确定其"主体""客体"和"主观"要素：

第一，主体要素。中外 BITs 的第 1 条都对"投资者"做了

---

〔1〕　表 6-1 数据来源于商务部网站列出的 BIT 统计，载 http：//tfs.mofcom.gov.cn/article/Nocategory/201111/20111107819474.shtml，最后访问日期：2019 年 10 月 20 日。

定义，其中在自然人方面与 ICSID 公约认定投资者的标准基本一致，即作为投资者的自然人是指拥有缔约国的国籍或者公民身份的人。但非自然人的投资者，则由于不同的条约采取了不同的认定方式而产生差异。

第二，客体要素。对于何为"投资"，中外 BITs 都采用了以"资产"为基础的投资定义，这一点与 2012 年美国 BIT 范本相似。两者之间也有一些不同之处，其最主要的不同之处在于：①美国 BIT 范本中对资产的特征做了描述，而中外 BITs 中则主要是通过列举的方式，多数中外 BITs 并没有对投资给出一个描述性的定义。②美国 BIT 范本中"投资"是由投资者"直接或间接""拥有或控制"的资产，而中式 BIT 中的概括性描述则相对比较简略，一般只是规定"由投资者投入的资产"。③美国 BIT 范本中对投资的特征做出了规定，包括三项内容：资本或其他资源的投入、对收益或者利润的预期、风险的承担。而中式 BIT 则没有这样的规定。

第三，主观要素。中外 BITs 中对主观要素的接纳也经历了一个过程。但是在 2010 年后所签订的 8 个 BITs 都规定了 MFN 条款，有 6 份 BITs 规定了保护伞条款。但对其范围不同的条约做出了不同规定，其中中国和加拿大、乌兹别克斯坦、坦桑尼亚、哥伦比亚签订的 BITs 中明确规定 MFN 条款不适用于争端解决条款。而对保护伞条款则未作限制。

第二节　ICSID 涉华仲裁案件中的
管辖权问题（一）：裁决

　　中国在加入 ICSID 后，虽然在大量的 BITs 和其他含有投资
条款的条约中接受了 ICSID 对案件的管辖，但在最初的十几年
中并没有出现中国自然人或法人为申请人或者针对中国提起的
ICSID 仲裁案件。2007 年 ICSID 受理了"谢业深诉秘鲁案"（Tza
Yap Shum v. Republic of Peru，ICSID Case No. ARB/07/6），该案
申请人中国香港地区居民，这是其受理的第一件与中国有关的
仲裁案件。截至 2021 年底，中心共受理了 13 件涉华案件，这些
案件全部是仲裁案件，包括以专设仲裁庭方式审理的 1 件，其
中以中国为被申请人的 5 件，申请人为中国自然人或者法人的 8
件。在这些案件的审理过程中，大部分都涉及了管辖权问题。
特别是中国自然人或法人作为申请人提起的案件。[1]在所提出
的 ICSID 管辖权问题上，既包括管辖权要素问题，也包括 MFN
条款的适用范围问题。

表 6-2　ICSID 涉华仲裁案件

案号	申请方	被申请方	进程
ARB/07/6	谢业深	秘鲁	审结
ARB/10/20	渣打银行（香港）有限公司	坦桑尼亚供电有限公司	审结

[1]　在已经审结的案件中，伊佳兰公司诉中国案（ICSID Case No. ARB/11/15）以秘书处根据当事方和解中止仲裁结案，因此这起案件并不涉及管辖权裁决问题，其他案件均涉及管辖权裁决问题。

案号	申请方	被申请方	进程
ARB/11/15	伊佳兰公司	中国	审结
ARB/12/29	中国平安人寿保险有限公司和 中国平安保险（集团）有限公司	比利时	审结
ARB/14/25	韩国安城房产有限公司	中国	审结
ARB/14/30	北京城建集团公司	也门	审结
ARB/15/41	渣打银行（香港）有限公司	坦桑尼亚	审结
ADHOC/17/1	世能投资有限公司	老挝	在审
ARB/17/19	德国海勒·西亚泽公司	中国	在审
ARB/20/22	日本 Macro 贸易有限公司	中国	审结
ARB/20/26	闵凤珍	韩国	在审
ARB/20/34	吴振顺	中国	审结
ARB/21/36	Alpene 有限公司	马耳他	在审

一、主体要素

在 ICSID 受理的涉华案件中，主体问题被反复提起，特别是以中国公民为申请者的案件中。

（一）谢业深诉秘鲁案

在谢业深诉秘鲁案中，由于申请人是中国香港地区居民，因此作为被诉方的秘鲁政府提出，中秘 BIT 不适用于该案。此处的焦点是：中外 BITs 能否适用于来自中国香港地区和澳门地区的投资者？

ICSID 仲裁庭认为，谢业深有权依据中秘 BIT 向 ICSID 提出仲裁申请，其理由是：①根据中秘 BIT 第 1 条第 2 款对投资者的定义，投资者在中国方面系指"具有中国国籍的自然人"，而谢业深是中国公民，因此中秘 BIT 适用于该案，没必要"确定中秘 BIT 是否适用于中国香港地区"。②中秘 BIT 签订于 1994 年，已经临近中国恢复对香港地区行使主权的 1997 年，如果双方有意排除 BIT 在中国香港地区适用，则应该注意到在 BIT 中写入相关条款，但中秘两国并没有这么做，因此可以推定两国没有排除 BIT 适用于中国香港地区的意图。

（二）北京城建诉也门案

在北京城建集团公司（以下简称"北京城建"）诉也门案中，也门政府首先对北京城建的主体资格提出了质疑，认为根据布罗切斯标准（the Broches test），作为国有企业的北京城建实际上是政府机构并承担了政府职能，因此北京城建不具备"另一缔约方的国民"的资格，而由于 ICSID 并不具备对国家间争端的管辖权，所以对该案没有仲裁管辖权。此处的焦点是：如何认定国有企业构成"另一缔约方的国民"？

仲裁庭分析了布罗切斯标准，认为一家混合经济公司或者国有公司不应该被排除作为"另一缔约方的国民"的资格，除非它以政府的代理人名义行为或者行使政府的基本职能。同时仲裁庭援引了 CSOB 诉斯洛伐克案，该案中仲裁庭不以企业行为目的作为标准，而是以其行为的性质作为标准，即根据行为本身的性质主要是商业行为还是政府行为判断其是否构成"另一缔约方的国民"。而北京城建是作为普通的合同当事方介入也门萨那机场工程的，其行为性质是商业性的，也没有行使政府的基本职能。

在该案中，也门还提出另一项针对北京城建主体问题的管辖权异议，认为根据《也门投资法》规定，所有的外国投资需要在也门政府进行注册，而北京城建未能据此在也门完成注册。仲裁庭认为在也门国内法中对注册的要求是"在该法中的特权与保护的前提"而非"中国—也门 BIT（以下简称'中也 BIT'）授予的特权与保护的前提"，因此没有支持也门的主张。在该案中，仲裁庭还援引了 Desert Line Projects LLC v. Republic of Yemen 案中仲裁庭的裁决，两起案件在此问题上的裁决保持了一致。

二、客体要素

ICSID 仲裁的客体是直接由投资引起的法律争议，包含了两个方面问题：一是对引起争议的"投资"的界定，二是投资引起的争议是否属于 ICSID 管辖范围。

（一）谢业深诉秘鲁案

在谢业深诉秘鲁案中，案件的起因是 2004 年秘鲁国家税务管理总局（the Superintendencia Nacional de Administración Tributaria，SUNAT）对 TSG 公司做出的处罚措施。秘鲁认为，双方的争议发生在 2004 年 12 月，而谢业深是在之后才购入 TSG 公司的股份，此前谢业深仅拥有对 TSG 公司的间接投资，即通过其在英属维尔京群岛设立的 Linkvest 公司购买并持有 TSG 公司的股份。此处的焦点是：间接投资是否属于 ICSID 仲裁管辖的"投资"范围？

仲裁庭认为，争议发生前，谢业深已经对 TSG 公司进行了间接投资，ICSID 公约只规定中心管辖权适用于"直接由投资引起的争议"，并未将这里的"投资"限定为直接投资，而中秘 BIT 第 1 条明确将投资定义为"缔约一方投资者依照缔约另一方的法律和法规在缔约另一方领土内所投入的各种财产"，也没有将其限定为直接投资。另外，中秘 BIT 的目的和宗旨是促进和保护投资，此种意图涵盖了各种类型的投资。因此，间接投资引起的争议也属于仲裁的客体范围。

（二）平安诉比利时案

在中国平安人寿保险有限公司和中国平安保险（集团）有限公司（以下简称"平安"）诉比利时案中，属事管辖问题成为案件的焦点，并最终导致仲裁庭做出拒绝仲裁的裁决。中国与比利时–卢森堡经济联盟先后签订过两部 BIT，前一部在 1986 年生效（以下简称"旧约"），后一部在 2009 年生效（以下简称"新约"）。在平安公司诉比利时案中，在新约第 10 条中针对新约和旧约的适用问题，规定新约可以适用于"缔约任何一方投资者在缔约另一方领土内的所有投资，不论其是在本协定生效之前还是之后做出的"，但是不适用于在其生效前已进入司法或仲裁程序的任何争议或索偿。比利时提出，当事方之间的争端发生在新约生效以前，应当根据旧约解决争端，因此 ICSID 对此争议没有管辖权。该案焦点是：发生在条约生效前的争议是否可以适用条约协议的 ICSID 管辖？

仲裁庭认为，以投资和争议发生的时间与 BIT 生效时间之间的关系为标准，可以区分出三种情况：①新约生效前，已经进入司法或仲裁程序的案件，新约中的 ISID 条款对其不适用，不能向 ICSID 申请仲裁；②新约生效后发生的争议，适用新约，可以申请 ICSID 仲裁；③新约生效前，已经发出通知但尚未进入司法或仲裁程序的争议，仲裁庭称之为"仲裁黑洞"（black hole）或"仲裁缺口"（arbitration gap），因为新约并未明确提及此种情况如何适用 BIT。

仲裁庭最后以缺乏管辖权为由驳回了申请人的仲裁请求，

其论证主要包括三个方面：①BIT 的用词。仲裁庭认为新约第 8 条第 1 款中用"产生"（arises）一词[1]并不包括"产生"和"已经产生"（has arisen）的情况[2]。第 10 条第 2 款中规定新约适用于"无论其生效前或者生效后"的"投资"，而这里并没有明确包括"争议"。[3]②条约的目的和宗旨。新约的序言载明其目的是"通过为投资创造有利条件加强经济合作"，但这并不能推论出如果存在仲裁缺口，条约应该被创造性地解释以填补这一缺口，仲裁庭此处意指仍然应以 BIT 用语的通常意义来解释条约。[4]③仲裁的范围。仲裁庭认为，新约第 10 条第 2 款之所以将新约生效前已经根据旧约进入司法或仲裁程序的争议排除在新约的 ICSID 仲裁条款之外，是因为这样可以继续依据旧约限制提交国际仲裁的争议的范围，如只有"有关征收补偿款额"。而如果允许做出推论或宽泛的解释，将新约的争端解决条款适用于已经依据旧约发出通知的争端，则将会大大突破条约对可提交国际仲裁的争议范围的限制，这违背了缔约方的意图。[5]

---

[1] 该款规定："缔约一方投资者和缔约另一方间产生法律争议，争议任何一方应书面通知争议另一方。"其中产生一词被英译为"arise"。

[2] Ping An Life Insurance Company of China, Limited and Ping An Insurance (Group) Company of China, Limited v. Kingdom of Belgium, ICSID Case No. ARB/12/29, Award, April 30, 2015, para. 224.

[3] Ping An Life Insurance Company of China, Limited and Ping An Insurance (Group) Company of China, Limited v. Kingdom of Belgium, ICSID Case No. ARB/12/29, Award, April 30, 2015, para. 226, 227.

[4] Ping An Life Insurance Company of China, Limited and Ping An Insurance (Group) Company of China, Limited v. Kingdom of Belgium, ICSID Case No. ARB/12/29, Award, April 30, 2015, para. 225.

[5] Ping An Life Insurance Company of China, Limited and Ping An Insurance (Group) Company of China, Limited v. Kingdom of Belgium, ICSID Case No. ARB/12/29, Award, April 30, 2015, para. 229, 230.

（三）北京城建诉也门案

在北京城建诉也门案中，也门在客观因素上对管辖权提出的异议有两点：

第一，工程承包行为是否属于投资。也门认为，北京城建只是在履行建筑承包合同，不构成 BIT 项下的"投资"，其提供的履约担保金也不构成一项"投资"。

仲裁庭认为，为使仲裁庭接受对申请人的所提交争议的管辖权，申请人需承担证明其是"投资者"并进行了"投资"的责任，其投资需同时符合 BIT 中条款和 ICSID 公约条款所界定的"投资"含义，即所谓"双钥匙孔"标准。仲裁庭同时采用了"双钥匙孔"和 Salini 标准分析北京城建是否进行了投资，认为北京城建对萨那国际机场工程的投入（contribution）导致它拥有 BIT 第 1 条定义中所规定的"任何具有经济价值的行为请求权"。仲裁庭据此认为它足以使得仲裁庭具有 BIT 和 ICSID 公约所规定的管辖权。此外，仲裁庭认为，北京城建的投入使其承担了来自东道国的风险、机场的承包工程会持续一段时间并且对东道国经济具有重要意义。因此，仲裁庭裁决北京城建对也门做出了投资，并且符合 BIT 第 1 条和 ICSID 第 25 条第 1 款的管辖条件。[1]

第二，"非法征收"是否适用 BIT 的 ISDS 条款。也门认为其对北京城建的行为属于非法征收，而非法征收不受 BIT 保护，因此 ICSID 对此案没有管辖权。其依据是中也 BIT 第 4 条第 1 款对"征收"的定义，即缔约一方当局对缔约另一方投资者进行的投资所可能采取的国有化、征收或者其他任何具有同样效果或

---

〔1〕　Beijing Urban Construction Group Co. Ltd. v. Republic of Yemen, ICSID Case No. ARB/14/30, Decision on Jurisdiction, May 31, 2017, para. 132, 134, 135.

同样性质的措施（统称"征收"），均应满足下列条件：①为了公共利益；②依照合法程序；③不具有歧视性；④支付补偿。也门认为只有符合上述条件的"征收"才是 BIT 项下的征收，也才适用于 BIT 调整，包括适用 BIT 中的 ISDS 条款。

仲裁庭认为，如果也门的抗辩成立的话，结果将会是国家采取的不当行为越严重，外国投资者根据 BIT 得到的保护越少。这种解释不符合 BIT 鼓励外资流入的目的和宗旨。[1]因此，仲裁庭未接受也门的异议。

三、主观要素

关于主观要素，在案例中主要体现为缔约国同意提交 ICSID 仲裁的争议范围，由于中国在部分 BITs 中采用了部分接受 ICSID 管辖（征收或国有化产生的补偿款额）的做法，而投资者倾向于将所有投资争议提交 ICSID 管辖，因此就存在着对"征收或国有化产生的补偿款额"以外的争议是否存在管辖权问题？仲裁庭对这一问题的分析通常与岔路口条款联系在一起。在这些案件中还经常被提起的另一个问题是 MFN 条款问题，其关注焦点在于 BITs 中的 MFN 条款是否适用于程序问题。

（一）岔路口条款

1. 谢业深诉秘鲁案

在主观方面，秘鲁认为，中秘 BIT 同意将"涉及征收补偿款额的争议"提交 ICSID 仲裁，对于其他事项的争议，则须经双方同意，方可提交 ICSID。而谢业深诉秘鲁案超越了征收补偿额的范围。此处争议焦点在于：BIT 协议和缔约国加入 ICSID 公

---

[1] Beijing Urban Construction Group Co. Ltd. v. Republic of Yemen, ICSID Case No. ARB/14/30, Decision on Jurisdiction, May 31, 2017, para. 58.

约时的通知是否构成对 ICSID 管辖权限制的同意？中秘 BIT 中的协议和中国加入 ICSID 公约时的通知是否可以排除 ICSID 对其他投资争议的管辖权？

在该案中，仲裁庭认为，根据 VCLT 第 31 条和第 32 条的规定，首先应当按照条约用语的字面意义来处理，仲裁庭根据《牛津字典》对于"involving"（涉及）的解释，认为其含义是"包含""涵盖"和"并且"，而且有"不限于"的含义，因此中秘 BIT 中关于"有关征收与国有化导致的补偿争端"并不意味着"仅限于征收与国有化导致的补偿争端"。据此，仲裁庭认为其对"征收补偿额"之外的争议是具有管辖权的。

仲裁庭在审理谢业深诉秘鲁案的管辖权问题上，除了前述的观点外，还认为，中秘 BIT 第 3 条规定了"缔约任何一方的投资者在缔约另一方领土内的投资和与投资有关的活动"应享有"不低于给予任何第三国投资者的投资和与投资有关的活动的待遇和保护"，投资者可以依据该条确立的最惠国待遇，援引中国在与其他国家缔结的 ISDS 条款的规定，如中国—哥伦比亚 BIT 中，投资者可选择将争议提交 ICSID 仲裁，而并未将争议限制在"征收的补偿款额"方面。因此，仲裁庭在此案中是同意将 MFN 条款适用于程序问题的。

2. 北京城建诉也门案

在北京城建诉也门案中，被申请人也提出了同样的抗辩。中也 BIT 第 10 条同样规定："缔约任何一方对有关征收补偿款额的争议提交该仲裁程序均给予不可撤销的同意。其他争议提交该程序应征得当事双方同意。"也门认为，根据该条，缔约国仅对征收补偿额问题给予了同意，而并没有对其他争议做出提交 ICSID 仲裁的书面同意。在该案中，也门对谢业深诉秘鲁案仲裁庭就此问题做出的裁决提出了反对意见。

仲裁庭采用了有效解释原则，认为中也 BIT 第 2 款中的"争议"一词应与第 1 款的"任何争议"保持一致，而仲裁庭采纳了中方代理人的观点，即无论是采用"争议"还是"任何争议"都应属于"法律争议"，包括责任和赔偿数额。[1] 接着仲裁庭又对其称之为"但书"的第 2 款最后一句进行了分析，认为"征收的补偿款额"的通常意义和范围必须结合上下文和条约的目的和宗旨才能确定。仲裁庭进而指出，根据上下文，被申请人对"但书"的"限缩"（narrow）解释造成了内在矛盾[2]，而申请人的"宽泛"（broad）解释则有助于 BIT 序言中确立的"创造有利的投资条件""推动投资者的商务往来"和"加强缔约国间的经济合作"的目的和宗旨的实现[3]。

（二）MFN 条款

在涉华案例中，仲裁庭对于 MFN 条款的裁决结果也是多样的，而这些裁决基本上都建立在仲裁庭宣称对 MFN 条款的通常意义进行解释的基础上。

1. 谢业深诉秘鲁案

在谢业深诉秘鲁案中，针对被申请人提出的中秘 BIT 第 8 条第 3 款规定的仅"涉及征收补偿款额的争议"可以提交 BIT 解决的问题，申请人提出根据该 BIT 中的第 3 条，也即 MFN 条款，要求适用秘鲁—哥伦比亚 BIT 中的 ISDS 条款，该条规定的

〔1〕 Beijing Urban Construction Group Co. Ltd. v. Republic of Yemen, ICSID Case No. ARB/14/30, Decision on Jurisdiction, 31 May 2017, para. 24.

〔2〕 Beijing Urban Construction Group Co. Ltd. v. Republic of Yemen, ICSID Case No. ARB/14/30, Decision on Jurisdiction, 31 May 2017, para. 25-27.

〔3〕 Beijing Urban Construction Group Co. Ltd. v. Republic of Yemen, ICSID Case No. ARB/14/30, Decision on Jurisdiction, 31 May 2017, para. 28-30.

仲裁客体为"与投资有关的任何争议",因此申请人的请求就属于 ICSID 的管辖范围。

仲裁庭在这一问题上并未接受申请人的请求,认为根据第 3 条的通常含义并且考虑到条约的缔约宗旨,"待遇"一词的范围并没有被限制在如征收和投资管理这样重大的商业事项上。仲裁庭也没有找到证据证明缔约双方有意赋予"待遇"一词"特别的含义"。从这个角度讲,最惠国待遇可以适用于争端解决事项。但仲裁庭随后接着指出,中秘 BIT 第 8 条第 3 款是颇具限制性的条款,仅允许将征收争议提交国际仲裁。其他争议必须由双方明示同意,才能提交国际仲裁。仲裁庭认为,MFN 条款的适用不能凌驾于第 8 条第 3 款的明确措辞之上,因而驳回了申请人的请求。[1]

2. 安城公司诉中国案

在韩国安城房产有限公司(以下简称"安城公司")诉中国案中,中国提出,安城公司提出请求时已经超过中国—韩国 BIT(以下简称"中韩 BIT")所约定的仲裁时效。中韩 BIT 第 9 条第 7 款明确规定,"如果从投资者首次知道或者应该知道其受到损失或损害之日起已经超过 3 年",则投资者不能根据该条第 3 款提出国际仲裁的请求。而安城公司则认为,中韩 BIT 第 3 条第 3 款和第 7 款,双方互相给予对方投资者 MFN 待遇,该条应当适用于仲裁时效。此处焦点在于:最惠国待遇是否适用于时效问题?

仲裁庭认为,中韩 BIT 第 3 条第 5 款中明确将 MFN 保护限定于投资者寻求"寻求司法机关或者行政机构、主管机关的救

_____

〔1〕 Mr. Tza Yap Shum v. Peru, ICSID Case No. ARB/07/6, Decision on Jurisdiction and Competence, June 19, 2009, para. 213.

济",即国内救济手段。[1]这种规定显然将 ICSID 仲裁排除在外了。而第 3 条第 3 款的用语非常清晰,在对其解释时无需再进一步考虑其他主张或者先前仲裁对其他 MFN 条款或者条约的裁决,依据其通常意义,中方的管辖权异议成立。

3. 北京城建诉也门案

本案中,也门同样反对将 MFN 条款适用于程序问题,却得到了仲裁庭的支持。仲裁庭认为,在以前的案例中,仲裁庭对于 MFN 条款的裁决并不一致,有些仲裁庭认为 MFN 条款适用于程序问题,他们通常是根据 VCLT 第 31 条第 1 款的要求的通常意义解释,认为"待遇"(treatment)一词包含了程序性"措施"(measures),然而中也 BIT 第 3 条第 1 款中采用了"在缔约另一方的领土内"的用语,意味着这一规定是有地域限制的,不能适用于国际仲裁。[2]仲裁庭指出"在领土内"一词在 FET 和 MFN 条款中是有区别的,在 FET 条款中它被用于界定"投资",而在 MFN 条款中它被用于界定"待遇",因此国际仲裁被排除出 MFN 条款之外。[3]实际上,仲裁庭并未绝对否定 MFN 条款适用于程序问题,而只是根据 BIT 用语排除 MFN 条款的域外适用。

---

[1] Ansung Housing Co. Ltd. v. People's Republic of China, ICSID Case No. ARB/14/25, Award, March 9, 2017, para.139.

[2] Beijing Urban Construction Group Co. Ltd. v. Republic of Yemen, ICSID Case No. ARB/14/30, Decision on Jurisdiction, 31 May 2017, para.116.

[3] Beijing Urban Construction Group Co. Ltd. v. Republic of Yemen, ICSID Case No. ARB/14/30, Decision on Jurisdiction, 31 May 2017, para.119, 120.

第三节　ICSID 涉华仲裁案件中的
管辖权问题（二）：评析

由于在较为晚近的时期 ICSID 中才出现涉华案件，而大多数案件在 2017 年才完成管辖权裁决，因此受案件审理进展程度的影响，学者们大多是从个案的角度来对其进行分析。而对案件的系统梳理，会发现上节四个案件的管辖权裁决结果迥然有别，似乎缺乏一以贯之的裁决依据和逻辑，从而为确定应对之策带来了困难，但从这种分析中，还是可以找到一定的破局思路的。

一、ICSID 涉华仲裁案件中管辖权扩张的学理分析

在 ICSID 涉华案件中，学者们关于管辖权扩张的质疑主要针对谢业深诉秘鲁案的裁决，该案作为 ICSID 涉华裁决第一案，在管辖权方面引起了较大的争议，特别是该问题还涉及我国"一国两制"的宪法制度安排，更是为学者们所普遍重视。其中，陈安教授不仅在其论文中做了解读，而且还向仲裁庭出具了专家意见。

谢业深诉秘鲁案引起学界关注的主要是两个问题：一是主体方面，即在该案中中秘 BIT 是否适用于中国香港地区？该问题的答案会影响到其他中外 BITs 管辖权的范围；二是客体方面，中秘 BIT 是否将提交 ICSID 的争端限于因"征收赔偿额"产生的争端。

从主体方面看，仲裁庭主要采用了文义解释的方法，单纯以谢业深具有中国国籍而认定其符合 ICSID 公约对争端主体的

要求，而完全没有考虑中英之间关于香港问题的特殊规定以及中国恢复行使主权后在"一国两制"框架中对香港地区特殊的法律安排。《中华人民共和国政府和大不列颠及北爱尔兰联合王国政府关于香港问题的联合声明》（以下简称《联合声明》）和《中华人民共和国香港特别行政区基本法》（以下简称《基本法》）中均明确规定：香港特别行政区具有高度自治权，有权以"中国香港"的名义对外签订有关经济、贸易、金融、航运、通讯、旅游、文化、体育等方面的协定。同时，《联合声明》和《基本法》对中国签订的条约在香港地区的适用做出了制度性安排，即中国缔结的国际协定并不自动适用于香港地区，只有中央政府征询特区政府意见并做出正式决定后方可适用。中国澳门地区也采用了同样的制度安排。

仲裁庭所采用的解释方法在面对中国香港地区这种在宪法上具有特殊政治安排的地区显然是过于简单化了，没有将争议问题纳入现实的制度框架中进行考虑。1994 年中秘 BIT 没有明确排除适用于中国香港地区的原因是当时中国尚未恢复对香港行使主权，所以此种排除在法律上缺乏必要性。而在 1997 年香港回归之后，虽然没有在条约中重新做出此种安排，但按照习惯国际法，争端解决机构可以将《联合声明》和《基本法》作为裁决的法律依据。

此外，从涉案诸条约的内容和相互关系来看，仲裁庭简单地依照中秘 BIT 第 1 条第 2 款以国籍作为确定谢业深的仲裁当事人资格的条件也是存在问题的。一方面，中秘 BIT 签订在《联合声明》和《基本法》颁布之后，而后两项文件作为确立中国香港地区地位的基本法律文件均规定了香港地区在投资领域具有独立的对外缔结双边条约的权力。因此，将中秘 BIT 适用于中国香港地区，从缔约权角度看显然违背了法律的授权。另一方面，对于中秘 BIT 所确定的概念可以参照两国所签订的 FTA 中关于领土的规定，在该协定中，中国领土范围是指"中华人民共和国的全部关税领土，包括领陆、领水、领空，以及根据国际法和国内法，中华人民共和国行使主权权利和管辖权的专属经济区和大陆架"，因此中国香港地区作为单独关税区不应涵盖在中秘 BIT 范围内。[1]

从客体方面看，中秘 BIT 第 8 条规定："如涉及征收补偿款额的争议，在诉诸本条第 1 款的程序后 6 个月内仍未能解决，可应任何一方的要求，将争议提交根据 1965 年 3 月 18 日在华盛顿签署的《关于解决国家和他国国民之间投资争端公约》设立的'解决投资争端国际中心'进行仲裁。缔约一方的投资者和缔约另一方之间有关其他事项的争议，经双方同意，可提交该中心。如有关投资者诉诸了本条第 2 款所规定的程序，本款规定不应适用。"然而，仲裁庭并未采纳秘鲁的主张，将争端限于"征收补偿款"的定量争端。在裁决书中，仲裁庭虽然并未放弃文义解释的方法，但秘鲁在撤销申请中对其解释方法表现出强烈的疑惑与不满：仲裁庭在条约的诸多用语中单独挑出"involving"一词进行解释，并在该词的诸多意思中将其限定为"包括但不限于"的意思。

实际上，除了秘鲁对仲裁庭的裁决表示异议外，作为投资者母国的中国对条约中争端解决条款的内容和含义与秘鲁有着相同的认识。按照罗马法的格言"谁制定的法律谁就有权解释"，作为 BIT 的缔约方，两国对条约的共识应当是最权威的解

----

[1]　黄月明：《ICSID 仲裁庭扩大管辖权的途径及其应对——从"谢业深案"切入》，载《华东政法大学学报》2013 年第 5 期。

释。尽管在该案中，双方并没有就案件向仲裁庭共同做出解释，但可以根据两国在案件裁决前后的意思表示得出仲裁庭的解释与条约原意不符的结论，缔约国对仲裁庭有关管辖权裁决的质疑并未得到仲裁庭的重视，即使秘鲁向仲裁庭提出的关于中秘BIT 不适用于中国香港地区的意见得到中国政府的支持，仍然没有被仲裁庭的采纳，因此缔约国的意思在该案中并未起到约束仲裁庭的作用。

二、ICSID 涉华仲裁管辖权裁决的特点

不同案件的仲裁庭对提请 ICSID 解决的涉华案件的裁决结果存在着一些共性的内容，也产生了较大的差异。

（一）仲裁庭解释方法的一致性与解释结果的差异性

在不同案件的管辖权裁决中，仲裁庭采用的解释方法大体相同，即他们都以 VCLT 为解释 BIT 的法律依据，采用了文义解释、目的论解释和体系解释的方法。但无论是否采用相同的方法，不同法庭都可能在同一问题上得出不同结论。这种现象表明，一方面 VCLT 在条约解释问题上并没有对仲裁庭产生足够的制约，仲裁庭宣称采用的解释方法与实际采用的方法有偏差。而在另一方面，对于约文的解释这项细致的工作，同一解释方法也并不能保证达成一致结果。如在谢业深诉秘鲁案中，即使BIT 缔约双方表达了对条约适用范围一致的意见，证明双方在该问题上达成了意思的一致，仲裁庭仍能通过解释内容和方法的选择做出与双方意思相左的裁决。

（二）仲裁庭管辖权扩张的偶发性与约文的确定性

在对具体案件的分析中，我们可以看到，并非所有的仲裁庭都追求对案件取得管辖权。在前文分析的案件中，谢业深诉

秘鲁案和北京城建诉也门案的仲裁庭认为自己有管辖权，而在安城公司诉中国案和平安诉比利时案中，仲裁庭都做出了否定自身管辖权的裁决。即使裁定拒绝管辖权异议，也并不意味着仲裁庭一定存在扩张解释管辖权条款的情况。因此，这佐证了先前本书对管辖权扩张是一种现象而非趋势的判断，也说明整体的国际投资机制是稳定和一致的，毋需全盘否定重构，但需要在一些细节问题上加以调整。例如，从裁判法理的角度上看，在最惠国待遇是否适用于程序问题上，谢业深诉秘鲁案、安城公司诉中国案和北京城建诉也门案的三个仲裁庭持有不同立场，谢业深诉秘鲁案和北京城建诉也门案的裁决认为最惠国待遇可以适用于程序问题但需接受条约的约文限制，安城公司诉中国案裁决则明确排除 MFN 条款适用于程序问题。实际上，在 MFN 条款是否能够适用于程序问题上，ICSID 不同的仲裁庭做出了大量立场相对的裁决。

（三）仲裁庭管辖权扩张的受益方的双向性与裁决效果的复杂性

管辖权扩张对缔约双方的投资者而言都使其得以将争端提交仲裁，因此其受益方并不绝对。就我国而言，既可能成为争端中投资者的母国，也可能成为被申请方，这种现象带来的是一种中立的结果。但在实践中，这种利弊分析则更复杂，尤其是在我国可能会出现类似于谢业深诉秘鲁案中投资者和国家利益相冲突的情况。该案的管辖权扩张结果使中国投资者能够获取 ICSID 仲裁的保护，但却损害了中国的"一国两制"的宪法体制和《基本法》。因此，在处理此类问题上，我国在缔约谈判和仲裁实践中都需要采取更谨慎的做法。

第四节　中国应对 ICSID 仲裁管辖权扩张的对策

在四十多年的改革开放过程中，中国无论是资本输入额还是资本输出额都居于世界前列，而且对于国民经济发展具有至关重要的作用，但 ICSID 受理和裁决涉华案件却是较为晚近的事，且数量也并不多，当然这与我国早年对 ICSID 抱持的疑虑、排斥和拒绝的态度有关。然而随着我国对国际争端解决制度采取开放的态度，以及我国双向投资大国地位的确立，可以预见未来与我国有关的仲裁案件会出现较快的增长。在屈指可数的 ICSID 案件裁决中，管辖权问题已经表现出其重要性。在某些案件中，管辖权涉及的问题已经超出了投资争端解决的范围，而与对"一国两制"等国家基本制度的问题发生了关联，因此，在这一问题上，中国必须采取审慎灵活的应对之道，一方面，找准国家利益的定位，从保护我国投资和吸引外资的现实需要出发确立应对之策；另一方面，从发展的角度放宽视野，在"双向投资大国"的地位形成之际采取灵活和适当的应对方法。

一、中国应对 ICSID 仲裁管辖权扩张的基本立场

从 1978 年推行改革开放政策开始，中国花了二十年的时间开始全面接受 ICSID 对投资争议的管辖，这一过程既体现了中国经济体制变化和经济增长带来的国家利益的变化，也反映了在开放的经济基础上法治意识的变化，同时也反映了中国在国际社会中所处地位以及由此引起的国家权利博弈格局的变化。在这种情况下，ICSID 仲裁管辖权的扩张对中国既有积极的影响，同时也存在消极的因素，因此中国在应对时应当清楚地认

识清国际定位，找准自己的立场。今天，作为国际社会的重要一员，中国对国际法问题所持的立场不仅要反映了中国自身的利益和要求，而且也需要展现了一个负责任的大国对国际社会共同体建设的积极态度。

作为理性的存在者，国家立场不是主观恣意的产物，它一定有其现实的根源和思想的基础，是由外在的国际形势和内部的国家利益及由此而产生的国家价值理念所确定的。中国对 ICSID 管辖权扩张的态度是建立在国际格局和国家利益变换以及由此而带来的价值理念转换的基础上的。

（一）国际格局的变迁

二战形成了美苏两个强权争霸的"两极格局"，在这一大格局之下，各国根据其在国际社会的政治经济地位可以被划分为"三个世界"，即以美苏为第一世界，日本、欧洲国家、澳大利亚和加拿大为第二世界，而广大的发展中国家为第三世界。"三个世界"的战略划分是毛主席在 1974 年首度提出的。在这一国际格局下，我国作为最大的发展中国家，始终站在第三世界的角度来看待和处理国际问题，反对殖民主义和霸权主义，认为投资是帝国主义对第三世界国家经济侵略的形式之一。

20 世纪 80 年代以后，一方面苏联的衰弱以及后来的解体导致两极格局向"一超多强"的格局转变，另一方面在全球化进程显著加快和迅速扩张的背景下，三个世界内部也发生了显著的分化。这种分化在第三世界国家最为明显：①以中国为代表的一部分发展中国家快速发展，转型为新兴市场国家，其中包括金砖国家、东南亚国家以及南美的智利等。②一部分当年的发展中国家迈入了发达国家行列，如新加坡、韩国等。③一部分国家在世界经济版图的地位中持续滑落，甚至反复、连续遭受经济危机的打击，如拉丁美洲的阿根廷、委内瑞拉等国。④另有一部分国家由于资源匮乏、地理位置的边缘化或者政治局势的动荡，始终处于发展乏力的境地，在全球格局中居于后列，诸如非洲撒哈拉沙漠以南的一些资源匮乏国家，大洋洲小岛国家以及亚洲的缅甸、东帝汶、尼泊尔、不丹和塔吉克斯坦等国。由此，国际社会由"三个世界"的简单划分发展为更加复杂的利益格局。

对中国来说，自 1978 年实施改革开放政策以来，综合国力不断提升，从经济总量和人均都比较落后的国家发展到经济体量全球第二且人均 GDP 近万美元的中等国家水平。[1]在这一错综复杂的国际背景下，我国的国际地位有了显著的上升。而与国力发展相适应，我国在国际格局中的定位也发生了相应的变化，一方面，我国仍然是最大的发展中国家，在国际社会上承担着为发展中国家争取平等互利的国际新秩序的责任；另一方面，我国不再将外资视为国家发展的消极因素，而是积极打造对资本的国际流动更加开放、包容和友好的环境。在新的国际格局中，通过双边或者多边条约以 ICSID 仲裁方式将外资纳入完备的投资保护体系是创造良好投资环境的重要途径之一。在这样的背景下，管辖权的扩张对包括中国在内的发展中国家而言，并非完全不可接受，只是需要对其进行适当的限制，一方面确保管辖权不会被仲裁庭滥用，另一方面也要对未来可能出现的新型投资保留援引仲裁的制度可行性。

---

〔1〕 数据均见国家统计局官方网站的公布，1978 年，我国 GDP 总量为 3678.7 亿元人民币，人均 GDP 为 385 元，载 http://data.stats.gov.cn/easyquery.htm? cn = C01&zb = A0201&sj = 1978，最后访问日期：2019 年 11 月 10 日。2018 年，我国 GDP 总量为 919 281.1 亿元，人均 GDP 为 65 534 元，载 http://data.stats.gov.cn/easyquery.htm? cn = C01&zb = A0201&sj = 2018，最后访问日期：2019 年 11 月 10 日。

（二）国家利益的转变

国际格局的变化和国家地位的提升直接决定了我国国家利益的转变。改革开放之初，我国国家利益主要在于为经济建设创造和平安宁的国际环境。因此，在对外交往中主张"韬光养晦"，并且"绝不当头"。到了 21 世纪初，随着我国加入 WTO，进一步融入全球经济秩序，对外贸易成为国家经济增长的重要支柱。到 2008 年全球金融危机爆发后，中国良好的经济发展态势既吸引了大量的外资流入，也增强了我国企业海外投资的实力，在实践中确立了双向投资大国的态势和地位。截至 2017 年，我国对外直接投资净额已经达到 1582.88 亿美元，对外直接投资存量达到 18 090.36 亿美元。

"一带一路"沿线是我国对外投资的重点区域。2013 年 9 月和 10 月，中国国家主席习近平在出访中亚和东南亚国家期间，先后提出共建"丝绸之路经济带"和"21 世纪海上丝绸之路"的重大倡议，得到国际社会的高度关注，由此开启了中国推进"一带一路"倡议落实的进程。截至 2019 年 8 月，已有 136 个国家和 30 个国际组织与中国签署了 195 份共建"一带一路"合作文件。[1]参加"一带一路"合作的国家已经涵盖了七大洲，中国企业在这些国家开展了大规模的投资，启动了大量的建设项目。

在迈入双向投资大国并积极推进"一带一路"倡议的背景下，我国不仅需要积极参与国际规则的制定，更需要借助国际争端解决机构为"一带一路"区域内各类合作项目的落实以及

---

〔1〕　数据来源于"中国一带一路网"，载 https://www.yidaiyilu.gov.cn/info/iList.jsp? site_id=CMSydylgw&cat_id=10037&cur_page=3，最后访问日期：2019 年 9 月 1 日。

投资的安全提供保障。"一带一路"早期参与国主要集中于亚非欧地区，多数是发展中国家，其经济和社会发展水平较低，一部分国家法治状况不佳，国内政局稳定度差或者面临着与周边国家的地缘政治冲突。而同时这一广阔的地域内缺乏统一的区域性国际组织和多边投资条约协调沿线国家的关系，在发生投资争端时，投资者无从寻求区域性的多边争端解决机制的救济。而"一带一路"共建国家又与 ICSID 成员国高度重合[1]，在这种情况下，充分利用 ICSID 仲裁机制，可以为我国海外投资者提供国际机制层面的保障，进而保护我国的海外利益，并有助于国家政策的推行。

（三）价值观念的演进

国家的价值观念是国家利益的直接反映，也是面向特定国际格局的基本方略。在 20 世纪 50 年代至 70 年代，中国面临的主要问题是维护国家主权与独立，反对未来侵略，表现在国际关系领域主张"独立自主"。20 世纪 70 年代末，我国进入了"以经济建设为中心"的时代，采取"对外开放"的政策，与经济发展的要求相适应，我国提出"和平与发展是国际社会的两大主题"。随着中国综合国力的增强，国际影响力的逐渐增长，党的十八大报告提出了"人类命运共同体"的思想，呼吁国际社会树立"你中有我、我中有你"的命运共同体意识，这一理念已经成为指导我国新时期处理国际关系的重要准则，并日益为国际社会所认识和接受。

随着全球化步伐的加快，各国在经济发展、环境保护和反

---

［1］ 截至 2019 年 8 月，在 136 个与中国签署了"一带一路"合作协议的国家中，有 108 个国家是 ICSID 成员，另有 7 个国家签署了 ICSID 公约但尚未正式成为成员国，只有 21 个国家由于尚未签署或者已退出 ICSID 公约而不是 ICSID 缔约国。

恐维和等领域面临着需要协力解决的共同问题，有着共同的利益诉求和制度需求。人类命运共同体是在这样的时代背景和国际需求下，为解决各国以及人类社会作为一个整体所面对的共同的问题和挑战，而向国际社会提出的新的理念和思想。人类命运共同体从人类社会整体的角度来看待全球性问题，既强调国家之间的协作互利，又重视非国家行为体在应对和解决国际问题中的作用。因此，在人类命运共同体的理念下，国际组织和跨国公司等非国家行为体也扮演着重要的角色，特别是跨国公司主导着国际资本流向，影响着各国经济发展。国际投资仲裁机制在为国际资本提供保护的同时，也在一定程度上改善了东道国的投资法治环境，对于发展程度和法治水平较低的发展中国家而言，其改善作用尤为明显。即使经过 40 多年的改革开放和高速发展，中国已经在软、硬投资环境建设方面取得了令世界瞩目的成绩，但充分发挥 ICSID 仲裁等国际投资争端解决方式仍然是必不可少的选项。

从国际法的角度来看，建立人类法治共同体是人类命运共同体的题中之义，是人类命运共同体的规范基础和制度保障。建设人类法治共同体，既需进一步完善国际法实体规范，更需要建立一套有效适用的规则和解决纠纷的争端解决机制。在国际法碎片化一时难以消弭的背景下，国际程序规则的完善具有重要的价值。争端解决程序为国家之间的合作提供了最终的法制保障和救济渠道。而且由于国家之间价值观的差异和发展阶段的不同，直接建立统一的实体法律秩序的条件并不成熟，国际组织在这方面的努力也遇到了挫折。因此，首先完善程序规范，通过统一程序最终为具有不同利益和价值的国家提供可以接受的争端解决平台是现实的选择，并在逐步完善程序性制度的基础上，逐步推进人类"利益、责任和命运"共同体的形成，并在尊重差异和多元化的基础上，共商共建共享全球治理观，推进全球治理规则的民主化。

综上所述，在国际投资争端解决的领域，我国需要认识到排斥国际争端解决机构的管辖权，退缩到以外交保护为典型的政治解决方式既不符合全球经济合作深化的趋势，也不能满足现阶段我国深化改革和全面开放的制度需求。因此，既需要转变观念，积极地参与和推动国际投资争端法律解决方式的发展，利用 ICSID 仲裁等机制解决投资争端，也需要认识到国际旧秩序仍然有着较强的影响力，现存的国际规则是从西方国家主导的时代延续而来，与我国建立国际经济新秩序的主张存在着不相容之处。尽管以中国为代表的新兴工业化发展中国家在国际社会的地位日益提升，但在面对新旧交杂的国际秩序和国际规则时，我们仍然需要采取现实主义的态度，做出审慎和灵活的选择，对 ICSID 管辖权扩张的趋势予以适度限制。具体而言，我国在面对 ICSID 管辖权扩张问题时，应当确立积极开放的立场，既要看到管辖权扩张无论是对保护与促进国际投资，还是对中国深化开放都具有重要的正面意义。同时随着中国经济的发展，外来资本和海外投资的数量都在迅速增长，因此需要对 ICSID 仲裁管辖权扩张可能对我国经济社会发展造成的影响保持清醒的认识，从而有的放矢采取务实和有效的对策。

二、中国应对 ICSID 仲裁管辖权扩张的具体策略

ICSID 在 2016 年启动了新一轮的规则修订，中国政府根据 ICSID 发布的方案在条约解释、第三方资助等规则修订方面提出了建议，然而 ICSID 仲裁规则的修订并不能消除其机制内在的

系统缺陷，因此需要从更系统的层面思考中国如何应对 ICSID 管辖权扩张的问题。作为世界经济中具有越来越重要影响力的国家，中国坚定地采取扩大开放的对外格局，打造"走出去、引进来"的双向开放的格局。在这样的格局下，面对 ICSID 管辖权的扩张，应当全面评估其对我国的影响，既要正视其对国家利益的负面作用，也要看到其对我国海外投资保护的积极作用。ICSID 仲裁庭扩张其管辖权的可能性对我国的影响是双向的，即一方面，作为资本输出国，海外投资能够得到更充分的保障；另一方面，作为资本输入国，外资管制权又受到了限制。因此，在这双向对立的影响面前，我国需要采用一种更加务实的应对策略。

（一）保持 ISDS 模式选择的灵活性

作为双向投资大国，在与不同国家谈判 BIT 时，应当根据不同缔约对象的国情和法治状况，采取灵活务实的对策，分类处理，选择对我国有利的投资争端解决模式。

在与法治状况较为健全和良好的发达国家缔约时，我国可以选择采用国内救济方式或专设仲裁庭的方式来解决投资争端。这一方面是由于缔约对方的法治状况良好，司法信用较高，法人财产制度较为完善，因此中国企业在这些国家的投资相对能够得到较充分的保障。另一方面在双边投资的格局下，这些国家对我国的投资要远超我国对其投资，而国内救济或者专设仲裁庭可以避免 ICSID 过度扩张管辖权带来的负面影响，从而保障我国的投资管制权力。与这一做法相对应的则是，在与法治状态欠佳和财产保护制度不完善的国家缔结 BIT 时，则应当尽量选择专设仲裁庭或 ICSID 仲裁方式，以国际争端解决机制制衡其国内司法机关，防止这些国家滥用权利侵害投资者的权益。

但 IIAs 中的争端解决方式是双方合意选择的结果，在缔约时我国的意图未必能够完全实现，如缔约对方不愿意接受单纯的国内救济方式或者对 ICSID 仲裁心存忌惮，我国的选择就可能落空。因此在追求我国利益最大化的缔约结果时，也应当充分考虑能够平衡缔约双方利益或者更易达成共识的争端解决方式。作为双向投资大国，无论从吸引外资还是从保护我国海外投资的角度，维护 ICSID 仲裁体制都有助于国家利益的实现。因此我国在对外的 BIT 中，应当将 ICSID 仲裁条款作为国际投资争端解决机制组合的可选方式之一，并且针对不同的场合采取不同的缔约方式，以推动我国所追求的缔约目的的实现。

随着我国对外投资的日益增长，特别是"一带一路"国家的合作日益深化，大量资本采用 PPP 等投资方式，公共资本和私人资本的合作增大了投资形式的复杂性，也增加了投资者与东道国之间产生投资争端的概率。在这种形势下，ICSID 管辖权的扩张在某种程度上有助于为我国海外投资提供更全面的保护。而且在沿线国家经济基础较为薄弱的情况下，不少国家对国内市场采取了保护主义的态度，其经济体的封闭性较强，通过 ICSID 管辖相关的争端有助于消减区域内各国经济的封闭状态，提高区域资本流动的便利程度。在这一领域，我国可引导海外投资企业充分利用 ICSID 仲裁机制维护其合法利益。

在迈向双向投资大国的过程中，我国也必须警惕 ICSID 仲裁管辖扩张所可能带来的风险。ICSID 仲裁管辖权的无度扩张可能加重国际投资法的碎片化，从而使我国的海外投资者缺乏对投资行为的收益和风险的确定预期。而目前仲裁庭的成员主要来自发达国家以及其裁判可能存在的偏好又使我国对外资的管制权受到制约。在我国的经济体制中，对政府宏观调控的依赖性较强，国有企业的比重也较大，因此 ICSID 仲裁管辖权的扩张对我国影响更大。因此在缔结 IIAs 和接受 ICSID 仲裁的过程中又必须对其有所限制。而这种限制需要通过对条约约文的精密设计来实现。

（二）力求 BIT 中 ISDS 条款的明晰化

在选择 ICSID 仲裁解决争端时，为防止仲裁庭过度扩张其管辖权，需要对 BIT 相关条款精心设计，以构建一个对投资者和东道国公共利益充分保护和全面平衡的 ICSID 体制。在我国的缔约实践中，这一目标可以通过改进规定管辖权诸要素的条款来实现：

1. 客体要素条款

在投资定义问题上，目前，我国在对外签订的 BITs 中已经积累了一些经验。自 2010 年以后，我国对外所签订的 BIT 条款中对投资的定义均采用了"列举加排除"，其中包括与乌兹别克斯坦、加拿大、坦桑尼亚所签订的 BIT。这些 BIT 从性质或期限角度对投资进行简单的排除，如中国—乌兹别克斯坦 BIT 第 1 条规定：

"为本协定之目的，投资不包括：（一）仅源于缔约一方的国民或企业在缔约另一方国家境内销售货物或提供服务的商业合同的金钱请求权；（二）不包括因婚姻、继承等原因产生的不具有投资性质的金钱请求权。

原始到期期限为 3 年以下的债券、信用债券和贷款不视为本协定项下的投资。"

该条主要排除了单纯贸易关系或私人人身关系的金钱请求权以及期限较短的债券、信用债券和贷款。前者传统上不被认为具有投资性质，后者则被认为是间接投资而非直接投资。目前，这种做法还仅在部分 BIT 中使用，因此可以在今后 BIT 期满续订或者重订时，将这一做法推广。同时投资定义的范围还可以随着实践的发展而不断修订，将那些超出国家意图却在仲裁裁决中被认定为投资的行为通过列举的方式将其排除。而在"投资"定义中，可以吸取实践中的经验，将各类裁判中据以判定投资的行之有效的标准纳入 BIT 条款。

2. 主体要素条款

在投资者的判定上，我国也需要对所签署的 BIT 约文做一定的改造：

（1）应当在 BIT 约文中明确约定将我国港澳地区投资者排除，因为这表现了缔约双方对一个中国原则的重申，条约做此种安排的前提是缔约对方认同我国港澳地区属于中国主权之下的特定地方。同时这种条约规定也符合我国宪法中"一国两制"的国家结构体制，体现了我国港澳地区在统一的中国之下拥有高度自治权。具体而言，可在条约中的适用范围条款明确，"本条约中的投资者不包括中国香港特别行政区、中国澳门特别行政区的永久居民和法人。"但在具体实施时，如果我国港澳地区和内地就 BIT 的适用有特殊安排，则中央政府在对外签署 BIT 时，可以有条件地适用于港澳地区，这种做法有助于保护同属中国的港澳地区投资者的投资利益，而且中国内地投资者中也有相当一部分是转经港澳地区对外进行投资。

（2）对投资者的定义和范围做出明确的规定。在对投资者下定义时，应当注意，一方面可以在投资者定义中特别强调"国有企业与其他投资者享有同等的实体和程序权利"，以保障国有企业的仲裁请求权；另一方面强调投资者应当符合东道国法律对于投资者的要求，以保证投资者符合不同国家的不同要求。在投资者范围上，强调拒绝授惠条款的效力及于投资仲裁事项，即非缔约方投资者拥有的另一缔约方企业及其投资不得享有 BIT 中规定的权利和利益，包括提交 ICSID 仲裁的权利。同时对东道国国民折返投资的情况则明确做出限制或禁止援引 ICSID 仲裁条款，因为此种做法可能导致东道国自然人和法人借用海外设立基地公司的方式转投资，从而造成东道国利益的损失。

3. 主观要素条款

在 ICSID 条款中应当明确写明同意的范围，并同时以"反向列举"的方式限制仲裁庭在管辖权方面的裁量权：

（1）针对某些裁决对条约中正面将 ICSID 仲裁争端限制于"涉及征收补偿款额的争议"置之不顾或者扩张解释为包括"征收行为的合法性"等事项，可以明确在条约中写明"争端当事方不得就征收行为的合法性事项向 ICSID 请求仲裁"。

（2）明确在条约中列出 MFN 条款、保护伞条款的适用范围。如在缔约过程中就应将 MFN 条款明确，将 MFN 待遇是否包含程序性权利纳入谈判内容。如果缔约双方对此的答复是否定的，则应列明 MFN 条款所适用的相关条款，并规定"投资者只能就本条约中载明事项向 ICSID 提出仲裁申请，MFN 条款不适用于争端解决。"在保护伞条款中也可以采取类似做法，即在约文中确定地规定该条款的效力，或反向排除保护伞条款具有将合同义务转化为条约义务的效力。

（3）岔路口条款适用中的主要争论焦点在于对同一争端的认定问题。对此可以在条约中对同一争端的判断标准做出具体的界定。ICSID 仲裁庭通常依据主体来判断争端是否具有同一性，因此给投资者通过不同身份的主体向 ICSID 提出仲裁申请，就可以规避岔路口条款的适用。从 ICSID 仲裁的标的进行分析，仲裁庭审查的是东道国对外资进行管制的国家行为以及伴生的赔偿数额问题，或者单独审查其赔偿数额。因此，可以仲裁审查的国家行为作为判断争端同一性的标准，即明确在约文中规定投资者或与其有关联的自然人或法人在某一国内法院已经就同一国家行为提起行政诉讼，则 ICSID 仲裁庭不能再对该行为进行审查。

（三）充分利用缔约国的解释权

关于 ICSID 条款的解释问题，我国应努力在所缔结的 BIT 中争取作为缔约国的解释权得到充分的保障，并对仲裁庭的管辖权裁决起到切实的制约作用。具体做法是在条约中对条约解释问题做出明确的规定，建立包括仲裁前、审理中和裁决后相结合的解释体制。

在仲裁前，应密切关注和研究条约的适用情况以及 ICSID 对类似条约及其条款的裁决，并及时与缔约对方对条约中存在的模糊条款和未尽事宜进行磋商，提出完善办法。可以在条约中就缔约方解释问题做出专门规定，在 BIT 中推广中加 BIT 模式，在双方约定的特定问题上设定国家磋商或国家间仲裁的先决程序。在中国对外签订的中外 FTA 中，协商联合设立 FTC，由缔约国共同派出代表，协商条约履行中遇到的问题，并可以赋予 FTC 代表缔约国对条约进行解释的权力，该种解释应视为缔约国的联合解释。

在审理中，我国应当密切关注仲裁程序的进展，无论是作为非争端当事方的投资者母国还是作为被申请方的东道国，都应当积极参与或介入仲裁活动。对于仲裁中可能出现的管辖权条款解释问题，预先与其他缔约国协商，做出联合解释。即使缔约国之间无法达成一致，也应当积极向仲裁庭提出关于管辖权的法律意见。

在裁决后，应当积极对案件中的管辖权扩张状况进行分析，评价其对我国的影响，并利用 BIT 期限届满修改的机会弥补条约中可能存在的漏洞，预防未来同类情况的发生。

（四）争取 ISDS 改革的主导权

在国际投资仲裁体制改革正为各国所关注的今天，中国应当争取谈判的主动权。无论在 ICSID 规则还是 ISDS 模式问题上，中国都应当发挥作为国际经贸和投资大国应有的作用，争取促成适应人类命运共同体建设，体现国际经济新秩序内涵且为贸易和资本流动与合作提供便利的 ISDS 新机制。

一方面，团结发展中国家共同参与谈判。在 ISDS 改革的进程中，中国应当表明代表发展中国家利益的谈判立场。一直以来，中国都以世界上最大的发展中国家的形象为人们所认知。即使在已经成为 GDP 总量全球第二并实现全面建成小康社会的当下，我国也仍然不能否认作为发展中国家代表的身份。这既是我国发展水平的真实体现，也是我国出于国际道义为发展中国家争取利益所承担的责任。同时 ISDS 谈判的艰巨性也需要团结发展中国家形成谈判的合力。作为国际格局整体变革的一个组成部分，ISDS 改革触动了深层次的国际利益分配秩序，因此可以预见其改革必然面临着国家之间复杂而深刻的博弈。而发展中国家由于发展水平和阶段已经产生差距也出现了国际地位和国家利益上的分化，一部分发展中国家已经走上了工业化和现代化的良性发展道路，海外投资也在稳步增长，另一部分发展中国家则仍然在较低的发展水平上徘徊不前，只能被动接受外国投资，甚至有些国家由于经济社会发展的滞后，在引进外资方面举步维艰。中国应当在这些方面求同存异，形成有利于大多数发展中国家利益最大化的谈判策略。

另一方面，明确提出改革的中国方案。在双向投资大国和发展中国家的多重身份背景下，中国应当从自身和发展中国家的国家利益出发，提出改革的具体方案。具体到管辖权问题上，既要发挥 ICSID 仲裁庭的能动作用，又能对其裁判权的行使形成有效制约，前文所述，混合模式是一个可取的相对平衡的改革方向。尽管 ICSID 改革目前还停留在仲裁规则层面，但我国应当积极推动这一进程。一旦改革启动，应对相关的公约的修订有明确的立场，包括：①在上诉机构成员遴选和任命机制上，借鉴国际法院法官的人选分配方法，由同类地域和发展水平的国家组成国家团体推举代表该团体的人选，在采用加权表决制计票的基础上争取一般多数通过，即使无法撼动绝对多数通过的规定，也应争取降低人选获得通过所需表决权的比例，从而防止某些大国利用表决权所占比例的优势阻挠上诉机构的成立。②在上诉机构的审查范围上，应包含对仲裁管辖权的全面审查，即明确赋予上诉机构对管辖权裁决涉及的实体和程序问题进行全面审查。从而使管辖权问题取得与作为仲裁标的的实体问题相对独立的地位。

（五）循序渐进推动 ISDS 改革进程

目前，ICSID 改革仍然着力在修订程序规则方面，尽管此次规则修订是历史上规模最大的，涉及包括金融和组织规则、ICSID 仲裁规则、ICSID《附加便利规则》等多个规则的修订，即使 ICSID 秘书长也承认有对 ICSID 公约进行改革的必要，但对公约的改革仍然需要缔约国之间形成共识。在各国对全球化的发展前景存在分歧的今天，甚至作为国际争端解决模范法的

WTO 争端解决机制都面临着上诉机构停摆危机的情况下，国际共识的达成愈加困难，在一个相当长的时期内 ICSID 公约的修订不会被提上日程，即使缔约谈判启动，也很难在短期内完成。但对于中国而言，随着"一带一路"的推进和海外投资的迅速增长，维护保障海外投资的安全网却是现实的需要。因此，从务实的角度看，在中国海外投资规模较大的区域，可以如前文所述，首先建立区域性的 ISDS 机制并实践管辖权的规则和制度设计，在区域性 ISDS 模式取得经验的基础上，在 ICSID 公约等普遍性 ISDS 机制谈判中推动改革。

在"一带一路"合作领域，目前我国已经初步建立了一套从双边到次区域再到区域性的合作机制[1]。在这一系列不同层次的合作机制中，参与国家最多的机制是亚洲基础设施投资银行（Asian Infrastructure Investment Bank，以下简称"AIIB"）。AIIB 与 IBRD 有近似之处，也承担着在区域内履行促进投资和发展的职能。由于 AIIB 作为区域国际合作平台的地位和拥有强大的资金实力，其在争端解决和裁决执行方面对成员方具有较强的拘束力。可以借鉴世界银行集团的模式，通过专项协定建立 ISDS 机制，在 AIIB 的主导下，订立争端解决和投资担保的专项协议，以建立与基础设施和其他实体建设与投资相适应的有关机制。在该协议中将采用混合模式的仲裁机制，赋予上诉机构以对管辖权裁决的复审权，并完善相关约文，将 AIIB 的 ISDS 机制建设成为高效公平的争端解决机构。区域性 ISDS 机制取得成功将会有助于增强 ICSID 改革动机并为其提供可资借鉴的经验。在管辖权问题上，AIIB 的投资争端解决在实体上可以吸收

---

〔1〕　凌晔：《"一带一路"境外基础设施投资政治风险防范的法律路径》，载《兰州财经大学学报》2018 年第 1 期。

ICISID 公约和 BIT 的经验，并形成自己的特色：

首先，在争端解决的模式上，采用混合式即"仲裁+常设上诉机构"的模式，缔约国指定的人选组成仲裁小组，而上诉机构的法官则由 AIIB 缔约国/地区按区域或者法律文化分组推选，再由 AIIB 投票通过。截至 2024 年 1 月，AIIB 有来自亚洲区域内外的 95 名正式成员和 14 名准成员，虽然中国在 AIIB 拥有超过 26%的选票，从国家利益角度考虑，可以规定超过 25%的选票可以否决上诉机构法官人选。而同时，对仲裁员和上诉机构法官设定专业性、中立性以及道德品质要求。作为常设机构，上诉法官人数不宜过多，7 人为宜，可随着 AIIB 成员方数量增多而增加，但最多不超过 15 人。上诉机构审理案件可以采用普通程序和简易程序，普通程序要求全体法官参与，而对于涉案金额小、案情相对简单的案件，则可以由单数的部分法官参与案件的审理，以确保审判效率。

其次，在管辖权的实体问题上，可以在争端解决机构的管辖权条款中一般性地规定机构受理的案件的主体、客体和主观要件：

（1）在主体要件方面，当事人一方应为缔约国的国民，另一方应为另一缔约国或根据缔约方的国内立法具有独立参与国际经贸条约的权力的地方。具体而言，国民身份应根据缔约国的国内法来判断，同时采用拒绝收回条款，明确非缔约方投资者拥有的另一缔约方企业及其投资不得享有 BIT 中规定的权利和利益，包括提交 ICSID 仲裁的权利，并明确限制东道国国民通过折返投资援引 ICSID 仲裁条款。

（2）在客体要件方面，该机构受理的应当是由投资直接引起的争端，但可以在约文中对投资做出适当的限制，如将 Salini

标准吸收进管辖权条款，规定投资应当具有：投资者应当进行了资本的投入、投资应当存续一定期间、投资者需要承担经营风险以及该项投资对东道国经济发展有贡献。在此，可以对投资的形式进行列举，由于我国在"一带一路"的投资项目多、投资数额大，特别是基础设施投资和建设领域，因此，对投资的列举应当宽泛，并采用有限制的兜底条款。而投资存续期间也应考虑到基础设施，根据基础设施通常建设年限设定投资存续期间。只要投资者对海外投资项目所产生的债务承担有限或无限责任，或可能产生项目收益低于投入的可能性，即可以证明其承担了经营风险。而投资只要不违反东道国的法律和公序良俗就应当认可其具有对东道国经济发展的贡献。

（3）在主观方面，可以直接采用 ICSID 的规定，即同意以书面形式表示，同时保持其无默契仲裁的特点，即缔约国可以在其缔结的 BITs 中表示其对将仲裁提交，投资者则直接通过向 AIIB 投资争端解决机构提起仲裁请求表示其同意。至于 MFN 和保护伞条款的适用范围，则一律要求根据 BIT 的明示规定适用，其规定模糊的，则仲裁庭不得做扩张解释，即规定不明的，MFN 条款不能适用于程序性权利，保护伞条款不具有将合同义务上升为条约义务。

（4）公共利益例外条款。在 AIIB 争端解决机制中列明管辖范围的同时，适用公共利益例外原则，明确投资争端解决机构无权审查作为被申请方的缔约国对涉及国防安全、环境和生态保护以及人民生命健康等事项所做出的措施的合法性，因实施这些措施而对外资征收产生的争端，争端解决机构只能就其补偿数额进行审理。

最后，在确定管辖权的程序问题上，设置三重保障：一是争端解决机构的秘书处对管辖权的初步审查；二是仲裁庭的自裁管辖权；三是上诉机构对仲裁管辖权的审理。前两重程序与ICSID 仲裁管辖权是类似的，而在第三重程序中，无论上诉机构对争端的实体裁决是否具有全面审查的权力，其都应被赋予对仲裁庭做出的管辖权裁决进行全面审查的权力。

AIIB 是由中国倡导建立的国际组织，在这一组织内建立的投资争端解决机构的管辖权制度可以为 ICSID 的改革做出探索。在其成功的基础上，可以将相关制度经验推广到包括 ICSID 在内的其他国际争端解决机构。

参考文献

一、著作类（含译著、编著）

1. 陈安：《陈安论国际经济法学》（第 1 卷至第 5 卷），复旦大学出版社 2008 年版。

2. 陈安主编：《国际投资争端仲裁——"解决投资争端国际中心"机制研究》，复旦大学出版社 2001 年版。

3. 陈安总主编，曾华群本卷主编：《国际投资法学》，北京大学出版 1999 年版。

4. 王贵国：《国际投资法（附教学大纲）》，法律出版社 1990 年版。

5. 刘志云：《国际经济法律自由化原理研究》（增订版），法律出版社 2015 年版。

6. 李浩培：《条约法概论》（第 2 版），法律出版社 2003 年版。

7. 张乃根：《条约解释的国际法》（上下），上海人民出版社 2019 年版。

8. 吴卡：《国际条约演化解释理论与实践》，法律出版社 2016 年版。

9. 肖军：《规制冲突裁决的国际投资仲裁改革研究——以管辖权问题为核心》，中国社会科学出版社 2017 年版。

10. 王海浪：《ICSID 管辖权新问题与中国新对策研究》，厦门大学出版社 2017 年版。

11. 石慧：《投资条约仲裁机制的批判与重构》，法律出版社 2008 年版。

12. 王彦志：《新自由主义国际投资法律机制：兴起、构造和变迁》，法律出版社 2016 年版。

13. 吴岚：《国际投资法视域下的东道国公共利益规则》，中国法制出版社

2014 年版。

14. 张生:《国际投资仲裁中的条约解释研究》,法律出版社 2016 年版。

15. 丁夏:《国际投资仲裁中的裁判法律研究》,中国政法大学出版社 2016 年版。

16. [德]鲁道夫·多尔查、[奥]克里斯托弗·朔伊尔编:《国际投资法原则》(原书第 2 版),祁欢、施进译,中国政法大学出版社 2014 年版。

17. [美]肯尼斯·J. 范德威尔德:《美国国际投资法》,蔡从燕等译,法律出版社 2017 年版。

18. [尼泊尔]苏里亚·P. 苏贝迪:《国际投资法:政策与原则的协调》(第 2 版),张磊译,法律出版社 2015 年版。

19. [英]艾伦·雷德芬等:《国际商事仲裁法律与实践》(第 4 版),林一飞、宋连斌译,北京大学出版社 2005 年版。

20. [英]弗里德利希·冯·哈耶克:《自由秩序原理》(上),邓正来译,生活·读书·新知三联书店 1997 年版。

21. [德]汉斯-格奥尔格·加达默尔:《真理与方法——哲学诠释学的基本特征》(上卷),洪汉鼎译,上海译文出版社 1999 年版。

22. Antonio R. Parra, *The History of ICSID*, Oxford, Oxford University Press, 2012.

23. Christoph H. Schreuer et al., *The ICSID Convention*: A Commentary, Cambridge, Cambridge University Press, 2009.

24. Chester Brown and Kate Miles, eds., *Evolution in Investment Treaty Law and Arbitration*, Cambridge, Cambridge University Press, 2011.

25. Jeswald W. Salacuse, *The Three Laws of International Investment National, Contractual, and International Frameworks for Foreign Capital*, Oxford, Oxford University Press, 2013.

26. Jarrod Hepburnd, *Domestic Law in International Investment Arbitration*, Oxford, Oxford University Press, 2017.

27. Maria Nicole Cleis, *The Independence and Impartiality of ICSID Arbitrators*,

Leiden, Brill Nijhoff, 2017.

28. Jonathan Bonnitcha et al. , *The Political Economy of the Investment Treaty Regime*, Oxford, Oxford University Press, 2017.

29. M. Sornarrajah, *Resistance and Change in the International Law on Foreign Investment*, Cambridge, Cambridge University Press, 2015.

30. Gus Van Harten, *Investment Treaty Arbitration and Public Law*, Oxford, Oxford University Press, 2008.

31. David Schneiderman, *Constitutionalizing Economic Globalization: Investment Rules and Democracy's Promise*, Cambridge, Cambridge University Press, 2008.

32. Jorun Baumgartner, *Treaty Shopping in International Investment Law*, Oxford, Oxford University Press, 2016.

33. Chester Brown and Kate Miles, eds. , *Evolution in Investment Treaty Law and Arbitration*, Cambridge, Cambridge University Press, 2011.

34. Jarrod Hepburnd, *Domestic Law in International Investment Arbitration*, Oxford, Oxford University Press, 2017.

35. Richard Gardiner, *Treaty Interpretation* (paperback), Oxford, Oxford University Press, 2010.

36. Anthony Aust, *The Handbook of International Law*, Cambridge, Cambridge University Press, 2005.

37. M. Sornarrajah, *Resistance and Change in the International Law on Foreign Investment*, Cambridge, Cambridge University Press, 2010.

38. Trinh Hai Yen, *The Interpretation of Investment Treaties*, Leiden, Brill Press, 2014.

39. Jose E. Alvarez et al. eds. , *The Evolving International Investment Regime: Expectations*, Realities, Options, New York, Oxford University Press, 2011.

40. Gebhard Bucheler, *Proportionality in Investment-State Arbitration*, Oxford, Oxford University Press, 2015.

41. Kenneth J. Vandevelde, *Bilateral Investment Treaties: History, Policy and In-*

terpretation，Oxford，Oxford University Press，2010.

42. Wenhua Shan，ed.，*The Legal Protection of Foreign Investment*：*A Comparative Study*，Oxford，Hart Publishing，2012.

43. Rudolf Dolzer and Margrete Stevens，*Bilateral Investment Treaties*，Boston，Martinus Nijhoff publisher，1995.

44. Stephan W. Schill，*The Multilateralization of International Investment Law*，Cambridge，Cambridge University Press，2009.

45. Marc Bungenberg，Jorn Griebe，Stephan Hobe，August Reinisch，*International Investment Law*，Hart publishing，2015.

46. Maria Nicole Cleis，*The Independence and Impartiality of ICSID Arbitrators*，Leiden，Brill Nijhoff Press，2017.

二、期刊类

1. 陈安：《对香港居民谢业深诉秘鲁政府案 ICSID 管辖权裁定的四项质疑——〈中国—秘鲁 BIT〉适用于"一国两制"下的中国香港特别行政区吗》，载《国际经济法学刊》2010 年第 1 期。

2. 曾华群：《变革期双边投资条约实践述评》，载《国际经济法学刊》2007 年第 3 期。

3. 韩秀丽：《再论卡尔沃主义的复活——投资者—国家争端解决视角》，载《现代法学》2014 年第 1 期。

4. 蔡从燕：《国际投资结构变迁与发展中国家双边投资条约实践的发展——双边投资条约实践的新思维》，载《国际经济法学刊》2007 年第 3 期。

5. 赵骏：《国际投资仲裁中"投资"定义的张力和影响》，载《现代法学》2014 年第 3 期。

6. 于文婕：《论"投资"定义缺失对 ICSID 仲裁管辖的影响——〈解决国家与他国国民间投资争端的公约〉第 25 条的正当解读》，载《学海》2013 年第 5 期。

7. 陈辉萍：《ICSID 仲裁庭扩大管辖权之实践剖析——兼评"谢业深"案》，载《国际经济法学刊》2010 年第 3 期。

8. 张晓君、陈喆：《"一带一路"区域投资争端解决机制的构建》，载《学术论坛》2017 年第 3 期。

9. 黄月明：《ICSID 仲裁庭扩大管辖权的途径及其应对——从"谢业深案"切入》，载《华东政法大学学报》2013 年第 5 期。

10. 古祖雪：《现代国际法的多样化、碎片化与有序化》，载《法学研究》2007 年第 1 期。

11. 杨永红：《分散的权力：从 MOX Plant 案析国际法庭管辖权之冲突》，载《法学家》2009 年第 3 期。

12. 王贵国：《从 Saipem 案看国际投资法的问题与走势》，载《中国政法大学学报》2011 年第 2 期。

13. 莫世健：《国际法碎片化和国际法体系的效力》，载《法学评论》2015 年第 4 期。

14. 徐树：《国际投资条约"双轨"执行机制的冲突及协调》，载《法商研究》2017 年第 2 期。

15. 肖军：《国际投资条约的复杂化与多元化——晚近国际投资条约发展趋势之辨及我国应对策略》，载《法学评论》2014 年第 5 期。

16. 徐树：《国际投资仲裁庭管辖权扩张的路径、成因及应对》，载《清华法学》2017 年第 3 期。

17. 禾木：《国际裁判中的法律争端与政治争端》，载《中外法学》2013 年第 6 期。

18. 张建：《对无默契仲裁管辖权正当性的反思——以中国参与国际投资争议解决的实践为视角》，载《西部法学评论》2017 年第 5 期。

19. 彭思彬：《"无默契仲裁"管辖权问题研究——以 ICSID 为切入点的考察》，载《国际商务研究》2015 年第 5 期。

20. 田海：《论最惠国条款适用于投资争端解决程序的平等理论困境》，载《时代法学》2018 年第 3 期。

21. 丁夏：《国际投资仲裁中适用"保护伞条款"之冲突与解决——以仲裁庭阐释条款的态度为线索》，载《西北大学学报（哲学社会科学版）》2014 年第 2 期。

22. 封筠：《"保护伞条款"与国际投资争端管辖权的确定》，载《暨南学报（哲学社会科学版）》2011 年第 1 期。

23. 詹晓宁、葛顺奇：《国际投资协定："投资"和"投资者"的范围与定义》，载《国际投资合作》2013 年第 1 期。

24. 徐树：《国际投资仲裁中投资者的"条约选购"问题研究》，载《国际经济法学刊》2013 年第 2 期。

25. 王彦志：《国际投资争端解决机制改革的多元模式与中国选择》，载《中南大学学报（社会科学版）》2019 年第 4 期。

26. 陈磊：《风险、激励与监管：ISDS 仲裁员的身份冲突及其化解》，载《国际商务研究》2017 年第 2 期。

27. 郇兴艳：《法的确定性与法治的实现》，载《延边大学学报（社会科学版）》2009 年第 6 期。

28. 张生：《CPTPP 投资争端解决机制的演进与中国的对策》，载《国际经贸探索》2018 年第 12 期。

29. 祁欢：《国际投资协议实践中的"投资"定义及范围的演变和思考》，载《国际法学论丛》2012 年第 1 期。

30. 韩秀丽：《论〈ICSID 公约〉仲裁裁决撤销程序的局限性》，载《国际法研究》2014 年第 2 期。

31. 刘梦非：《国际投资争端解决平行程序的触发条款实证研究》，载《法商研究》2018 年第 4 期。

32. 凌晔：《"一带一路"境外基础设施投资政治风险防范的法律路径》，载《兰州财经大学学报》2018 年第 1 期。

33. 王贵国：《"一带一路"争端解决制度研究》，载《中国法学》2017 年第 6 期。

34. 邓瑞平、董威颉：《论中国双边投资条约中的保护伞条款》，载《河北法学》2018 年第 2 期。

35. Giacinto della Cananea, "Minimum Standards of Procedural Justice in Administrative Adjudication", in Stephan W. Schill ed. , *International Investment Law and Comparative Public Law*, Oxford, Oxford University Press, 2010.

36. Jan Wouters and Nicolas Hachez, "The Institutionalization of Investment Arbitration and Sustainable Development", in Marie-Claire Cordonier Segger et al. eds. , *Sustainable Development in World Investment Law*, Rijn, Kluwer Law Inational, 2011.

37. Susan D. Franck, "The Legitimacy Crisis in Investment Treaty Arbitration: Privatizing Publlic International Law through Inconsistent Decisions", *Fordham Law. Review* 73, 2005.

38. Gus Van Harten, "Arbitrator Behaviour in Asymmetrical Adjudication: An Empirical Study of Investment Treaty Arbitration", *Osgoode Hall Law Journal* 50, 2012.

39. Gus Van Harten, "Arbitrator Behaviour in Asymmetrical Adjudication (Part Two): An Examination of Hypotheses of Bias in Investment Treaty Arbitration", *Osgoode Hall Law Journal* 53, 2016.

40. Catharine Titi, "The Arbitrator as a Lawmaker: Jurisgenerative Processes in Investment Arbitration", *The Journal of World Investment & Trade* 14, 2013.

41. Andrea K. Bjorklundi, "Are Arbitrators (Judicial) Activists?", *The Law and Practice of International Courts and Tribunals* 17, 2018.

42. Rodrigo Polanco Lazo, "Does an Arbitrator's Background Influence the Outcome of an Investor-State Arbitration?", *The Law and Practice of International Courts and Tribunal* 17, 2018.

43. Georg Schwarzenberger, "The Abs-Shawcross Draft Convention on Investment Aboard: A Critical Commentary", *Current Legal Problems* 14, 1961.

44. Kenneth J. Vandevelde, "United States Investment Treaties: Policy and Practice", *International & Comparative Law Quarterly* 43, 1992.

45. Ibrahim F. I. Shihatar, "Towards a Greater Depoliticization ofInvestment Disputes: The Roles of ICSID and MIGA", *ICSID Review—Foreign Investment Law Journal* 1, 1986.

46. Jan Paulsson, "The Public Interest In International Arbitration, The Emerging System of International Arbitration Proceedings", *American Journal of International Law* 106, 2012.

47. Jan Paulsson, "Arbitration Without Privity", *ICSID Review—Foreign Investment Law Journal* 10, 1995.

48. Pierre Lalive, "The First 'World Bank' Arbitration (Holiday Inns v. Morocco) —Some Legal Problems", *British Yearbook of International Law* 51, 1981.

49. Scott Vessel, "Clearing a Path Through a Tangled Jurisprudence: Most-Favored-Nation Clauses and Dispute Settlement Provision in Bilateral Investment Treaties", *Yale Journal of Ineternational Law* 32, 2007.

50. Zachary Douglas, "The MFN Clause in Investment Arbitration: Treaty Interpretation Off the Rails", *Journal of International Dispute Settlement* 2, 2011.

51. Mary E. Footer, "Umbrella Clauses and Widely-Formulated Arbitration Clauses: Discerning the Limits of ICSID Jurisdiction", *The Law and Practice of International Courts and Tribunals* 16, 2017.

52. Ole Kristian Fauchald, "The Legal Reasoning of ICSID Tribunals-An Empirical Analysis", *European Journal of International Law* 19, 2008.

53. Kenneth J. Vandevelde, "Of Politics and Markets: The Shifting Ideology of the BITs", *International Tax & Business Lawyer* 11, 1993.

54. Daphna Kapeliuk, "The Repeat Appointment Factor: Exploring Decision Patterns of Elite Investment Arbitrators", *Cornell Law Review* 96, 2010.

55. Cremades, Bernardo M., "Disputes Arising Out of Foreign Direct Investment In Latin America: A New Look at The Calvo Doctrine and Other Jurisdictional Issues", *Dispute Resolution Journal* 59, 2004.

56. David D. Caron, "Framing the Work of ICSID Annulment Committee", *World*

Arb. & Mediation Rev. 6, 2012.

57. Gabriel Bottini, "Present and Future of ICSID Annulment: The Path to an Appellate Body?", *ICSID Review—Foreign Investment Law Journal* 31, 2016.

58. Robert A., "Incremental, Systemic, and Paradigmatic Reform of Investor-State Arbitration", *American Journal of International Law* 112, 2018.

59. Sergio Puig and Gregory Shaffer, "Imperfect Alternatives: Institutional Choice and the Reform of Investment Law", *American Journal of International Law* 112, 2018.

60. Nicolette Butler, "In Search of a Model for the Reform of International Investment Dispute Resolution: An Analysis of Existing International and Regional Dispute Settlement Mechanisms", in Jean E. Kalicki and Anna Joubin-Bret eds., *Reshaping the Investor-State Dispute Settlement System: Journeys for the 21st Century*, Leiden, Brill Nijhoff Press, 2015.

61. Giulio Alvaro Cortesi, "ICSID Jurisdiction with Regard to State-Owned Enterprises-Moving Toward an Approach Based on General International Law", *The Law and Practice of International Courts and Tribunals* 16, 2017.

62. Anthony C. Sinclair, "The Origins of the Umbrella Clause in the International Law of Investment Protection", *Arbitration International* 20, 2004.

63. Mary E. Footer, "Umbrella Clauses and Widely-Formulated Arbitration Clauses: Discerning the Limits of ICSID Jurisdiction", *The Law and Practice of International Courts and Tribunals* 16, 2017.

64. Stephan W. Schill and Vladislav Djanic, "Wherefore Art Thou? Towards a Public Interest-Based Justification of International Investment Law", *ICSID Review-Foreign Investment Law Journal* 33, 2018.

三、国际组织文件

1. ICSID, The History of the ICSID Convention, https://icsid.worldbank.org/en/Pages/resources/The-History-of-the-ICSID-Convention.aspx.

2. ICSID, Possible Improvements of the Framework for ICSID Arbitration, https://icsid. worldbank. org/en/Documents/resources/Possible% 20Improvements% 20of %20the%20Framework%20of%20ICSID%20Arbitration. pdf.

3. ICSID, Working Paper #4: Proposals for Amendment of the ICSID Rules, https://icsid. worldbank. org/en/Documents/WP_4_Vol_1_En. pdf.

4. ICSID, Proposals for Amendment of the ICSID Rules — Working Paper #3, https://icsid. worldbank. org/en/Documents/WP_3_VOLUME_1_ENGLISH. pdf.

5. ICSID, Proposals for Amendment of the ICSID Rules — Working Paper #2, https://icsid. worldbank. org/en/Documents/Vol_1. pdf.

6. ICSID, Proposals for Amendment of the ICSID Rules — Consolidated Draft Rules, https://icsid. worldbank. org/sites/default/files/documents/amended_rules_en. pdf.

7. International Law Commission, Fragmentation of International Law: Difficulties Arising from the Diversification and Expansion of International Law, 30 December 2006, http://legal. un. org/ilc/guide/1_9. shtml.

8. UNCTAD, World Investment Report 2019, https://unctad. org/en/pages/PublicationWebflyer. aspx? publicationid = 2460.

9. UNCTAD, Investor−State Disputes: Prevention and Alternatives to Arbitration (UNCTAD/DIAE/IA/2009/11), https://unctad. org/en/pages/PublicationArchive. aspx? publicationid = 422.

10. UNCTAD, Investor−State Dispute Settlement: A Sequel−UNCTAD Series on Issues in International Investment Agreements II (UNCTAD/DIAE/IA/2013/ 2), 23 Jul. 2014, https://unctad. org/en/pages/Publication Webflyer. aspx? publicationid = 958.

11. UNCTAD, Transparency−UNCTAD Series on Issues in International Investment Agreements II (UNCTAD/DIAE/IA/2011/6), 31 Dec. 2012, https://unctad. org/en/pages/PublicationWebflyer. aspx? publicationid = 425.

12. UNCTAD, Expropriation−UNCTAD Series on Issues in International Investment

Agreements II（UNCTAD/DIAE/IA/2011/7）, 30 Nov. 2011, https://unctad. org/en/pages/PublicationWebflyer. aspx? publicationid=413.

13. UNCTAD, Scope and Definition（A sequel）-UNCTAD Series on Issues in International Investment Agreements II（UNCTAD/DIAE/IA/2010/2）, 01 Mar. 2011, https://unctad. org/en/pages/PublicationArchive. aspx? publicationid=354.

14. UNCTAD, Most-Favoured Nation Treatment-UNCTAD Series on Issues in International Investment Agreements II（UNCTAD/DIAE/IA/2010/1）, 24 Jan. 2011, https://unctad. org/en/pages/PublicationArchive. aspx? publicationid=353.

15. UNCTAD, International Law Commission, Fragmentation of International Law: Difficulties Arising from the Diversification and Expansion of International Law, 30 December 2006, http://legal. un. org/ilc/guide/1_9. shtml.

16. UNCTAD, Taking Stock of IIA Reform: Recent Developments［IIA Issues Note, No. 3, 2019］（UNCTAD/DIAE/PCB/INF/2019/5）, 07 Jun 2019, https://unctad. org/en/PublicationsLibrary/diaepcbinf2019d5_en. pdf.

17. UNCTAD, Reforming Investment Dispute Settlement: A Stocktaking-［IIA Issues Note, No. 1, 2019］（UNCTAD/DIAE/PCB/INF/2019/3）, 29 Mar 2019, https://unctad. org/en/PublicationsLibrary/diaepcbinf2019d3_en. pdf.

18. UNCTAD, Investor-State Dispute Settlement: Review of Developments in 2017（UNCTAD/DIAE/PCB/INF/2018/2）, 01 Jun. 2018, https://unctad. org/en/PublicationsLibrary/diaepcbinf2018d2_en. pdf.

19. UNCTAD, Recent Developments in the International Investment Regime［IIA Issue Note, No. 1, 2018］（UNCTAD/DIAE/PCB/INF/2018/1）, 01 May 2018, https://unctad. org/en/PublicationsLibrary/diaepcbinf2018d1_en. pdf.

20. UNCTAD, Phase 2 of IIA Reform: Modernizing the Existing Stock of Old-Generation Treaties［IIA Issue Note, No. 2, 2017］（UNCTAD/DIAE/PCB/2017/3）, 06 Jun. 2017, https://unctad. org/en/PublicationsLibrary/diaepcb

2017d3_ en. pdf.

21. UNCTAD, Taking Stock of IIA Reform [IIA Issue Note, No. 1, 2016] (UNCTAD/WEB/DIAE/PCB/2016/3), 01 Mar. 2016, https://unctad. org/ en/PublicationsLibrary/webdiaepcb2016d3_ en. pdf.

四、案例

1. Holiday Inns S. A. and others v. Morrocco, ICSID Case No. ARB/72/1, Award, October 17, 1978, para. 33.

2. Kaiser Bauxite Company v. Jamaica, ICSID Case No. ARB/74/3, Decision on Jurisdiction, July 6, 1975.

3. Amco Asia Corporation and others v. Republic of Indonesia, ICSID Case No. ARB/81/1, Award, November 20, 1984.

4. Société Ouest Africaine des Bétons Industriels (SOABI) v. Senegal, ICSID Case No. ARB/82/1, Decision on Jurisdiction, August 1, 1984.

5. American Manufacturing & Trading Inc. (AMT) v. Republic of Zaire, ICSID Case No. ARB/93/1, Award, Februrary 21, 1997.

6. Fedax N. V. v. The Republic of Venezuela, ICSID Case No. ARB/96/3, Decision of the Tribunal on Objections to Jurisdiction, July 11, 1997.

7. Ceskoslovenska Obchodni Banka, A. S. (CSOB) v. The Slovak Republic, ICSID Case No. ARB/97/4, Decision of the Tribunal on Objections to Jurisdiction, May 24, 1999.

8. Mihaly International Corporation v. Democratic Socialist Republic of Sri Lanka, ICSID Case No. ARB/00/2, Award, March 15, 2002.

9. Emilio Agustín Maffezini v. The Kingdom of Spain, ICSID Case No. ARB/97/7, Award, November 13, 2000.

10. Autopista Concesionada de Venezuela, C. A. (Aucoven) v. Bolivaxian Republic of Venezuela, ICSID Case No. ARB/00/5, Decision on Jurisdiction, September 27, 2001.

11. Noble Ventures, Inc. v. Romania, ICSID Case No. ARB/01/11, Award, October 12, 2005.

12. Tokios Tokelés v. Ukraine , ICSID Case No. ARB/02/18, Decision on Jurisdiction, April 29, 2004.

13. SGS Société Générale de Surveillance S. A. v. Republic of the Philippines, ICSID Case No. ARB/02/6, Decision of the Tribunal on Objections to Jurisdiction, January 29, 2004.

14. Siemens A. G. v. The Argentine Republic, ICSID Case No. ARB/02/8, Decision on Jurisdiction, August 3, 2004.

15. Plama Consortium Limited v. Republic of Bulgaria, ICSID Case No. ARB/03/24, Decision on Jurisdiction, February 8, 2005.

16. Saipem S. p. A. v. The People's Republic of Bangladesh, ICSID Case No. ARB/05/07, Decision on Jurisdiction and Recommendation on Provisional Measures, March 21, 2007.

17. S. A. R. L. Benvenuti & Bonfant v. People's Republic of the Congo, ICSID Case No. ARB/77/2, Award, August 8, 1980.

18. Alex Genin, Eastern Credit Limited, Inc. and A. S. Baltoil v. The Republic of Estonia, ICSID Case No. ARB/99/2, Award, June 25, 2001.

19. Toto Costruzioni Generali S. p. A. v. The Republic of Lebanon, ICSID Case No. ARB/07/12, Decision on Jurisdiction, September 11, 2009.

20. Bureau Veritas, Inspection, Valuation, Assessment and Control, BIVAC B. V. v. The Republic of Paraguay, ICSID Case No. ARB/07/9, Decision on Jurisdiction, May 29, 2009.

21. Asian Agricultural Products Limited vs. Democratic Socialist Republic of Sri Lanka, ICSID Case No. ARB/87/3, Final Award, June 27, 1990.

22. Malaysian Historical Salvors, SDN, BHD v. Malaysia, ICSID Case No. ARB/05/10, Award on Jurisdiction, May 17, 2007.

23. Salini Costruttori S. p. A. and Italstrade S. p. A. v. Kingdom of Morocco,

ICSID Case No. ARB /00 /4, Decision on Jurisdiction, 23 July 2001.

24. Saba Fakes v. Republic of Turkey, ICSID Case No. ARB/07/20, Award, 14 July 2010.

25. Joy Mining Machinery Limited v. Arab Republic of Egypt, ICSID Case No. ARB/03/11, Award on Jurisdiction, 6 August 2004.

26. Phoenix Action Ltd. v. Czech Republic, ICSID Case No. ARB/06/5, Award, 15 April 2009.

27. Abaclat and others v. Argentine Republic, ICSID Case No. ARB/07/5, Decision on Jurisdiction and Admissibility, 4 August 2011.

28. M. C. I. Power Group, L. C. and New Turbine, Inc. v. Republic of Ecuador, ICSID Case No. ARB/03/6, Award, 31 July 2007.

29. Biwater Gauff (Tanzania) Limited v. United Republic of Tanzania, ICSID Case No. ARB/05/22, Award, July 24, 2008.

30. Daimler Financial Services AG v. Argentine Republic, ICSID Case No. ARB/05/1, Award, 22 August 2012.

31. EI Paso Energy International Company v. Argentine Republic, ICSID Case No. ARB/03/15, Decision on Jurisdiction, April 27, 2006.

32. SGS Société Générale de Surveillance S. A. v. Islamic Republic of Pakistan, Decision of the Tribunal on Objections to Jurisdiction, ICSID Case No. ARB/01/13, August 6, 2003.

33. National Grid PLC v. The Argentine Republic, UNCITRAL, Decision on Jurisdiction, June 20, 2006.

34. Klöckner Industrie-Anlagen GmbH and others v. United Republic of Cameroon and Société Camerounaise des Engrais, ICSID Case No. ARB/81/2, Decision on the Application for Annulment Submitted by Klöckner Against the Arbitral Award Rendered on October 21, 1983.

35. Patrick Mitchell v. Democratic Republic of Congo, ICSID Case No. ARB/99/7, Decision on the Application for Annulment of the Award, February 9, 2004.

36. Compañía de Aguas del Aconquija S. A. and Vivendi Universal S. A. v. Argentine Republic, ICSID Case No. ARB/97/3, Decision on Annulment, July 3, 2002.

37. Enron Creditors Recovery Corporation and Ponderosa Assets, L. P. v. Argentine Republic, ICSID Case No. ARB/01/3, Decision on the Application for Annulment of the Argentine Republic, October 7, 2008.

38. CMS Gas Transmission Company v. Argentine Republic, ICSID Case No. ARB/01/8, Decision of the AD HOC Committee on the Application for Annulment of the Argentine Republic, September 25, 2007.

39. Rumeli Telekom A. S. and Telsim Mobil Telekomunikasyon Hizmetleri A. S. v. Republic of Kazakhstan, ICSID Case No. ARB/05/16, Decision of the AD HOC Committee, March 25, 2010.

40. Ping An Life Insurance Company of China, Limited and Ping An Insurance (Group) Company of China, Limited v. Kingdom of Belgium, ICSID Case No. ARB/12/29, Award, 30 April, 2015.

41. Beijing Urban Construction Group Co. Ltd. v. Republic of Yemen, ICSID Case No. ARB/14/30, Decision on Jurisdiction, 31 May 2017.

42. Mr. Tza Yap Shum v. Peru, ICSID Case No. ARB/07/6, Decision on Jurisdiction and Competence, June 19, 2009.

43. Ansung Housing Co. Ltd. v. People's Republic of China, ICSID Case No. ARB/14/25, Award, March 9, 2017.

五、学位论文

1. 毛婵婵:《国际投资条约仲裁中公共利益保护问题研究——以 ICSID 仲裁为视角》,武汉大学 2013 年博士学位论文。

2. 袁海勇:《中国海外投资风险应对法律问题研究——以对非洲投资为视角》,华东政法大学 2012 年博士学位论文。

3. 吴迪:《国际司法机构法律解释规则创造研究》,对外经济贸易大学 2016

年博士学位论文。

4. 丁晓雨：《ISDS 上诉机制的构建问题研究》，对外经济贸易大学 2018 年博士学位论文。

5. 孙英哲：《新一代国际投资协定 ISDS 改革研究》，对外经济贸易大学 2018 年博士学位论文。

6. 伊鲁：《条约解释规则实证研究》，华东政法大学 2017 年博士学位论文。

7. 张建：《国际投资仲裁管辖权研究》，中国政法大学 2018 年博士学位论文。

8. 刘苇：《中国海外投资发展战略法律构建研究》，西南政法大学 2015 年博士学位论文。

致　谢

本书修改自我的博士学位论文。

当敲下这篇论文的最后一个句号时，心情百味杂陈。论文写作过程漫长而艰难，经历了思路阻塞时的迷惘与困惑，也有着豁然开朗时的舒畅与欣喜。世事纷纭，这一写作过程最艰难的是需要排除来自琐事的干扰，在忙乱的工作和纷繁的生活中寻求心灵的宁静。人到中年，身背家庭、职业和学业上的多重身份，每一重身份都意味着在法律、道义和人伦上的义务与责任，若无断舍离，殊难得其所。为学几年，也是一个不断做生活的减法和学术的加法的过程，而加减之道，并非一人之力可持，更需环境的支持和众人的指点、帮扶与理解。因此，论文完成之际，回顾来路，致谢是必要的，但是这一声道谢也远远不足以报答来自各方的付出与支持。

首先要感谢的是我的导师陈立虎教授，感谢他不嫌弃学生驽钝，接受我开始博士研究生的生涯。在几年的攻读过程中，陈老师的睿智勤奋与宽严并济，使我既能受益于学术之博大厚重，又能感佩于为人之宽宏豁达。陈老师的学术生涯与改革开放后中国国际经济法的建立和发展历程一路同步，他对中国国际经济法学术发展路径的熟悉使得每一个细微的点拨都能让我有醍醐灌顶的感觉。

其次要感谢的还有法学院诸位师长，周永坤、魏玉娃、孙莉、胡玉鸿、黄学贤、李晓明、王克稳、朱谦、张利民等诸位老师以其渊博的学识，为我们传道解惑；赵艳敏、孙国平、朱明新等诸位老师亦师亦友，为我提供了诸多学术指导；胡育新老师以其兢兢业业的工作态度，为保障我们学业的顺利进行提供帮助；还要感谢法学院图书馆和办公室的诸位老师，他们的辛勤付出，为我们提供了沉静的读书环境。

王健法学院是一个学术的共同体，同门诸君，来自五湖四海，既在学术上施以援手、互相勉励，又在生活上相互扶持、笑看风月。这几年与陈小炜、刘沐雨、汪厚东、尹德贵、晏景中、刘章、李青、陈红梅、瞿飞飞等诸位同学相伴走过求学之路，他们的博学睿智、热情率真使我的这一段学习生涯在艰辛中充满生趣、解脱乏味。

最后但并非不重要的谢意献给我的家人。来自父母、妻子和一双儿女对我学业的支持是我不竭的动力源泉，但埋首书卷也意味着我常不能在他们身边尽为人之子、之夫和之父的责任。于我，学术之途苦乐交加，而于我的家人，虽不能共享习得新知之乐，却仍需与我共担学术阻滞之忧。能与他们一生相伴，是我人生之幸。

中国政法大学出版社的编辑冯琰老师及其同仁对本书的出版付出了艰辛的劳动，在此一并致谢。

学海无涯，却总要有一个阶段性的句号。回想当年刚迈入东吴法学之门时，一年脱产期，每日伴天赐庄晨钟而出，披蚕桑地暮色而归，历历仍在眼前，但离开王健法学院的这一步，却迟迟不能迈出。而今道别之际，仍多有不舍，但终是走向新的生活和学术活动的时候了，相信姑苏城边这一段求学之途会让我今后的学术生涯走得愈加稳重踏实！